21 世纪高等院校公共基础课系列规划教材

应用文写作教程

- 主 编 李 琳
- 副主编 宋 扬 陈 敏 刘莉琳 毕仲怡

华中科技大学出版社
http://www.hustp.com
中国·武汉

内 容 简 介

全书共分九章,内容包括绪论、党政公文、事务文书、经济文书、书信类文书、礼仪文书、宣传文书、法律文书、专用文书等,约四十余个常用应用文种。

图书在版编目(CIP)数据

应用文写作教程/李琳主编. —武汉:华中科技大学出版社,2017.8(2022.12重印)
ISBN 978-7-5680-3296-4

Ⅰ.①应⋯ Ⅱ.①李⋯ Ⅲ.①汉语-应用文-写作-教材 Ⅳ.①H152.3

中国版本图书馆 CIP 数据核字(2017)第 198627 号

应用文写作教程 李 琳 主编
Yingyongwen Xiezuo Jiaocheng

策划编辑:张　毅
责任编辑:张　毅
封面设计:孢　子
责任监印:朱　玢

出版发行:华中科技大学出版社(中国•武汉)　　电话:(027)81321913
　　　　　武汉市东湖新技术开发区华工科技园　　邮编:430223
录　　排:武汉楚海文化传播有限公司
印　　刷:武汉市籍缘印刷厂
开　　本:787mm×1092mm　1/16
印　　张:16
字　　数:424千字
版　　次:2022年12月第1版第15次印刷
定　　价:42.00元

本书若有印装质量问题,请向出版社营销中心调换
全国免费服务热线:400-6679-118　竭诚为您服务
版权所有　侵权必究

前 言

应用文是人们在长期的社会实践活动中形成的一种文体，是人们传递信息、处理事务、交流感情的工具。随着中国经济的腾飞、文化的发展和法制的完善，应用文的使用越来越广泛和频繁，应用文写作越来越成为人们工作、学习和生活中必不可少的组成部分，甚至成为个人能力和工作水平的重要衡量尺度。尽管有关应用文写作的教材和参考书不少，但是既适合课堂教学又适合自学，尤其是按照各种应用文的最新规范和格式编写，能迅速提高实际写作水平并且体例新颖、见解独到的教材却不多见。

为了适应培养应用型人才的需要，培养学生分析问题和解决问题的能力，根据应用文写作发展的最新动态，从规范、实战、操作的角度出发，站在提纲挈领、全面了解的高度，以迅速提高学生和广大读者的实际应用水平和写作能力为目的，我们非常有针对性地编写了本书。

本书是以最新颁布的《党政机关公文格式》《中华人民共和国合同法》等文件为依据，在总结多年的教学经验、修订以前通用教材的基础上编写的，它既适用于大学写作课程，也适用于文秘写作和公务员培训。

本书着重体现"以理论为指导、以范例为借鉴、以训练为核心"的教学原则，选取了近四十多个常用文种，分别介绍了每个文种的概念、特点、作用、种类、格式和写法，并且附有规范的例文，力求符合教学规律，便于教学需要。

本书在编写过程中参考了大量的文献，在此一并向其作者致以诚挚的谢意。

由于编者水平有限，加上时间仓促，书中错误和不妥之处在所难免，欢迎读者批评指正。

编 者
2019 年 6 月

目 录

第一章　绪论 (1)
- 第一节　应用文概述 (1)
- 第二节　应用文的要素 (6)

第二章　党政公文 (15)
- 第一节　党政公文概述 (15)
- 第二节　通知 (21)
- 第三节　通报 (27)
- 第四节　报告 (33)
- 第五节　请示与批复 (36)
- 第六节　决定 (40)
- 第七节　公告与通告 (43)
- 第八节　函 (47)
- 第九节　纪要 (51)

第三章　事务文书 (55)
- 第一节　计划 (55)
- 第二节　总结 (60)
- 第三节　规章制度 (65)
- 第四节　述职报告 (73)
- 第五节　调查报告 (77)
- 第六节　简报 (84)

第四章　经济文书 (89)
- 第一节　市场预测报告 (89)
- 第二节　经济活动分析报告 (95)
- 第三节　项目建议书 (100)
- 第四节　可行性研究报告 (105)
- 第五节　策划书 (109)
- 第六节　招标书与投标书 (113)
- 第七节　经济合同 (120)
- 第八节　协议书 (126)
- 第九节　商业广告 (130)

第五章　书信类文书 ……………………………………………………………… (134)
第一节　申请书 ……………………………………………………………… (134)
第二节　感谢信与慰问信 …………………………………………………… (136)
第三节　介绍信与证明信 …………………………………………………… (140)
第四节　求职信 ……………………………………………………………… (143)
第五节　条据、启事与海报 ………………………………………………… (147)

第六章　礼仪文书 ………………………………………………………………… (154)
第一节　开幕词与闭幕词 …………………………………………………… (154)
第二节　欢迎词与欢送词 …………………………………………………… (158)
第三节　祝词 ………………………………………………………………… (160)
第四节　请柬 ………………………………………………………………… (163)
第五节　聘书 ………………………………………………………………… (165)
第六节　讣告与悼词 ………………………………………………………… (167)

第七章　宣传文书 ………………………………………………………………… (170)
第一节　新闻 ………………………………………………………………… (170)
第二节　消息 ………………………………………………………………… (172)
第三节　通讯 ………………………………………………………………… (177)
第四节　演讲稿 ……………………………………………………………… (180)

第八章　法律文书 ………………………………………………………………… (188)
第一节　起诉状 ……………………………………………………………… (188)
第二节　上诉状 ……………………………………………………………… (195)
第三节　申诉状 ……………………………………………………………… (202)
第四节　答辩状 ……………………………………………………………… (208)

第九章　专用文书 ………………………………………………………………… (216)
第一节　毕业实习报告 ……………………………………………………… (216)
第二节　毕业论文 …………………………………………………………… (222)
第三节　毕业设计 …………………………………………………………… (229)
第四节　申论 ………………………………………………………………… (235)

参考文献 …………………………………………………………………………… (249)

第一章

绪论

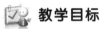 **教学目标**

1. 理解应用文的基本概念及其作用,了解应用文的分类。
2. 了解应用文的一般特点,明确应用文的写作要求。
3. 了解主题的含义,掌握应用文主题的表现方式。
4. 学会积累材料、选择材料和安排材料。
5. 了解应用文写作的结构要素与要求。
6. 理解语言运用的要求,掌握应用文专用语言。

第一节 应用文概述

一、应用文与应用文写作的概念

应用文就是"国家机关、企事业单位、社会团体及人民群众在日常工作和生活中,处理事务、传播信息及其他交际活动中所使用的具有一定格式的文章的总称"。

顾名思义,应用文写作就是指各种应用文的写作。"应用文写作"课程以应用文为研究对象,以应用文的产生、沿革、作用、特点和写作等为主要内容,以提高应用文写作能力为其教学目的。

二、应用文的发展历程

应用文写作在我国有着几千年的悠久历史,是人类社会实践的产物,相比其他文章写作,应用文写作与人类关系最密切、最直接,实用价值也最大。为了继承古代应用文写作的优良传统,有必要回顾应用文的产生和发展历程。

殷墟出土的甲骨文证明,从有文字开始,就有了应用文写作。

先秦的《尚书》是我国第一部古老的应用文专集,记载了虞、夏、商、周四代的部分文件、训令、誓词及一些历史事迹。

春秋战国时期，较为盛行的应用文有四种：书，用于阐明政治主张；檄文，多用于声讨和征召；辞令，用于外交；盟书，用于诸侯之间的盟约。

秦、汉两代是应用文发展、成熟的重要时期。秦统一六国后，规定了国家机关的文书制度，公文文体分类和公文格式初步确立，有了上行文和下行文的区分。汉承秦制把皇帝对臣下的文书定为制、诏、戒、策四种；臣对君的文书定为章、奏、表、议四种。

三国、魏晋、南北朝是应用文继续发展的时期。三国时期，曹丕的《典论·论文》把文章分为四类八样品种，他指出："奏议宜雅，书论宜理，铭诔尚实，诗赋欲丽。"其品种多为应用文体。南朝齐、梁时期的刘勰在其《文心雕龙》中，把文章分为33类，属于应用文的就有21类之多。

唐宋以后，文学创作日趋发展，不少文人致力于诗、词、曲、小说的创作，但应用文写作仍然处于"政事之先务"的主导地位。韩愈的《祭十二郎文》、欧阳修的《答吴充秀才书》、王安石的《答司马谏议书》等，都是闻名于世的应用文作品。

明清时期，文体分类日趋详细、繁杂，清代学者刘熙载正式提出了"应用文"这一名称。他在《艺概·文概》中指出："辞命体，推之即可为一切应用之文。应用文有上行、有平行、有下行。垂其辞乃所以重其实也。"

到了民国时期，应用文有了新的发展，当时规定了若干应用文种及其格式。

新中国成立后，1951年4月，中共中央办公厅、政务院秘书厅在北京召开了全国秘书长会议，讨论、通过并颁布了《公文处理暂行办法》。这个文件是新中国成立后第一个公文法规。以后中共中央办公厅、国务院办公厅又几次修订，分别制定了《党的机关公文处理条例》和《国家行政机关公文处理办法》，对党政公文的文种、格式、处理等诸方面的事项作了明确的规定，使得我国应用文更健康地向前发展。

近些年，随着科学技术的迅速发展，人类正在进入网络化、数字化、信息化的时代，人类的生产方式和思维方式也在发生重大变革，人类社会正在向全球化的方向迈进。这些变化必然影响应用文的写作，使应用文的发展呈现出新的发展趋势。办公自动化为传统的应用文写作开辟了一片光辉灿烂的前景。

三、应用文的分类

随着时代的发展和科学技术的进步，人们的社会活动领域不断拓宽，应用文的使用范围日益广泛，新文种也不断出现。关于应用文范围的界定和分类，目前众说纷纭，尚难统一。由于划分标准不同，分类也就有所不同。根据内容、功用和使用范围的不同，应用文大体可分为以下八类。

1. 党政公文

党政公文是指国务院2012年6月29日发布的《党政机关公文处理工作条例》中列出的15种公文：命令（令）、决定、决议、公报、公告、通告、通知、通报、议案、报告、请示、批复、意见、函、纪要。

2. 事务文书

事务文书包括计划、总结、述职报告、调查报告、简报、规章制度等。

3. 经济文书

经济文书包括意向书、招标书、投标书、市场调查报告、市场预测报告、可行性研究报告、经济活动分析报告、经济合同等。

4. 法律文书

法律文书包括起诉状、上诉状、答辩状、申诉状等。

5. 礼仪文书

礼仪文书包括开幕词、闭幕词、欢迎词、欢送词、礼仪致辞、答谢词、悼词等。

6. 书信类文书

书信类文书包括日常书信、求职信、推荐信、辞职信、条据、启事等。

7. 宣传文书

宣传文书包括新闻、消息、通讯、演讲稿等。

8. 专用文书

专用文书包括毕业论文、毕业设计、申论等。

四、应用文的特点

应用文作为一种独立的文章样式，虽然与其他的文体有许多共同之处，但它还有自己的显著特点。

1. 文体的实用性

实用性是指应用文无论在处理公共事务还是私人事务中，都具有实际应用的价值。实用是应用文最重要的特点，是否具有实用性是判断应用文好坏的价值尺度。实用性是应用文区别于其他文种的标志。

2. 格式的规范性

应用文讲究格式的规范性。每一个文种在长期的使用过程中都形成了比较固定的格式，写作时必须根据应用文的具体类型，遵守各自的固定格式。当然，这些格式也不是永恒不变的，随着社会的发展，应用文的格式也必将不断完善和创新。

3. 内容的真实性

真实性是指内容的真实确凿、实事求是。应用文是管理工作的工具，要为解决现实问题、指导实际工作服务，因而它完全排斥虚构和杜撰。文中所写的数据、材料等要真实、准确；所发布、传达的上级指示精神要确切，不能采用任何艺术加工，否则作者将承担相应的行政和法律责任。

4. 对象的明确性

应用文的读者不像文学作品那样广泛,阅读对象大都明确具体。无论是党政公文中的"请示"、"通知",还是法律文书中的"起诉状"、"上诉状",都有明确的读者对象,即使是"欢迎词"等,也是直接面对特定的听众的。

5. 语言的简朴性

应用文尚质求实,要求语言简朴,表达明确。一般不用拟人、夸张、比喻、双关等修辞格。应用文多数具有法定权威、行政约束力或明显的规范作用,因此用词必须准确,不能含糊其辞、模棱两可,以免发生歧义或误解。

五、应用文的作用

应用文在不同的社会、不同的历史时期,以其不同的内容和形式发挥着不同的社会作用。进入 21 世纪,它的作用主要表现在以下四个方面。

1. 传递信息、沟通协调的作用

现代社会中,机关、企事业单位及个体之间需要及时传播信息、联系工作,应用文能突破时间与空间的限制,成为人们交流信息的重要工具。随着社会化大生产的发展,专业化水平越高,分工就越细,部门之间、组织之间的合作也就越需要做好联系、协调工作,应用文就是联系、协调的最好工具之一。

2. 宣传教育、指挥管理的作用

应用文是用来处理公、私事务的,但要处理好公、私事务,必须让人们知道应该做什么、为什么要做、怎么去做。这就需要摆清事实、讲透道理,实际上就是在做宣传教育工作。在公务活动中,上级机关对下级机关发布的公文,起着指挥、管理的作用。没有它,各方面的管理工作就无法有序地进行。

3. 凭证和依据的作用

应用文的凭证和依据的作用,在不同的文种中都有不同程度的体现。例如,机关公文是收文机关处理工作、解决问题的政策依据;合同、调解书及司法文书是双方确定权利和义务的凭证和依据。同时,各种文件阅读办理完毕之后,应将有保存价值的文书立卷归档保存起来,转化为档案,以备查考。

4. 提供、保存历史资料的作用

应用文反映单位和个人的种种活动,记载着各个时期的政治、经济和文化等多方面的情况,因此它可以保存和积累大量的历史资料,能为今后有关部门和个人的研究提供历史背景资料。

六、应用文的写作要求

掌握应用文的写作要求,对于提高我们的应用文写作能力有很重要的意义。

1. 要有较高的政策水平

应用文写作的政策性很强,一定时期的应用文,反映党和国家这一时期的方针政策。要写好应用文,首先要掌握党和国家的政策和法规,深刻领会中央有关精神。明确了方向,才能写出好的应用文。

2. 要有较宽的知识面

刘勰在《文心雕龙·议对》中写到:"郊祀必洞于礼,戎事必练于兵,佃谷先晓于农,断讼务精于律。"这段话精辟地阐明了写作与各专业知识的关系。应用文与各专业知识之间有密切的关系。例如,写经济文书,应懂得相应的经济知识;写法律文书,要具有一定的法律知识;写礼仪文书,应熟悉有关的礼仪知识,等等。因此,要写好应用文,必须掌握相应各专业的知识。

3. 要有较强的文字表达能力

(1) 加强语法、修辞、逻辑知识学习

古人云:"工欲善其事,必先利其器。"要提高应用文写作能力,必须先提高文字表达能力。这就要努力学好语文知识,重视听、说、读、写的练习,从文字到语法,从修辞到逻辑,直至标点符号的运用,都要认真学习,一丝不苟。

(2) 多读范文

读与写是紧密联系在一起的,多读好文章,就会产生潜移默化的作用,就会从中吸取许多有益的东西。杜甫的"读书破万卷,下笔如有神"的佳句,俗话说的"熟读唐诗三百首,不会作诗也会吟",讲的都是这个道理。要在认真阅读古代、当代优秀范文的基础上,多读名著,广泛涉猎文、史、哲各方面的书籍,要博采众长,为写作奠定扎实的基础。

(3) 加强写作实践

陆游在《冬夜读书示子聿》中写道:"纸上得来终觉浅,绝知此事要躬行。"他强调的"躬行",就是指自己亲身去实践、去练习。学习写作知识,借鉴前人的应用文写作经验,好比夜间走路有了指路灯,可以少走弯路,避免盲目性。但路还得靠自己走,只有平时多练习,才能在写作实践中加深对应用文写作知识的理解,不断提高写作能力。

✎ 试一试

简答题

(1) 应用文有哪些特点和作用?
(2) 应用文有哪些分类?
(3) 为提高应用文写作能力,应具备哪些要求?

第二节　应用文的要素

一、应用文的主题

主题也称为主旨,是指应用文的中心意思或基本观点,是作者对客观事物和材料的总的看法和评价。主旨是应用文的灵魂,它决定着应用文的质量、价值和社会作用。应用文的主旨与其他要素相比处于"统帅"的地位,材料的取舍、结构的安排、语言的运用、表达方式的选取都要围绕着它进行。"主题先行"、"意在笔先"是应用文写作应该遵循的原则。《朱元璋传》中记载着这样一件事:洪武九年,刑部主事茹太素上书报告五件事,文件长达17 000字,读到6 370字,还不知主旨是什么,朱元璋大发雷霆,命人把茹太素痛打了一顿。

那么,该如何确立主题呢？确立主题的要求是:正确、集中、鲜明、深刻。

1. 主题正确

主题正确是撰写应用文的基本要求。应用文所确立的主题应该符合党和国家的方针政策,符合法律法规,能够反映自然的规律和事物的本质,反映事物的内在联系。

2. 主题集中

主题集中是指把文章的主题凝练成最精要的一点。一篇文章只有一个主题,这个主题要贯穿全篇,要围绕这个主题把道理说深说透。

3. 主题鲜明

应用文的观点必须明确,立意必须清晰,让人知道是什么、怎么样,明确应该怎么做、不能怎么做,切忌似是而非、模棱两可,让人无所适从。

4. 主题深刻

主题深刻是指主旨能够揭示事物的内在本质,反映事物内部的规律和作者的独具慧眼,是作者对材料深入理解、对事物透彻认识的反映。因此,要善于抓住事物的主要矛盾,挖掘具有本质性和倾向性的问题,提炼出规律性的认识,并形成主题深刻的文章。

二、应用文的材料

1. 材料的含义

应用文的材料是指作者为表现应用文的主旨所搜集或积累的一系列事实、数据或论据。材料是应用文写作的基础。如果说主旨是应用文写作的灵魂,那么材料就是应用文的血肉。没有材料,主旨就不能体现。

2. 材料的来源

应用文的材料主要分为理论材料和事实材料两大部分。根据特定的写作目的,应用文搜集的材料要做到丰厚、典型。那么怎样获得应用文的材料呢?

(1) 直接获取

直接获取是指作者亲自从现实生活中获取材料,如通过观察、实地调查、访问、问卷、开调查会等方法直接搜集材料。

(2) 间接获取

间接获取是指作者通过某种传播媒介获得材料,如通过查询各种记录、报表、报刊、书籍、部门或单位的档案、网络等方法获取大量的间接材料。

3. 材料的选择和使用

(1) 选择材料

选择材料是指在搜集和分析材料的基础上,对具备候选资格的材料进行筛选、取舍。应用文选择材料主要是根据主旨的需要去选择那些典型、真实、新颖的材料,这是由应用文的实用性决定的。典型性材料能够"以一当十";真实性材料能够反映客观事物的本质和主流;新颖性材料符合时代的特征,能够引起人们的共鸣。

(2) 使用材料

使用材料的恰当与否直接关系到主题的表达是否正确和文章质量的高低。因此,使用材料时一定要分清主次,根据主题的需要,按照一定的组织形式,安排材料的先后顺序。在安排顺序时要考虑材料的主次、时间的先后、材料间的逻辑顺序、人们认识事物的规律、事物发展的过程等诸多因素。

三、应用文的结构

应用文的结构是指应用文内部的组织构造,也就是安排材料、谋篇布局的方式。结构是应用文的骨架,有了严密的结构,才能形成一篇完整的文章。应用文的结构与一般文章一样,包括开头和结尾、层次和段落、过渡和照应。

1. 开头和结尾

(1) 开头

① 概述式。概述式是指概括地写出主要内容、基本情况或主要问题,交代有关背景、缘由。这种开头,多用于调查报告、简报、总结、纪要等文种。

② 目的式。目的式是指开头就说明写文章的目的与缘由。这种开头常用于情况通报、通告、通知、意见等文种。

③ 根据式。根据式是指根据法律、法令,文件精神,对方来文,存在的问题,突发事件等行文。这种开头多用于决定、调查报告、市场预测报告、合同等文种。

④ 提问式。提问式是指开头就提出问题,制造一个悬念,让人深思,然后引出正文。调查报告、纪要、毕业论文、新闻等文种有时用这种方式开头。

⑤ 说明式。说明式是指开头先对要写的对象的背景、情况做一些说明,在此基础上再引出正文。这种开头多用于调查报告、新闻、通讯、广告等文种。

（2）结尾

① 总结式。总结式是指结尾归纳全文,给出结论,点明主旨,以加深人们对文章的印象。这种形式多用于总结、调查报告、通报等文种。

② 号召式。号召式是指结尾归纳全文,提出希望,发出号召。这种形式多用于总结、决定、纪要等文种。

③ 说明式。说明式是指结尾对主体部分的未尽事宜做一些补充说明,或者对与内容有关的问题做一些必要的交代。这种形式多用于公告、通报、通告、规章制度等文种。

④ 惯用式。惯用式是指以习惯用语和固定格式结尾。这种形式多用于公文、经济合同、诉讼文书等文种。

2. 段落和层次

（1）段落

段落是组成文章的最基本单位,是按照表达层次划分出来的结构单位。在一般情况下,段落是同属于一个中心思想的一些句子的连接,是小于篇、大于句子的一个完整的意义单位。在形式上,起行空两格,回行顶格是段落的明显标志。

（2）层次

层次是文章思想内容的表现次序,它反映了作者的思维过程。层次有以下三种表述方法。

① 用小标题表示。例如,《中共中央关于加快农业发展若干问题的决定》一文的层次即用小标题的形式表示:(一)统一全党对我国农业问题的认识;(二)当前发展农业生产力的二十五条政策和措施;(三)实现农业现代化的部署。

② 用数量词表示。例如,一、二、三、四……(一)、(二)、(三)、(四)……

③ 用表示顺序的词或词组表示。例如,"首先"、"其次"、"最后"、"会议认为"、"会议决定"等。

3. 过渡和照应

（1）过渡

应用文的过渡是指上下文之间的衔接、转换。过渡的方式,主要是用过渡段、过渡句和关联词语,如"综上所述"、"总之"、"为此"、"故此"等。

应用文中常见的过渡主要在以下三处。

① 内容开合处,即文章内容由总到分或由分到总时需要过渡。

② 意思转换处,即文章内容由一层意思转入另一层意思时需要过渡。

③ 表达变动处,即文章内容由叙述转入议论或由议论转入叙述时需要过渡。

（2）照应

应用文的照应是指文章前后内容的关照、呼应,主要有以下三种形式。

① 首尾照应,即开头与结尾相呼应。

② 前后照应,即前面的内容为后面的内容埋下伏笔,相互呼应。

③ 题文照应,即题目与文章的内容相呼应。

四、应用文的语言

1. 应用文语言的表述要求

（1）准确

准确是指用词要切合语体，语言要准确、连贯，逻辑性要强，造句要合乎语法修辞规范，不产生歧义。例如，在应用文的写作中经常会遇到一些数字、概念，在运用时一定要准确、恰当，切忌使用"可能"、"大概"等词语。

（2）简练

简练是指语言的简洁和精练，要用最少的文字表达最丰富的内容。但简练要以意思明白为前提，不能只是为了简练而压缩字句，将应该用的词不用，导致语气不连贯，意思不好懂。

（3）质朴

质朴是指不用夸张性的语言，杜绝虚妄不实之词，保持写作的严肃性。应用文是为了解决实际问题的，它的用语不追求华丽深奥，而强调朴实得体。质朴的语言用得恰当，也能产生很好的语言效果。

（4）规范

规范是指应用文不宜使用文学语言，也不宜使用口语、方言、不规范的简称等词语，要使用应用文专门用语。规范的语言词义严谨周密，不规范的语言则会导致理解歧义，影响工作的进行。

2. 应用文常用的专用语言

（1）称谓词

称谓词是指表示称谓关系的词。在应用文中，涉及机关时，一般应直呼机关的全称或规范化的简称；涉及个人时，要直呼对方的职务或"××同志"、"××先生"。在表述指代关系的称谓时，一般用下列专门词语。

① 第一人称："本"、"我"，后面加上所代表的单位的简称，如院、部、厅、局等。
② 第二人称："贵"、"你"，后面加上所代表的单位的简称，如院、部、厅、局等。
③ 第三人称："该"，可用于指代人、事物或单位，如"该同志"、"该公司"、"该厂"等。

（2）引叙词

引叙词是指用于引出应用文撰写的根据、理由或应用文具体内容的词。应用文的引叙词多用于文章的开端，引出法律、法规及国家政策作为依据，或引出事实作为根据；或用在文章的中间，起过渡、衔接的作用。一般情况下，借助引叙词可以使应用文开宗明义。常用的引叙词有"根据、按照、遵照、为了、接、悉、近悉、惊悉、收悉、为……特、前接、近接"等。

（3）经办词

经办词是指用来说明工作处理过程的已然时态，表明处理时间及经过情况。在使用时，应注意这类词语在表述次数和时态方面的差异。常用的经办词有"兹经、业经、前经、即经、复经、均经"等。

（4）承转词

承转词又称为过渡语，即承接上文转入下文时使用的关联词、过渡用语。承转词用在陈述理由及事实之后引出作者的意见和方案。常用的承转词有"为此、据此、故此、综上所述、总而言之、总之"等。

（5）期请词

期请词是指用于向受文者表示请求和希望的词语。使用期请词的目的在于营造机关之间相互敬重、和谐的氛围，从而建立正常的工作关系。常用的期请词有"即请查照、希即遵照、希、敬希、希予、请、拟请、恳请、烦请、务求"等。

（6）商洽词

商洽词是指用于征询对方的意见和反应，具有探询语气的词。这类词语一般用于公文的上行文、平行文中。在使用时要有实际的针对性，即确定需征询对方的意见时才使用。常用的商洽词有"当否、可否、妥否、是否可行、是否妥当、是否同意"等。

（7）受事词

受事词是指向对方表示感谢、感激时使用的词。受事词属于客套语，一般用于平行文或涉外的公文。常用的受事词有"蒙、承蒙"等。

（8）命令词

命令词是指表示命令或告诫语气的词语。命令词的作用在于增强公文的严肃性与权威性，引起受文者的高度注意。常用的命令词有"着令、着、特命、责成、着即、切切、毋违、不得有误、严格办理"等。

（9）目的词

目的词是指直接交代行文目的的词语。人们撰写应用文，尤其是公文时都有明确而具体的目的，对此需要有针对性地使用简洁的词语加以表述，以便受文者正确理解并加速办理。用于上行文、平行文的目的词，还需加上期请词，常用的有"请批复、函复、批示、告知、批转、转发"等；用于下行文的有"查照办理、遵照办理、参照执行"等；用于知照性文件的有"周知、知照、备案、审阅"等。

（10）表态词

表态词又称为回复用语，是指针对对方的请示、问函，表示明确意见时使用的词语。在使用表态词时，应对公文中的下行文和平行文严加区别。常用的表态词有"照办、同意、可行、不宜、不可、同意、不同意、遵照执行"等。

（11）结尾词

结尾词是指置于正文最后，表示正文结束的词语。使用结尾词，有助于使文章表达得更简练、严谨并富有节奏感，从而赋予文章庄严、严肃的色彩。常用的结尾词有"此致、此布、特此报告、为要、为盼、为荷、特此函达、敬礼、谨致谢忱"等。

五、应用文的表达方式

表达方式是指行文时对有关内容进行表达所采用的表述形式与方法。应用文常用的表达方式有叙述、说明和议论。

1. 叙述

叙述是对人物的经历和事物发展变化的过程作出介绍和交代。常用的叙述方法如下。

（1）概述、详述、散叙

概述是概略叙述某一状况、某一过程的基本面貌，使读者能了解概要。这种叙述方法在应用文中运用得最多。

详述是详细叙述某事物的基本面貌或某一事件的具体过程，使读者有个细致的了解，如产品说明书、调查报告中的叙述等。

散叙是把许多在不同时间、不同地点发生的事情，紧紧围绕着一个主旨，分别进行叙述。应用文中的散叙，多是把并列的几件事或者是几个部门、单位、几个人的事情分别叙述出来。

（2）顺叙、插叙、倒叙

顺叙是完全按照时间的先后或事情发生发展的过程来安排段落层次的一种写法。用这种方法，可以把事物发展的过程叙述得头尾清楚、层次分明。情况通报、工作总结等大体上是用这种写法。

插叙是在叙述主要事件的过程中，有时需暂时把叙述的线索中断一下，插进有关的另一件事的叙述，插叙部分完结后，再接上原来的线索继续进行的叙述。插叙，有时是为了补充主要事件，有时是为了突出人物性格，有时是对某些问题作补充说明。例如，调查报告或某些叙述性的公文，在叙述到某一内容时，常插入对另一内容的叙述。插叙可以补充材料，丰富内容，使文章更加充实。

倒叙是先写事情结局或事件的某一重要情节，然后再按事件的发生发展过程进行叙述。如总结、调查报告等，常常是先叙述成绩、结果，然后再回头叙述工作进展、过程及经验。用这种方法，可以强调结局、突出重点。

2. 说明

说明就是简明扼要地把事物的形状、性质、特征、成因、关系、功能等解说清楚，把人物的经历、特点等表述明白的一种表达方式。说明在应用文写作中有着广泛的用途，常用的说明方法有以下几种。

（1）定义说明

定义说明就是通常所说的下定义，是指用简洁而明确的语言把事物的本质属性揭示出来，给人以清晰的概念。定义说明既能使人们对被说明的事物有一个明确的、本质的了解，又能使人们把该事物与其他事物区别开来。例如，对证明信的定义。

证明信是证明某人身份、经历等情况以及证明某件事情真相的专用书信。

这里使用的就是下定义的说明方法，它使读者对证明信有了大概的了解。

（2）分类说明

分类说明是指将被说明的对象，根据它们的性质、形状、成因、关系、功用等按照一定的标准分成不同的类别，然后逐类说明。通过分类说明，可以显示出不同事物的差异性，使人们可以按照类别掌握事物的特征。例如下面这段文字。

导弹按攻击地面目标来分，有地地导弹、潜地导弹、空地导弹、反坦克导弹、反雷达导弹；按攻击空中目标来分，有反飞机导弹、反导弹导弹、反卫星导弹；按射程来分，有近程导弹、中程导弹、远程导弹、洲际导弹等。

运用分类来说明，层次比较分明、清楚。

（3）举例说明

举例说明是举出突出实例来说明事物事理。它是通过个别认识一般的一种方法，既能帮助读者理解,又能给读者留下深刻的印象。例如下面这段文字。

地球上的生物,已知道的约有200多万种。这些生物,就大小来说,有的很大,例如:巨杉,最高的可达142米,直径有12米;海洋里的鲸,最大的体长可达35米,体重有16万千克。有的很小,只有用显微镜才能看到,例如结核杆菌,2 000~4 000个并排起来,能够同时穿过一个针眼。

举例说明要精心选择例子,做到事例典型、有代表性、有启发性。应用文中的论文、总结、报告、调查报告、通报等常用举例说明。

（4）比较说明

比较说明是指将不同的事物加以比较或将某事物本身的不同情况加以比较的一种说明方法。例如以下对贝加尔湖污染情况的说明。

世界上最深的淡水湖——俄国的贝加尔湖,由于污染,仅几十年间湖中原有的1 200种水生物至少灭绝了一半以上。

这是用贝加尔湖原有的水生物种类同现有的状况作比较,说明了污染的严重性。比较说明能使说明的内容具体、生动、形象、突出,给人以鲜明、深刻的印象。除上述的说明方法外,还有数字说明、引用说明、图表说明等方法。在应用文写作中,要根据需要选用恰当的说明方法。

3. 议论

议论就是说理和评判,是指作者通过事实材料及逻辑推理来明辨是非、阐发道理、表明见解的一种表达方法。一般来说,议论是由论点、论据和论证三个要素构成。常见的论证方法如下。

（1）归纳法

归纳法是指根据对一些个别事物的分析与研究推导出一般结论的论证方法。例如,司马迁在《报任安书》中有这样一段极为著名的话:

盖文王拘而演《周易》;仲尼厄而作《春秋》;屈原放逐,乃赋《离骚》;左丘失明,厥有《国语》;孙子膑脚,《兵法》修列;不韦迁蜀,世传《吕览》;韩非囚秦,《说难》、《孤愤》;《诗》三百篇,大抵圣贤发愤之所为作也。此人皆意有所郁结,不得通其道,故述往事,思来者。

一连列举了八个事例,从而得出普遍性结论:凡垂名后世之人都是身处逆境、情意郁结的,其情怀发而为言,则成为不朽之作。这便是典型的归纳论证法。

（2）例证法

例证法是指用具体事例或统计数字来证明论点的方法。例如,李斯的《谏逐客书》中有一段:

昔穆公求士,西取由余于戎,东得百里奚于宛,迎蹇叔于宋,来邳豹、公孙支于晋。此五子者,不产于秦,而穆公用之,并国二十,遂霸西戎。孝公用商鞅之法,移风易俗,民以殷盛,国以富强,百姓乐用,诸侯亲服,获楚、魏之师,举地千里,至今治强。惠王用张仪之计,拔三川之地,西并巴、蜀,北收上郡,南取汉中,包九夷,制鄢、郢,东据成皋之险,割膏腴之壤,遂散六国之众,使之西面事秦,功施到今。昭王得范雎,废穰侯,逐华阳,强公室,杜私门,蚕食诸侯,使秦成帝业。

用四位君王重用贤士的例证来证明论点。

（3）类比法

类比法是指用同类事物进行比较,从而由此及彼,自然地得出新的结论的论证方法。例如,庄子在《至乐》篇中讲了一个《鲁侯养鸟》的故事。

鲁侯这个人喜欢人奉承,喜欢听音乐,而且喜欢喝酒吃肉。有一天一个人抓来了一只鸟送给他,他非常喜欢,于是用车子把它送到供祭祀用的庙堂里去,每天叫人给它演奏庄严肃穆的《九韶》乐曲,向它敬酒,给它吃肉,结果鸟不但没有养好,三天就死掉了。庄子叹息说,鲁侯是用养自己的办法养鸟,而不是用养鸟的办法养鸟。

古人把自然物拟人化,把人的某种能力、情况类比到别的事物身上,设想自然物同人一样,具有情感意识,如人有喜怒,故天也有喜怒;人能思能语,所以认为顽石能思,鸟兽能言。石头能从山上走下来。刀砍树,树就会有痛感。

（4）引证法

引证法是指引用经典作家的言论、科学原理、尽人皆知的常理等作为论据来直接证明论点的论证方法。例如,下面这段文字证明论点:一步与一生有微妙的关系。

一步与一生有多么微妙的关系,张爱玲曾经诗意地说:于千万人之中,遇见了想要遇见的人,于千万年之中,时间的荒原里,没有早来一步,也没有晚来一步,恰巧碰上。这恰到好处的一步完成了多少美妙的传说,风和日丽,芳草萋萋,梁山伯与祝英台提腿抬头,不早不晚相逢。高山流水,明月清风,钟子期与俞伯牙拂袖贴耳。这恰到好处的一步,就如同进入贝壳里的沙粒,进去时平淡无奇,经历时间取出来却晶莹剔透。

（5）对比法

对比法是指把两种截然相反的事物加以对照、比较,推导出它们之间的差异点,从而映衬出结论的论证方法。例如下面这段文字。

孙膑与庞涓同出于鬼谷子门下,他们二人可说是精于谋略,都是不可多得的人才。但是当孙膑来到庞涓任职的魏国时,庞涓嫉妒他的才能,表面恭敬,内心狠毒,多次向魏王进谗言,以致孙膑被挖去膝盖骨,不得展其才志。而齐王听说孙膑之才,不惜费尽心力,将孙膑请到齐国,委以重任。齐军终于有了马陵道之胜。

（6）反证法

反证法是指通过证明相反的论点是错误的,从而证明自己论点的正确性。例如下面这段文字。

王戎小时候爱和小朋友在路上玩耍。一天,他们发现路边的一棵树上结满了李子,小朋友一哄而上,去摘李子,独有王戎没动。等到小朋友们摘了李子一尝,原来是苦的！他们都问王戎:"你怎么知道李子是苦的呢?"王戎说:"假如李子不苦的话,早被路人摘光了,而这树上却结满了李子,所以李子一定是苦的。"

这就是非常著名的"道旁苦李"的故事。实质上王戎的论述,也正是运用了反证法。

（7）喻证法

喻证法是指通过打比方讲道理来论证论点的方法。例如下面这段文字。

《俭以养德》（马铁丁）:"一个人开始大手大脚花钱,他总是有条界线的,这就是限于自己的劳动所得。但是,由俭入奢易,由奢入俭难,大手大脚花惯了,那条劳动所得的防线也不见得就是马其诺防线（马其诺防线:第二次世界大战前,法国为了防御德国进攻,在从瑞士到比利时之间的东部国境上所修的坚固防线。1940年德军绕过这道防线攻入法国,使防线失去作用）,即使是马其诺防线,也是可以被自己的贪欲攻破的。"

《俭以养德》中把人贪婪的界限比喻成二战中的马其诺防线,这就是用喻证法来证明观点。

（8）归谬法

归谬法是指首先假设对方的论点是正确的,然后将这一论点加以引申,从而得出极其荒谬可笑的结论来,以驳倒对方论点的一种论证方法。例如下面这段文字。

唐朝李贺少负盛名,妒者为打击他,不让其加入进士考试,竟然提出:李贺的父亲名晋肃,"晋"与"进"同音,为了避忌,李贺不得加入进士考试。韩愈作《讳辩》对此作了有力的辨驳。其中有这样一句:"父名晋肃,子不得举进士;若父名仁,子不得为人乎?"

（9）因果法

因果法是指分析事物的前因后果,并以此证明论点的方法。例如下面这段文字。

我们系统内的大多数老企业,多年来负担很重,有的厂福利性开支竟占年收入的20%;有些老厂,离退休人员工资占全厂年收入的30%以上,这些企业的亏损是体制造成的。有些企业没有市场意识,产品几年不变,质量低劣,大量库存积压,造成投资无法回收,从根本上说,这些企业的亏损也是体制造成的。因此我们要走出困境,就必须要深化体制改革。

这里用因果分析的方法,分析了国有企业亏损的原因,从而证明了"必须要深化体制改革"这一论点。

总之,应用文中适当运用议论,可以深化主旨,点明事情的实质,有时还可以超越所要议论的事物本身,让读者发挥联想。叙述、说明和议论是应用文常见的三种表达方式,在写作中单独运用某一种方式的不多,往往是以某一种表达方法为主综合运用其他方式。

试一试

选择下面1~2个问题在同学中展开调查,收集相关材料,提炼出一个主题。

1. 当今高职院校学生消费情况调查材料。
2. 本校学生今年就业情况调查材料。
3. 有关高职院校学生课外阅读情况调查材料。
4. 学生假期活动安排情况调查材料。

第二章 党政公文

教学目标

1. 了解通知、通报、报告、请示、批复、函、纪要等7种公文的概念及使用范围。
2. 能区别请示与报告的不同点。
3. 重点掌握通知、通报、报告、请示、函、纪要等6种常用公文的行文关系及其具体的写作要求与办法。
4. 进行模拟会议训练,综合运用公文的各类文种。
5. 开展写作技能竞赛,根据素材拟写公文。

第一节 党政公文概述

一、党政公文的性质

党政公文是指国家机关、企事业单位及其他社会组织在行使职权和实施管理的过程中所使用的具有法定效力与规范格式的文书。它是依法行政和进行公务活动的重要工具。

二、党政公文的特点

1. 实用性

党政公文是用来处理公务的文书,撰写党政公文是为了解决在公务活动中的实际问题,每一份党政公文都有明确的制发意图和实际效用。

2. 法定性

党政公文必须由法定的作者制发,只有依据法律、法令、法规,能以自己的名义行使权力承担义务的组织或个人可以在自己的职能和权限内制发党政公文,如各级党政机关、人民团体、企事业单位。

3. 权威性

党政公文代表着行政机关的意志和态度,在其发文范围内,党政公文具有行政效力和法定效力。借助党政公文发布的一些法规性文件,由国家强制力保证执行,任何单位和个人不得违反。

4. 规范性

党政公文的规范性表现在两个方面:一是党政公文的格式,从标题、正文到落款都有特殊的规定和要求;二是党政公文的办理有一定的处理程序,从发文到收文都须经过一系列手续。这些都由国家权威部门统一规定,不得任意改动。

三、党政公文的作用

1. 领导与指导作用

党政公文是上级机关对下级机关进行领导和指导的重要工具。在行政工作中,上级机关通过党政公文将领导力图传达到所属的下级机关,要求下级机关严格按照公文规定的事项与时限贯彻执行。

2. 凭证记载作用

党政公文是单位与单位、部门与部门之间联系工作、开展活动的书面依据。例如,上级机关制发的党政公文是下级机关执行任务的依据;下级机关向上级机关制发的反映问题的党政公文又是上级机关了解情况、解决问题的凭证。

3. 公务联系作用

党政公文是机关之间进行公务联系的重要手段。机关单位、部门之间通过党政公文来沟通信息,请示和答复问题,指导、布置和商洽工作,交流经验和处理问题。

4. 宣传作用

党政公文具有宣传党和国家的方针政策,阐明发文意图,奖惩有关人员等宣传教育的作用。

四、党政公文的类型

根据2012年6月29日发布、2012年7月1日起实施的《党政机关公文处理办法》(GB/T 9704—2012),我国现行的法定党政公文有15种:命令(令)、决定、决议、公报、公告、通告、通知、通报、议案、报告、请示、批复、意见、函、纪要。

按照不同的标准,党政公文可以划分成不同的类型。

1. 按行文方向分

按行文方向分,党政公文可分为上行文、下行文和平行文。上行文是下级机关向上级机关的行文,如请示、报告等。下行文是上级机关对下级机关的行文,如命令、通知、决定等。平行文是不相隶属机关包括平级机关之间的行文,如函等。

2. 按党政公文的特点分

按特点分,党政公文可分为法规性公文、指挥性公文、知照性公文、报请性公文、记录性公文五类。

3. 按公文的办理时限分

按办理时限分,党政公文可分为特急、急件、一般文件三类。

4. 按保密级别分

按保密级别分,党政公文可分为绝密、机密、秘密三个等级。

五、党政公文的行文格式

《党政机关公文格式》规定:"党政公文一般由秘密等级和保密期限、紧急程度、发文机关标志、发文字号、签发人、标题、主送机关、正文、附件说明、成文日期、印章、附注、附件、主题词、抄送机关、印发机关和印发日期等部分组成。"总的来说,党政公文包括文头、正文和文尾三个部分。

1. 文头部分

文头又称为版头、稿头,要素齐全的文头由发文机关标识、发文字号、秘密等级、保密期限、紧急程度、签发人组成。

（1）份数序号和秘密等级、保密期限

份数序号是指每个绝密或机密文件根据所印份数统一编定的顺序号。编号的目的是便于登记、查询和存档。需要注意的是,普通公文一般不加份数序号。份数序号用阿拉伯数字标识在文头左上角第一行。

秘密等级简称密级,凡内容涉及党和国家机密的党政公文需要保密并注明秘密等级,以限定此文件只能在限定的时间、范围传达和阅办,确保机密的安全。秘密等级按保密程度分为绝密、机密、秘密三个等级。对于密级和保密期限,可根据《中华人民共和国保守国家秘密法》和相关规定来确定。

秘密等级和保密期限位于文头左上角第二行,使用3号黑体字。标引方法为:秘密等级★保密期限。

（2）紧急程度

紧急程度是指党政公文送达和处理的时限要求。需要紧急处理的党政公文应当根据紧急程度分别标明"特急"、"急件"字样。

紧急程度位于秘密等级之下（如若无秘密等级,则标识在文头左上角第二行）,使用3号黑体字。

（3）发文机关标识

发文机关是指制发党政公文的机关。发文机关标识由发文机关全称或规范化的简称加"文件"二字组成，如"湖北省人民政府文件"。几个单位联合行文时，主办的单位名称排列在最前面，"文件"两字置于发文机关名称右侧。

发文机关标识位于文头部分的正中，用小标宋体字，红色标识（故有"红头文件"之说），字号由发文机关自行确定。

（4）发文字号

发文字号是党政公文的特殊标志，指发文机关在一年之内所发党政公文依次编排的顺序号，主要是为了便于收发文单位分类、统计，同时也便于引用和查询。发文字号由机关代号、年份、顺序号三部分组成，如国发〔2017〕10号，代表国务院在2017年发的第10号文件。联合行文时，只标注主办机关的发文字号。

发文字号位于文件名称下方，居中排列，但文头有"签发人"时，其位置略向左移，使用3号仿宋体。

（5）签发人

签发人是指代表发文机关核准并签发党政公文文稿的领导人姓名。上行文必须标识签发人。签发人位置在发文字号的同行右侧。"签发人"三字使用3号仿宋体，加冒号，签发人姓名则用3号楷体。

需要注意的是，党政公文在刊发时，没有必要把文头一并刊出，此时，文头部分常常略去，而发文字号移入标题下方。

2. 正文部分

这部分是公文的主体和核心，包括标题、主送机关、正文、成文日期、署名和印章、附注等几项内容。

（1）标题

党政公文的标题就是党政公文的名称，用来揭示党政公文的主旨。一般由发文机关名称、发文事由、文种三要素构成，如"国家邮政局关于适当调整邮政基本资费的通知"，其中"国家邮政局"是发文机关名称，"关于适当调整邮政基本资费"是发文事由，"通知"是文种。但在某些情况下，公文标题亦可采用规范的省略形式，其省略形式主要有两种：一种是省略发文机关名称，如"关于赴美考察的请示"；一种是省略发文事由，如"中华人民共和国主席令"。此外，有一些普发性的公文，如在公共场合张贴的通告，可以直接以文种"通告"作为标题。需要注意的是，标题中除法规条文、规章的名称可以用书名号外，一般不用标点符号。

党政公文的标题位于公文首页的核心位置，在文头横线以下分一行或多行居中书写，使用2号小标宋体字。

（2）主送机关

主送机关是指发文机关要求其主办答复或知晓文中事项的受文机关。除少量面向全社会或某单位全体人员发布的普发性公文外，都应当注明主送机关。一般来说，上行文和平行文只有一个主送机关，而下行文的主送机关可以有多个。

主送机关应顶格而写，采用3号仿宋体。

（3）正文

正文是党政公文的主体和核心，一般包括开头、主体、结尾三个部分。

开头又称引据部分，用于说明发文的目的、依据和缘由，如果是回复性的公文，应该先引来文的标题和发文字号。

主体是正文的核心，用于交代发文的事项，不同文种内容侧重上各有不同，如向上级机关反映情况、汇报工作要简述事实经过，向下级机关作出指示要详细说明和交代工作任务、执行方法。

结尾主要写发文机关对受理机关就如何处理公文提出的要求，有时也可使用一些规范化的语句作结，如"特此通知"、"专此函复"等。

（4）附件说明

附件是指公文正文的印证性、说明性或以备查考的附带性材料，常见的有随文附上的有关照片、图表、统计数字、文字依据材料、参考材料等。

附件说明位于正文下行，采用3号仿宋体。

（5）成文日期

成文日期是公文生效的法定时间，以领导人签发的日期为准（联合行文以最后一个机关领导人的签发日期为准，会议通过的公文以通过日期为准）。成文时间用公元纪年、汉字数字，要求年、月、日俱全，如二〇一七年五月十五日。

（6）署名和印章

署名即发文机关的落款，应写机关全称或规范化的简称，几个机关联合发文，主办机关排列在前。位置在附件下方右侧，署名上要加盖印章（但纪要可不加盖印章），印章是公文生效的标志，加盖印章要上不压正文，下压在成文日期上。

（7）附注

附注是对正文的某些内容或有关事项、要求的注解和说明，一般分为两种情况：一种是注释说明正文中的一些不易夹注的名词术语；一种是用以标注公文的传达范围和阅读对象，如"此文发至省部级"。需要注意的是，"请示"应当在"附注"处注明联系人的姓名和电话，以便联系。

附注位于成文日期下一行，采用3号仿宋体。

3. 文尾部分

文尾部分又称为版记部分，包括抄送机关、印发机关和时间、印发份数等几项内容。

（1）抄送机关

抄送机关指主送机关之外的需要送达的其他机关，这些机关有了解公文内容的必要，但对公文不负有答复与办理的责任。一般来说，对上级用"抄报"，对平级用"抄送"。

需要注意的是，受双重领导的机关向上级机关行文，应当分别标明主送机关和抄送机关。此外，在特殊情况需越级行文时，应当抄报被越过的直属上级机关。

抄送机关位于主题词下一行，左空一字，采用3号仿宋体。抄送机关间用逗号隔开。

（2）印发机关和印发日期

印发机关多数是指发文机关里负责制发公文的办公室。印发日期是指印发该公文的实际日期，与成文日期不是一个概念。

印发机关和印发日期位于抄送机关下一行，用3号仿宋体。印发机关左空一字，印发日期右空一字，用阿拉伯数字标识。

【公文格式样本——下行文】

```
0000001
机密★1年
特急
                        ××××文件
                        ××〔2017〕×号
─────────────────────────────────────
                      关于××××××的通知
主送机关：
    ××××××××××××××××××××××××××
××××××××××××××××××××××××××××××
×××××××××××××××××××。
    附件：
                                        ××××
                                二○一七年×月×日（公章）


（附注）
抄送机关：××，××，××
印发机关：××××办公室（厅）              2017年×月×日印
                                             共印×份
```

【公文格式样本——上行文】

```
0000001
机密★1年
特急
                        ××××文件
××〔2017〕×号                              签发人：×××
                      关于××××××的请示
主送机关：
    ××××××××××××××××××××××××××
××××××××××××××××××××××××××××××
×××××××××××××××××××。
    附件：
                                        ××××
                                二○一七年×月×日（公章）


附注：签发人的姓名与联系方式
抄送机关：××，××，××
印发机关：                                2017年×月×日印
                                             共印×份
```

第二节 通 知

一、通知的概念

通知是发布法规和规章,批转下级机关公文,转发上级机关、平行机关和不相隶属机关公文,传达要求下级机关办理和需要有关单位周知或者执行的事项、任免人员时使用的一种党政公文。

二、通知的特点

1. 广泛性

通知是党政公文中使用频率最高的文种。它的适用范围很广,从公布国家的政策法令,到基层单位的事务告知,无论是党、政、军机关,群众团体,还是企事业单位,上至中央,下至地方,单位无论大小都可以使用通知行文。

2. 指导性

通知一般用于布置和安排工作,发布规章制度,批准或转发有关公文时要求下级执行办理。

3. 时效性

通知下达的事项一般都需要及时办理、执行,因此要严格掌握时间,以免过期,延误工作。

三、通知的类型

通知按其内容和性质,可分为以下五类。

1. 指示性通知

指示性通知是指上级机关对下级机关就某项工作交代任务、发出指示、作出安排、提出要求时使用的一种通知。

2. 发布性通知

发布性通知是指印发本机关,批转下级机关,转发上级机关、同级机关和不相隶属机关的公文以及发布某些行政法规时使用的一种通知。它包括印发(颁发、发布)类通知、转发类通知和批转类通知。

3. 会议通知

会议通知是指在会议召开之前,把会议的有关事项预先告知与会单位及与会者的一种通知。

4. 任免通知

任免通知是指任免或聘用人员时使用的一种通知。

5. 知照性通知

知照性通知是指转达要求各有关方面周知的事项时使用的一种通知，如庆祝节日，成立、调整机构，启用新印章等。

四、通知的格式写法

1. 标题

大部分通知可采用三要素齐全的标题，如"国家发展和改革委员会关于进一步做好2007年煤矿整顿关闭工作的通知"；也可采用省略式的标题，如"关于召开春季田径运动会的通知"。印发类通知采用"发文机关＋印发（发布、颁发）＋被印发（发布、颁发）文件标题＋通知"的标题方式，如"国务院办公厅关于发布〈国家行政机关公文处理办法〉的通知"。批转（转发）类通知采用"发文机关＋批转（转发）＋被批转（转发）单位的名称＋被批转（转发）文件标题＋通知"的标题方式，如"深圳市人民政府转发中共中央国务院关于实施素质教育的决定的通知"。

2. 主送机关

如果通知是下行文，则可有多个主送机关；如果是普发性的则可用泛称。如省政府用通知行文时，其主送机关经常是指各市、县、乡人民政府，各省属机构。

3. 正文

不同种类的通知，其正文的写作方式也各不相同。

（1）指示性通知

① 首先阐明发文的缘由，然后用"特通知如下"、"现就××问题作如下通知"等承启语过渡到下文。

② 再写通知的具体事项：布置工作、安排活动、作出指示。

③ 最后提出执行要求，如"请认真贯彻执行"、"以上各项，请遵照执行"。

（2）发布性通知

① 印发类通知。印发类通知适用于颁发、发布、印发各级行政机关制发的行政法规和规章。通知正文首先交代印发的目的，然后引出所印发的文件。

② 批转类通知。批转类通知适用于批转下级机关的来文。正文先表明发文机关的态度，然后进行转发，最后提出要求。如"湖北省商业厅同意黄石市商业局《关于加强商品质量的报告》，现转发给你们，请遵照执行"。

③ 转发类通知。转发类通知适用于转发上级、平级或不相隶属机关的文件。与批转性通知不同的是，它不需要表明发文机关的态度，而是直接进行转发。如"现将教育部《面向21世纪教育振兴行动计划》转发给你们，希认真贯彻执行"。

（3）会议通知

① 先写召开会议的原因、目的及会议名称,然后用"现将有关事项通知如下"等承启语连接下文。

② 再写通知的事项,包括召开会议的时间、地点、参会人员、会议议题等相关内容。

③ 结尾常用"特此通知"、"望准时出席"等惯用语。

（4）任免通知

正文写明任命或免去什么人员的什么职务即可。有时也可写明任命或免去的原因或根据。

（5）知照性通知

正文要交代清楚知照的事项,一般包括形成该事项的过程、原因、根据及事项的具体内容。

4. 署名、日期、公章

通知的落款处要标明发文机关名称、成文日期,并在署名和日期处加盖发文机关公章。

五、通知写作的注意事项

① 明确各种通知的用途,避免张冠李戴。

② 讲求实效,切忌滥发通知。

③ 语言简洁明了。

【例文 2-1】

国家发展和改革委员会文件

发改运行〔2007〕878 号

关于进一步做好 2007 年煤矿整顿关闭工作的通知

各产煤省、自治区、直辖市发展改革委、煤炭行业管理部门：

2006 年,各地按照国务院统一部署,积极推进煤矿整顿关闭,取得了重要的阶段性成果。近日,煤矿整顿关闭工作部际联席会议召开第三次会议,讨论通过了 2007 年煤矿整顿关闭工作要点,明确要求今年底之前确保关闭 4 000 处煤矿,基本完成煤炭资源整合工作。为指导和督促各地发展改革、煤炭行业管理部门进一步发挥职能作用,做好煤矿整顿关闭工作,现就有关问题通知如下：

一、提高对进一步做好煤矿整顿关闭工作的认识。（略）

二、认真负责地落实好各类关闭煤矿名单。（略）

三、全面落实"十一五"末小煤矿数量控制目标。（略）

四、加强煤炭建设项目管理,全面清理在建项目。（略）

五、进一步规范煤炭资源整合工作。（略）

六、依法打击非法和超能力生产行为。（略）

七、加强部门协作,完善联合执法机制。（略）

国家发展和改革委员会

二〇〇七年四月二十六日（公章）

国家发展和改革委员会办公厅　　　　　　　　　　2007 年 4 月 × 日印

【例文 2-2】

国家发展和改革委员会文件

发改规划〔2007〕794 号

关于印发《国家级专项规划管理暂行办法》的通知

国务院各部门、直属机构：

　　根据国务院领导的批示精神，我委商有关部门起草了《国家级专项规划管理暂行办法》，经报请国务院同意，现印发给你们，请按照执行。

　　附：《国家级专项规划管理暂行办法》

国家发展和改革委员会
二〇〇七年四月十四日（公章）

国家发展和改革委员会办公厅　　　　　　　　　　　　2007 年 4 月 × 日印

【例文 2-3】

国家发展和改革委员会文件

发改办环资〔2005〕1520 号

**关于召开 2005 年建设
节约型社会展览会第一次筹备工作会议的通知**

各省、自治区、直辖市及计划单列市、新疆生产建设兵团发展改革委、经贸委（经委）：

　　为落实《国务院关于做好建设节约型社会近期重点工作的通知》（国发〔2005〕21 号）要求，国家发展改革委、中宣部、全国人大环资委、科技部、财政部、国土资源部、建设部、水利部、农业部、国资委、环保总局、北京市人民政府将共同主办 2005 年建设节约型社会展览会。为办好本次展览会，定于 8 月 12 日在北京召开展览会第一次工作会议。现将有关事项通知如下：

　　一、会议时间和地点

　　会议时间：2005 年 8 月 12 日（会期 1 天）。

　　地点：国家信息中心报告厅。

　　二、会议主要内容

　　通报展览会有关情况；部署展览有关工作。

三、参加人员

各省、自治区、直辖市、计划单列市的发展改革委、经贸委(经委、工业局)主管建设节约型社会工作的副主任(副局长),以及主管处处长。没有明确牵头部门的省、区、市,应尽快明确牵头部门。

请各牵头部门参会人员填写《回执表》(见附件),并于8月5日前反馈国家发展改革委环资司。

联系人:国家发展改革委环资司,苏凯、吕文斌电话:010-68535660、68535702(传真)
中国信息协会,余雪莉、张章、马楠
电话:010-68580046、68580057
传真:010-68580052
E-mail:zhangzhang@ciia.org.cn、manan@ciia.org.cn

附:回执表

国家发展和改革委员会
二〇〇五年七月二十六日(公章)

国家发展和改革委员会办公厅　　　　　　　　　　2005年7月×日印

【例文 2-4】

北京市人民政府文件
京政发〔2006〕23号

关于卢彦、李昭同志职务任免的通知

各区、县人民政府,市政府各委、办、局,各市属机构:

经过2006年7月28日北京市第十二届人民代表大会常务委员会第二十九次会议决定:

任命卢彦为北京市商务局局长。

免去李昭的商务局局长职务。

北京市人民政府
二〇〇六年八月七日(公章)

北京市人民政府办公厅　　　　　　　　　　2006年8月×日印

【例文 2-5】

浙江省人民政府办公厅文件

浙政办发〔2006〕146号

关于调整部分省级议事协调和临时机构组成人员的通知

各市、县(市、区)人民政府,省政府直属各单位:

因人事变动和工作需要,省政府决定调整部分省级议事协调和临时机构组成人员。现将调整后的部分省级议事协调和临时机构组成人员名单通知如下:

一、由刘奇担任省核电办公室主任、省海洋功能区划编制工作领导小组副组长、省城乡规划协调委员会委员、全省环境污染整治工作领导小组成员、省"十一五"规划编制工作领导小组成员、省信用浙江建设领导小组成员、省全面推进依法行政工作领导小组成员、省经济体制改革工作领导小组成员。

二、由郭剑彪担任杭州湾跨海大桥技术专家组副组长、省接轨上海参与长三角合作领导小组成员、浙东引水工程领导小组成员、省港口规划建设委员会成员、省治理车辆超限超载工作领导小组副组长、省城乡规划协调委员会委员、全省环境污染整治工作领导小组成员、省"十一五"规划编制工作领导小组成员、舟山连岛工程建设领导小组组长、舟山连岛工程金塘西堠门大桥专家技术咨询组副组长、宁波舟山港口一体化工作领导小组副组长、宁波—舟山港管理委员会主任、省政府规划协调会议成员。

三、由高鹰忠担任省信息化工作领导小组成员、省接轨上海参与长三角合作领导小组成员、省企业基础信息交换试点工作协调小组副组长、省"十一五"规划编制工作领导小组成员、省信用浙江建设领导小组成员。

浙江省人民政府办公厅
二〇〇六年十二月六日(公章)

浙江省人民政府办公厅　　　　　　　　　　　　　2006年12月×日印

试一试

1. 改错。

通　知

各系、处、部、所、馆、室:

根据国务院机关事务管理局(××××)经字第五号关于中央国家机关行政经费预算包干结余使用试行办法的通知精神,我院已报请有关领导部门同意,实行行政经费预算包干。由于这项工作没有经验,现提出上半年预发结余奖金的意见,奖金使用要体现按劳分配的原则,反对平均主义,经院务会讨论凡属下列情形之一者(另附),不发奖金,请各单位认真掌握贯彻执行。受奖励人名单务于25日以前报我处。

××学院人事处
二〇一×年×月×日

2. 写作实训。

(1) 国家税务总局曾发了一个通知(国税发〔201×〕38号),内容是关于银行贷款利息收入营业税纳税义务发生时间问题。中国人民银行办公厅即于201×年5月17日转发给中国人民银行各分行、营业管理部,并请各分行、营业管理部将此文转发至辖区内各中心支行及各城市商业银行。

(2)××省人民政府拟发文批转省财务大检办公室《对违反财经纪律问题处理意见》,主送单位为"各地区行政公署、各市、州、县人民政府,省直属各单位"。

(3)××市工商局决定于201×年×月×日召开一次全市工商工作会议,传达、贯彻省工商局对当前工商工作的指示,布置下半年工作。通知的发文字号:×工〔201×〕8号;主送机关:各区、县工商局,市直属处室;抄报:省工商局。

第三节 通 报

一、通报的概念

通报是上级机关向下级机关传达重要事情或事项、表彰先进、批评错误时使用的一种党政公文。

二、通报的特点

1. 真实性

真实性是通报的生命。通报的任何事实和情况都必须真实,不能有虚假和差错。因此写通报对正反两方面的事实都要认真核实,做到准确无误,实事求是,这样才能收到最佳效果。

2. 典型性

通报所选用的题材是既有普遍性、代表性,又有个性和新鲜感的事实。

3. 教育性

通报的内容,不论是肯定性的还是否定性的,其价值都并不仅仅在于宣布对事件的处理结果,而是要树立学习榜样,或者提供借鉴,使读者能够总结经验、汲取教训,思想上受到启迪,得到教益。

三、通报的类型

通报按其内容和功用,可分为以下三类。

1. 表彰性通报

表彰性通报是表彰先进,介绍单位或个人成功的经验、做法时使用的一种通报。目的是树立榜样，宣传先进。

2. 批评性通报

批评性通报是批评犯错误的单位或个人，纠正错误，提出处理意见或解决问题的办法时使用的一种通报。目的是教育大众，引以为戒。

3. 情况通报

情况通报是传达重要精神或重要事项时使用的一种通报。目的是让下级机关了解上级机关的工作意图或全局情况，以便统一认识，更好地开展工作。

四、通报的格式写法

1. 标题

通报可采用三要素齐全的完整式标题，如"湖北省人民政府关于表彰全省政府研究系统优秀调研成果的通报"；也可采用省略式的标题，如"关于处理分房建房中违纪事件的通报"。

2. 主送机关

通报的主送机关即与发文有直接关系的一个或几个受理机关，但如果是普发性的通报则可不标注主送机关。

3. 正文

不同种类的通报，正文的侧重点也有所不同。

（1）表彰性通报

① 首先介绍先进的事迹，包括时间、地点、单位（或人物）、事件的基本过程。

② 然后对先进事迹进行分析、评价，指出其典型意义或主要经验。

③ 最后提出表彰或发出号召。

（2）批评性通报

① 首先介绍事故，或错误的事实或现象。

② 然后分析其发生的原因，并指出其性质和危害，提出处分决定。

③ 最后提出要求，或重申纪律，要求引以为戒。

（3）情况通报

① 首先在开头简略介绍一下总的情况，然后用"现将……情况通报如下"等承启语连接下文。

② 进一步对此情况进行分析，肯定成绩，指出存在的问题。

③ 结尾处提出对工作的指导性意见，并对下级提出希望和要求。

4. 署名、日期、公章

通报的落款处要标明发文机关标识、成文日期，并在署名和日期处加盖印发机关公章。

五、通报写作的注意事项

1. 通报要及时

通报的时间性很强,因此要及时编写;否则时过境迁,就会失去指导和教育作用。

2. 分析要合理,定性要恰当

通报因其教育性,对所通报的人或事有一定的分析和议论,并要做定性结论。在议论时,应就事论理,分析原因、明确责任,得出经验或教训;在定性时,要注意实事求是,合情合理。

3. 语言表达要清楚、精练、准确

叙述事件或情况要详略得当,分析说理要点到为止,掌握好分寸。

【例文 2-6】

湖北省人民政府文件

鄂政办发〔2006〕58 号

关于表彰全省政府研究系统优秀调研成果的通报

各市、州、县人民政府,省政府各部门:

　　根据《省人民政府办公厅关于评选全省政府研究系统优秀调研成果的通知》,按照公开、公正、公平的原则和规范的程序,省政府研究室组织各方面专家对各级政府及省政府各部门申报的调研成果进行了认真评选。经过评审委员会三轮评审并报省政府领导审定,共评出一等奖 10 篇、二等奖 20 篇、三等奖 30 篇、优秀奖 40 篇(获奖文章及作者名单附后)。这批优秀调研成果具有广泛的代表性,集中反映了我省政府研究系统 2004 至 2005 年度调研工作所取得的优异成绩,对服务领导决策,促进经济社会发展发挥了重要作用,特给予通报表彰。

　　希望通过这次优秀调研成果评选,进一步调动各级领导和广大调研工作人员深入调研的积极性,紧紧围绕各级党委、政府的中心工作,紧紧抓住经济社会生活的热点、难点、重点问题,进一步深化研究,不断提高调研工作的质量和水平,更好地为各级领导当参谋、出主意,推动全省政府系统调查研究与政策研究工作再上新台阶。

湖北省人民政府
二〇〇六年四月二十七日(公章)

湖北省人民政府办公厅　　　　　　　　　　　　2006 年 4 月 × 日印

【例文 2-7】

国务院办公厅文件

国办发〔2006〕55 号

关于××自治区人民政府
制止违规建设电站不力并酿成重大事故的通报

各省、自治区、直辖市人民政府，国务院各部委、各直属机构：

　　2004 年以来，国务院多次要求各地区采取积极有效措施，坚决制止电站项目无序建设。但××自治区人民政府未能认真贯彻执行国家有关政策和规定，在制止违规建设电站方面工作不力，违规建设的丰镇市新丰电厂发生重大施工伤亡事故。为保证中央方针政策和宏观调控措施得到落实，增强宏观政策的公信力和执行力，防止类似事件再次发生，经国务院同意，现将有关情况通报如下：

　　一、经调查，××自治区违规建设电站情况十分严重，其规模高达 860 万千瓦。××电厂属于××自治区有关部门越权审批，有关企业违规突击抢建的项目之一。××自治区违规建设的有关电站项目被国家有关部门责令停止建设后，自治区人民政府没有按国家要求认真组织清理，有效加以制止，致使一些违规电站项目顶风抢建、边建边报、仓促施工，最终酿成 2005 年 7 月 8 日××电厂 6 死 8 伤的重大施工伤亡事故。同时，××自治区人民政府执行国家电力体制改革方案有偏差，允许专营电网的××电力（集团）有限责任公司建设新的电站项目，形成新的厂网不分。

　　二、××电厂违规建设并发生重大伤亡责任事故，是一起典型的漠视法纪、顶风违规并造成严重后果、影响极坏的事件。目前事故有关责任人和责任单位已受到党纪政纪处分，触犯法律的已由司法机关依法处理。国务院同时责成对项目违规建设负有领导责任的××自治区人民政府主席××，副主席××、××向国务院作出书面检查。

　　三、××自治区人民政府没有认真领会和严格执行国家宏观调控政策和电力体制改革规定，未从全局高度认识电站盲目布局、无序建设的危害性，对国家宏观调控的全局性、重要性和严肃性缺乏深刻认识，按程序办事的意识不强，这是××自治区违规建设电站总量较大、无序建设得不到有效制止的重要原因。为严肃政纪，现对××自治区人民政府予以通报批评，所有违规电站项目一律停止建设，认真进行整顿。××自治区人民政府要以此为鉴，提高认识，切实整改。

　　四、各地区、各部门都要从这起事件中吸取教训，引以为戒。要牢固树立和全面落实科学发展观，切实增强全局观念，认真贯彻中央各项宏观调控政策措施，坚决维护中央宏观调控的权威性，加强纪律，确保政令畅通。对有令不行、有禁不止并造成严重后果的行为，要依法依纪追究责任。

国务院办公厅
二〇〇六年八月十八日（公章）

国务院办公厅　　　　　　　　　　　　　　　　　　2006 年 8 月 × 日印

【例文 2-8】

××自治区人民政府办公厅文件

内政办字〔2005〕174号

关于2005年度规范性文件备案审查工作情况的通报

各盟行政公署、市人民政府,各旗县人民政府,自治区各委、办、厅、局:

　　规范性文件备案审查制度作为行政执法监督的主要方式之一,对促进行政机关依法行政,维护社会主义法制统一起到了积极的作用。2005年,全区各级行政机关认真贯彻落实《××自治区规范性文件制定和备案审查办法》(以下简称《办法》),有效地防止和纠正了行政机关违法或不当的抽象行政行为,但各地区工作进展很不平衡,规范性文件制而不备、备而不审、错而不纠的现象普遍存在,规范性文件制发随意、内容违法现象不容忽视。经自治区人民政府同意,现将有关情况通报如下:

　　一、规范性文件备案审查工作的基本情况

　　2005年,各盟市、自治区政府部门和有关单位向自治区人民政府报送备案规范性文件134件,未在法定期限内报送备案的71件,占备案案件总数的53%;备案材料不符合要求的32件,占备案案件总数的24%。其中,盟市报送88件,未在法定期限内报送备案的34件,占备案案件的39%,备案材料不符合要求的25件,占备案案件的28%;自治区政府部门报送46件,未在法定期限内报送备案的37件,占备案案件的80%,备案材料不符合要求的7件,占备案案件的15%。经自治区人民政府法制办公室审查,内容违法的规范性文件8件,其中5件制定机关已自行修正,××市人民政府正在按要求修正,自治区发展改革委未按照《行政执法监督通知书》的要求修正违法规范性文件,××市人民政府未按照《行政执法监督建议书》的要求纠正××市物价局无法律法规依据制发的《关于确定城市供水设施建设费标准的通知》(×价费字〔2001〕第12号)。

　　从备案的情况看,报备数量2005年与2004年相比减少了11.8%;从对报备件的审查情况看,规范性文件报备不及时、备案材料不符合要求的问题比较严重,内容违法现象不容忽视,违法规范性文件占备案文件总数的6%,比2004年上升了4%,质量还有待进一步提高。通过审查发现,备案的规范性文件主要存在以下违法问题:

　　(一)擅自设定行政处罚权(正文略)

　　(二)随意改变行政处罚标准(正文略)

　　(三)擅自设定行政许可权(正文略)

　　(四)超越法定权限(正文略)

　　二、备案审查工作存在的问题

　　(一)有的地方和部门领导重视不够(正文略)

　　(二)对规范性文件制定工作管理不严谨(正文略)

　　(三)备案审查机制不完善(正文略)

　　(四)备案审查制度没有得到切实地执行(正文略)

　　(五)现有力量难以承担日益繁重的备案工作需要(正文略)

三、下一步工作要求

（一）提高认识,加强对规范性文件备案审查工作的领导(正文略)

（二）转变观念,加大备案审查工作宣传力度(正文略)

（三）加强对规范性文件的监督管理(正文略)

（四）加强队伍建设,积极发挥法制工作机构的作用(正文略)

（五）完善制度,切实提高备案审查工作质量(正文略)

××自治区人民政府办公厅

二〇〇六年五月十九日(公章)

内蒙古自治区人民政府办公厅秘书一处　　　　　　　　　　2006年×月×日印

试一试

1. 简述通报与通知的区别。

2. 指出下列通报中存在的问题,并加以修改。

热血筑警魂

——关于××县公安局民警见义勇为事迹的通报

今年2月13日下午1点多,××县民警××正和儿子在儿童公园游玩,忽然从不远处的明月湖传来救命声,××飞奔到明月湖畔,原来有一男孩不慎落水,××来不及多想,只想到他是一名警察,他脱掉大衣,跃入水中。二月的北方,水凉的扎骨,但他没有想到个人安危,他心中只有一个念头:救孩子。××一次、两次、三次潜入水中,终于把落水儿童救到岸上,孩子得救了,而××昏迷了三天三夜。目前,经过抢救,××已经脱离了生命危险。××真是新时期最可爱的人,他的精神是多么值得人们学习！

××在生与死的关键时刻,为抢救落水儿童,不顾个人安危,临危不惧,不怕牺牲,表现了人民警察热爱祖国,热爱人民的高尚情操和献身精神。

希望各单位职工向××学习,发扬见义勇为、不怕牺牲的精神,为搞好各项工作作出更大的贡献。

××县人民政府

二〇一六年三月一日

3. 写作实训。

今年夏天,××县遭受百年未遇的特大洪灾,该县粮食系统干部职工在滔滔洪水面前毫不退缩,奋不顾身抢救国家库存粮食100多万公斤,饲料5万多公斤,洪灾退后又清理库前淤泥2 000多立方米,抢修电机6台。请以××市粮食局的名义撰写一份公文,表彰该县粮食系统干部职工抗洪救灾先进事迹。该文文号为×粮〔2016〕×号。

第四节 报 告

一、报告的概念

报告是向上级机关汇报工作、反映情况、提出建议、答复上级机关询问时使用的一种党政公文。

二、报告的特点

1. 呈报性

报告适用于向上级机关汇报工作、反映情况,是一种汇报性、陈述性的公文。

2. 单向性

报告属于单向性的行文,上级机关不需要对下级机关的报告作出批复。

三、报告的类型

属于党政公文的报告,按其内容和用途,可分为以下三类。

1. 工作报告

工作报告是向上级机关汇报本机关有关工作时所使用的报告。其行文目的在于使上级全面、具体地了解下级各方面的工作情况和对今后工作的设想,以便掌握全局,更好地指导工作。

2. 情况报告

情况报告是下级机关将工作中出现的重大情况或发生的重大问题报告给上级时所使用的报告。

3. 答复报告

答复报告是答复上级机关的询问或交办事项时使用的报告。

四、报告的格式写法

1. 标题

报告标题可采用三要素齐全的完整式标题,如"××学院关于招生情况的报告";也可以采用省略式的标题,如"关于粮食政策性财务挂账停息的报告"。

2. 主送机关

报告的主送机关为直属的上级机关。无特殊情况，不要越级行文。

3. 正文

报告的正文大体由报告缘由、报告事项、结语三部分构成。不同类型的报告，内容上各有不同的侧重点。

（1）工作报告

工作报告用于汇报工作，其写法类似于工作总结：首先要阐明报告的原因、依据和目的等，讲清楚所报告的是什么工作；然后具体地陈述工作所取得的主要成绩，分析取得成绩的原因以及经验体会，指出存在的问题，进而提出改进的方法和今后的打算。

（2）情况报告

情况报告用于反映情况，表达上以陈述情况为主，分析议论为辅。其正文内容大体包括：首先要阐明报告的原因；然后陈述具体的事件及处理的情况，分析情况产生的原因及经验教训，并提出下一步的行动措施。

（3）答复报告

答复报告用于回答上级询问，具有明确的针对性。其正文内容大体包括：首先引述来文的标题或发文字号；然后根据来文询问的问题有针对性地进行答复。

4. 署名、日期、公章

报告的落款处要标明发文机关名称、成文日期，并在署名和日期处加盖印发机关公章。

五、报告写作的注意事项

1. 实事求是，有针对性

向上级汇报工作、反映情况都必须抱着负责的态度，实事求是，不夸大、不缩小、不以偏概全，也不以空话搪塞。此外，报告中的分析和建议要有针对性，要有的放矢，这样的报告才会有价值。

2. 点面结合，重点突出

"点"即较为典型的具体事实，"面"即概括性很强的事实。报告中这两种事实都需要，没有"点"，报告缺乏说服力；没有"面"，所列事实就缺乏代表性。只有点面结合，才更具说服力。同时在选材上要注意详略得当、重点突出，切忌面面俱到、失去中心。

3. 在报告中不得夹带请求事项

报告具有陈述性的特点，而且不要求上级机关作出答复，因此在报告中不能夹带请求事项。如果有请求事项，则应改用"请示"或"意见"行文。

【例文 2-9】

××县人民政府文件

×政发〔2014〕28号　　　　　　　　　　　　　　　　　签发人：吴××

关于治理水质污染问题的报告

××市人民政府：

　　前接×政发〔2014〕106号函，询问我县水质污染原因及治理问题，现将有关情况报告如下。

　　我县水质现污染较严重，其主要原因：一是公众环境保护意识差，一些居民随意向河道坑塘倾倒垃圾；二是我县市政基础设施薄弱，无污水处理厂，居民生活污水直接排入大环境；三是近几年，我县"三业"发展较快，其废水杂物直接排入护城河及坑塘，造成水质严重污染；四是县纸厂停产治理后，虽有污水处理系统，但运行费用高，工程设计落后，不能做到不间断达标排放。

　　解决水质污染问题的根本途径：首先是建设污水处理厂，目前，县政府正在积极筹备之中；其次，加大宣传力度，提高全民环保意识，减少污水无序排放；其三，加大环保监督检查力度，确保排污企业治污设施正常运行，达标排放，促进水质好转；其四，环保部门依法行政，严格执法，从源头把关，减少各种污染。

　　专此报告

　　　　　　　　　　　　　　　　　　　　　　　　　　××县人民政府
　　　　　　　　　　　　　　　　　　　　　　　二〇一四年四月二十九日（公章）

××县人民政府办公厅　　　　　　　　　　　　　　　　　　　2014年5月8日印

试一试

1. 改错。

（1）修改标题"×××人民政府关于认真贯彻落实×政发〔××××〕××文件精神，积极动员群众大力开展抗旱播种保苗，保证今年农业夺取丰收情况的报告"。

（2）修改主送机关：×地级市委撰写向上级报告关于纠正不正之风情况的报告时，主送机关写为：省委、省政府、省纪委、省整党办公室。

2. 根据下面提供的材料，请以××市商务局的名义向××省商务厅起草一份报告。

（1）××××年2月20日上午9点20分，××市××百货大楼发生重大火灾事故。

（2）事故后果：未造成人员伤亡，但烧毁三层楼房一幢及大部分商品，直接经济损失792万元。

（3）施救情况：事故发生后，市消防队出动15辆消防车，经4个小时扑救，大火才被扑灭。

（4）事故原因：直接原因是电焊工××违章作业，电焊火花溅到易燃货品上引起火灾，但也与××百货公司领导及员工安全意识淡漠，公司安全制度不落实，许多安全隐患长期得不到解决有关。

(5)善后处理：市商务局副局长带领有关人员赶到现场调查处理；市人民政府召开紧急防火电话会议；市委、市政府对有关人员视情节轻重，做了相应处理。

第五节　请示与批复

一、请示

1. 请示的概念及适用范围

请示是下级机关对某项工作或问题向上级机关请求指示、答复或者批准时使用的一种党政公文。

具体来说，请示的适用范围如下。

① 下级机关请求批准有关规定、方案、规划，或对上级机关发布的规定、指示有疑问，需要上级批准、解答时。

② 本单位无权决定，必须请示上级机关批准、授权后才能办理时。

③ 工作中出现了新情况、新问题，不知如何解决，需要向上级机关请示处理时。

④ 下级机关在处理较为重要的事件和问题时，由于自己不能或不便处理，需要报请上级机关指示、批准时。

⑤ 下级机关在较重要的问题上出现意见分歧，需要上级机关裁决时。

2. 请示的特点

（1）呈请性

请示是向上级机关请求指示和批准的，具有呈请性。

（2）期复性

请示内含请求事项，因而需要上级机关作出指示或批准，即期待上级的答复。

（3）超前性

请示必须在事前行文，等上级机关批复后才能付诸实施，不允许先斩后奏。

3. 请示与报告的区别

（1）行文目的不同

请示旨在请求上级机关指示、批准，以起始或中续本机关的工作；报告则侧重于向上级机关汇报工作、反映情况，目的是让上级机关了解"下情"。

（2）行文时间不同

请示需要在事前行文，不能先斩后奏；报告一般在事中或事后行文。

（3）内容含量不同

请示坚持"一文一事"的原则，内容单一；报告，尤其是工作报告，可以数事并谈，内容含量较大。

（4）答复与否不同

请示具有期复性，需要上级机关的答复；报告具有单向性，不需要上级机关的答复。

4. 请示的格式写法

（1）标题

请示的标题可采用三要素齐全的完整式标题，如"××学院关于增加编制的请示"；也可采用省略式的标题，如"关于建立阿鲁科尔沁国家级自然保护区的请示"。但要注意标题尽可能不要出现"申请"、"请求"之类的词语。

（2）主送机关

请示的主送机关为负责受理和答复请示事项的直属上级机关。

（3）正文

① 请示缘由。开头要写明进行请示的原因、背景、理由。这部分是上级机关批准的依据，故在写作过程中要求事实清楚，理由充足，使请示更有说服力。

② 请示事项。请示事项是请示的核心，要明确写出需要上级机关解决的问题，必须要写得明确、具体、可行。其中请求指示的请示，在写明想在哪些具体问题、哪些方面得到上级指示的同时，还需提出自己对解决问题的态度和意见。请求批准的请示，要把要求批准的事项分条列款一一写明，切忌笼统地写成"请领导给予帮助"。

③ 结语。请示结语语气要谦恭，常用的结语有："妥否，请批示"、"特此请示"、"以上请示，请予审批"，等等。

（4）署名、日期、公章

请示的落款处要标明发文机关标识、成文日期，并在署名和日期处加盖印发机关公章。

5. 请示写作的注意事项

（1）主送明确

请示的主送机关是它的直属上级机关，一般情况下不要越级请示。同时不能多头主送，也不能直接送领导者个人。

（2）抄报原则

一般不能越级请示，如遇特殊情况需要越级请示时，应当抄报越过的上级机关；受双重领导的机关，应主送一个，抄报另一个。同时，由于请示是上行文，不得抄送下级机关。

（3）一文一事

请示的内容必须单一，一份请示只能解决一件事情，不能一文数事，以免影响工作效率。

（4）语言要谦恭

请示的语气必须谦恭，要尊重上级，不要有要挟、命令、催促的口吻。

二、批复

1. 批复的概念

批复是上级机关答复下级机关请求事项时使用的一种党政公文。

2. 批复的特点

（1）被动性

批复是被动行文，它依赖请示而存在，使用批复的先决条件是下级机关上报请示，没有下级机关的请示，批复就无理由发。

（2）针对性

批复是专门针对下级机关的请示而发的，下级机关请示什么事项或问题，上级机关的批复就指向这一事项或问题，批复内容必须明确、简洁。

（3）权威性

批复表示的是上级机关的结论性意见，对下级机关有很强的权威性和约束力。下级机关对上级机关的答复必须认真贯彻执行，不得违背。

3. 批复的格式写法

（1）标题

批复的标题可采用三要素齐全的完整式标题。如"国务院关于深圳市城市总体规划的批复"，也可采用省略式的标题。但是与其他公文标题不同的是，批复可以在标题的事由部分明确表示对请示事件的意见和态度，如"关于同意将新疆维吾尔自治区特克斯县列为国家历史文化名城的批复"。

（2）主送机关

批复的主送机关一般只有一个，即发出请示的下级机关。如果所请示问题有普遍性，或需告知其他一些机关，可用抄送等形式。

（3）正文

批复的正文由以下三个部分组成。

① 批复引语。先引述来文（下级机关的请示）的标题或发文字号，再用承启语过渡。如"你处《关于××××的请示》（×字〔2007〕×号）收悉。经研究，现答复如下"。

② 批复内容。它主要是针对请示作出答复，包含批复态度和批复意见两项内容。批复态度要鲜明，是完全同意、部分同意，还是不同意，必须交代清楚，不能含糊其辞。如果不同意，则要说明理由或依据。基本同意或原则上同意，要说明修正、补充的意见。

③ 结语。一般用"特此批复"、"此复"、"专此批复"等惯用语作结。

（4）署名、日期、公章

落款处要标明发文机关标识、成文日期，并在署名和日期处加盖印发机关公章。

4. 批复写作的注意事项

（1）针对性

批复原则上是一文一事，一个批复针对一个请示，而不应是一个批复回复数个请示。

（2）明确性和具体性

写批复，意见要明确具体，切忌模棱两可，使下级无所适从。

（3）及时性

批复对请示事项的答复，一定要及时，以免误事。

【例文 2-10】

内蒙古自治区人民政府文件

内政发〔2002〕44 号　　　　　　　　　　　　　　　　　　　签发人：超英

关于建立阿鲁科尔沁国家级自然保护区的请示

国务院：

　　阿鲁科尔沁自然保护区是以保护科尔沁沙地、草原、河流、湖泊、沼泽型湿地等多样性自然生态系统和珍稀濒危鸟类为主要对象的自治区级自然保护区。该自然保护区内有鸟类 28 种，野生维管束植物 300 余种，哺乳动物 30 余种，鱼类 18 种，是科尔沁沙地生物多样性最丰富的地区，具有重要的保护价值和科研价值。

　　该自然保护区大部分地区属于流动半流动沙地，生态环境十分脆弱。近年来，由于自治区有关部门和地方政府切实加强了建设和管理，保护区内自然生态环境有了明显改善。为了更好地接受国家有关部门的指导，进一步加快保护区各项建设，我区申请将阿鲁科尔沁自然保护区晋升为国家级自然保护区。

　　以上妥否，请批复。

内蒙古自治区人民政府
二〇〇二年五月二十五日（公章）

附注：联系人　超英　0471-6944578　抄送：国家环境保护总局

内蒙古自治区人民政府办公厅秘书一处　　　　　　　　　　　　　2002 年 6 月 6 日印

【例文 2-11】

国务院办公厅文件

国函〔2007〕45 号

关于同意将新疆维吾尔自治区特克斯县列为国家历史文化名城的批复

新疆维吾尔自治区人民政府：

　　你区《关于申报吐鲁番市和特克斯县城为国家历史文化名城的请示》（新政发〔2005〕113 号）收悉。现就特克斯县申报国家历史文化名城有关问题批复如下：

　　一、同意将特克斯县列为国家历史文化名城。特克斯县历史悠久，文化底蕴丰厚，历史遗存丰富，民族特色突出。

　　二、你区及特克斯县人民政府要根据本批复精神，在充分研究传统历史文化的基础上，正确处理城市建设与保护历史文化遗产的关系，明确保护的原则和重点。编制好历史文化名城保护规划，并纳入城市总体规划，划定历史文化街区、文物保护单位、历史建筑的保护范围及建设控制地带，制订严格的保护措施。在历史文化名城保护规划的指导下，编制重要保护地段的详细规划，切实保护好历史文化遗产。在规划和建设中，要注重体现民族特色和地方传统风貌，不得进行任何与历史文化名城环境和风貌不相协调的建设活动。

三、你区和建设部、国家文物局要加强对特克斯县国家历史文化名城规划、保护工作的指导、监督和检查。

国务院办公厅
二〇〇七年五月六日（公章）

国务院办公厅　　　　　　　　　　　　　　　　　　　　2007年5月×日印

✎ 试一试

1. 改错。

××省进出口分公司关于请求允许本公司购买卡车的报告

总公司：

　　目前，我们公司只有卡车一辆，我们出口任务十分繁重，不能完成上级交给的任务。

　　几年来，在党的对外开放政策的正确指引下，经过本公司的齐心协力，我们的出口任务完成很好，基本落实了计划，公司形势喜人。但是发展外贸，扩大出口，没有卡车不能保证出口任务完成。为此请求增加两辆卡车。

　　上述意见如无不当，请批示。

××省进出口公司
××××年×月×日

2. 写作实训。

（1）××市土特产公司2014年7月20日向××市供销社行文，发文字号：×土特〔2004〕36号。主要内容：进入新世纪，对外贸易进一步发展，现在各类手工艺品货源越来越多，国内外市场销路越来越畅，该公司的业务量不断扩大增长。为了适应形势，抓住时机，该公司经理办公会议研究决定，设立手工艺品部专门经营这项业务，所需人员除在本公司现有人员中解决外，对外招聘熟悉外贸业务的外销员两名。

（2）××××年×月×日，江西省高级人民法院向最高人民法院写了一份《关于保险单能否抵押的请示》，最高人民法院收到后给予了答复：财产保险单不能用于抵押。原因是依照《中华人民共和国民法通则》第八十九条第二项的规定：抵押物应当是特定的、可以折价或变卖的财产。而财产保险单是保险人与被保险人订立保险合同的书面证明，不是有价证券，也不是可以折价或者变卖的财产。

第六节　决　　定

一、决定的概念

决定是党政军机关、社会团体、企事业单位对重大事项或重大行政公务作出安排、奖惩有关单位及人员、变更或者撤销下级机关不适当的决定事项时使用的一种党政公文。

二、决定的特点

1. 权威性

决定虽然没有命令那样浓的强制色彩，但也是一种权威性很强的下行文。一经发布，就对受文单位具有很强的约束力，受文单位必须遵照执行。

2. 指挥性

决定在对重要事项进行决策时，同时也提出工作任务、具体措施和实施方案，要求受文单位依照执行。

3. 全局性

由于决定所涉及的事项和解决的问题都有全局性的意义，因而决定一般不是向某一个具体单位发出，其行文对象有一定的普遍性。

三、决定的格式写法

1. 标题

决定的标题可采用三要素齐全的完整式标题，如"国务院关于进一步加强产品质量工作若干问题的决定"；也可采用省略式的标题，如"关于给无锡市歌舞团《红河谷》剧组记集体一等功的决定"。

2. 主送机关

如果是普发性的决定则可不写主送机关。

3. 正文

（1）发布决定的缘由

首先说明发布决定的缘由，包括发布的背景、根据、目的、意义；然后用"特作如下决定"、"现决定如下"等承启语过渡下文。

（2）决定的具体内容

用于指挥工作的决定，要提出工作任务、措施、方案、要求等；用于批准事项的决定，要表达批准意见，如有必要，还可对批准此事项的根据和意义予以阐述；用于表彰或惩戒的决定，要写明表彰决定和项目，或处分决定、处罚方法。

（3）结尾

简要提出希望或号召，是对决定事项的强调或补充，以唤起受文方面对决定事项的重视，也有的决定可不单写结语部分而将其内容列入决定事项之中。

4. 署名、日期、公章

凡会议通过的决定，通常在标题之下加括号签注通过决定的会议名称和通过时间。由领导人签发的决定,则在正文后写明发文机关和成文时间,并加盖公章。

四、决定写作的注意事项

1. 决定缘由要准确、合理

决定的缘由是决定事项的依据、理由。写作时要注意交代清楚,简明扼要,有理有据,令人信服。泛泛而谈、根据不足、说理不清的缘由没有说服力,不可取。

2. 决定事项要具体、明确

决定事项是决定的主要内容,有关机关据此贯彻执行。因此决定事项要求具体、明确,明明白白地讲清应当如何贯彻执行。内容比较复杂的决定,事项部分要分条列项表述,把主要的、重要的放在前面,次要的放在后面。结构要合理,层次要分明,内容要合乎逻辑。

【例文 2-12】

江苏省人民政府文件
苏政发〔2006〕12 号

关于给无锡市歌舞团《红河谷》剧组记集体一等功的决定

各市、县人民政府,省各委办厅局,省各直属单位:

近年来,我省广大文艺工作者高举邓小平理论和"三个代表"重要思想的伟大旗帜,认真落实科学发展观,坚持为人民服务、为社会主义服务的方向和百花齐放、百家争鸣的方针,贴近实际、贴近生活、贴近群众,创作了一批在全国有较大影响的优秀作品。无锡市歌舞团编创的大型民族舞剧《红河谷》入选 2004 至 2005 年度国家舞台艺术精品工程。为鼓励先进,省政府决定给予无锡市歌舞团《红河谷》剧组记集体一等功一次。希望受表彰单位再接再厉,开拓进取,为繁荣文化艺术、加快文化大省建设作出新的更大的贡献。

江苏省人民政府
二〇〇六年二月十日(公章)

抄送:省委各部委,省人大常委会办公厅,省政协办公厅,省法院,省检察院。

江苏省人民政府办公厅	2006 年 2 月 13 日印
	共印 1050 份

✎ 试一试

改错。

关于××违犯劳动纪律的处分决定

张××,男,现年 30 岁,系机加工车间原汽车装卸队工人。该同志自入厂以来,累犯劳动纪律,曾多次发生殴打事件,谩骂领导干部,辱骂老工人。特别是今年×月×日,伙同×××

(已收审),×××(已记大过)两次殴打×××,影响极坏。为了维护厂规定厂法,加强劳动纪律,经厂务会议讨论通过决定给予张××开除厂籍留厂察看一年的处分。察看期间只发给生活费,每月×××元。

××市××厂

第七节 公告与通告

一、公告

1. 公告的概念

公告是向国内外宣布重要事项或法定事项时使用的一种党政公文。

2. 公告的特点

（1）发文权力的限制性

由于公告宣布的是重大事项和法定事项,因而发文的权力被限制在高层行政机关及其职能部门的范围之内。具体地说,国家最高权力机关（全国人大及其常委会）,国家最高行政机关（国务院）及其所属部门,各省、自治区、直辖市行政领导机关,某些法定机关（如税务局、海关、法院等）才有制发公告的权力。其他地方行政机关,以及社会团体、企事业单位,都不能发布公告,如果一定要发布公告,则必须经过授权。

（2）发布范围的广泛性

公告是向国内外发布重要事项或法定事项,其信息传达范围有时是全国,有时是全世界。

（3）题材的重大性

公告的题材,必须是能在国内国际产生一定影响的重要事项,或者依法必须向社会公布的事项。一般性的决定、指示、通知的内容,都不能用公告的形式发布,因为它们一般都不具有全国和国际性的意义。

（4）内容和传播方式的新闻性

公告的内容,都是新近的、群众应知而未知的事项,在一定程度上具有新闻的特点。公告的发布形式也有新闻性特征,它一般不用红头文件的方式传播,而是在报刊上公开刊登。

3. 公告的格式写法

（1）标题

公告的标题常采用三要素齐全的完整式标题,如"国务院关于坚决制止冲击铁路确保铁路运输安全畅通的公告";也可采用省略式的标题,如"中华人民共和国卫生部公告"。

（2）正文

① 发布公告的缘由。即发文的根据、目的、意义等。

② 公告的事项。具体列出需要公告的重要事项或法定事项。

③ 结语。公告可在结尾处提出执行要求,也可用"特此公告"、"现予公告"等惯用语作结。

(3) 署名、日期、公章

公告的落款处要标明发文机关标识、成文日期,并在署名和日期处加盖印发机关公章。

4. 公告写作的注意事项

(1) 使用公告要严肃,不能乱用、滥用

有权发布公告的只能是国家最高权力机关和最高行政机关及其所属部门,各省、自治区、直辖市行政领导机关,某些法定机关。此外,非重大事项或非法定事项不能用公告。

(2) 要求文字严谨、语气庄重

公告是发布重要事项或法定事项时使用的,其对象是国内外的人民群众和有关机构,所以行文要缜密严谨,庄重严肃,切忌把秘密事项写入公告。

二、通告

1. 通告的概念

通告是国家机关、人民团体、企事业单位在一定范围内公布应当遵守或者周知的事项时使用的一种党政公文。

2. 通告的特点

(1) 法规性

通告常用来颁布地方性的法规,这些法规一经颁布,特定范围内的部门、单位和民众都必须遵守、执行。

(2) 周知性

通告的内容,要求在一定范围内的人们或特定的人群普遍知晓,以使他们了解有关政策法令,遵守某些规定事项,共同维护社会公务管理秩序。

(3) 行业性

不少通告都具有鲜明的行业性特点,是发文单位针对其所负责的业务或技术事务发出。因此,通告行文中要时常引用本行业的法规、规章,也免不了使用本行业的术语、行话。

3. 公告与通告的区别

公告和通告都具有晓谕性和公布性,即它们的内容都是知照性的,发布范围都是面向全社会。但两者有很大的区别,主要表现在以下几个方面。

(1) 内容的重要程度不同

公告是用来发布重要事项或法定事项的,而通告是用来发布在一定范围内需要遵守或周知的事项的,它所涉及的事项一般没有公告那么重大。

（2）发文机关不同

公告由国家最高权力机关和行政机关及其所属部门、各省、自治区、直辖市行政领导机关，某些法定机关发布，而通告不仅行政机关可以制发，社会团体、企事业单位在自己的职权范围之内，也可以制发。

（3）发布范围不同

公告可向国内外有关方面公布，公布范围广。通告虽然也是面向社会发布的，但多是限定在一个特定社区范围内，而且内容也多是指向一个特定的人群，要求这一社区的某一类特定人群遵守或周知，所以通告的定义中特意强调了"在一定范围内公布"。

（4）发布的方式不同

公告和通告都可制成文件下发，或通过新闻媒体发布。但通告可以张贴，公告则不能张贴。

4. 通告的格式写法

（1）标题

通告的标题可采用三要素齐全的完整式标题，如"上海市人民政府关于本市高考、中考规定时间内禁止建筑施工作业的通告"；也可采用省略式的标题，如"中华人民共和国公安部通告"。

（2）发文字号

通告的发文字号不像一般公文那样只用常规方式，在实践中有多种情况并存。如果是政府发布通告，采用正规的发文字号，如《××市人民政府关于坚决清理非法占道经营的通告》，发文字号就是"市政告字〔2017〕6号"。如果是某一行业管理部门发布通告，则可采用"第×号"的方式，标示位置在标题之下正中。一些基层企事业单位发布的通告，也可以没有发文字号。

（3）正文

① 通告缘由。介绍通告的背景、根据、目的、意义等。
② 通告事项。介绍需要社会各方面遵守或周知的具体事项。
③ 通告结语。通告的结尾多采用"本通告自发布之日起实施"、"特此通告"等惯用语作结。

（4）署名、日期、公章

通告的落款处要标明发文机关标识、成文日期，并在署名和日期处盖上印发机关公章。

5. 通告写作的注意事项

（1）通告事项要符合政策规定

通告的内容是针对一定范围内的人们或特定人群的，以便其了解有关政策法令。因此，通告涉及的事项必须符合国家政策规定。

（2）语言要简明易懂

由于通告是针对一定范围的人群，因而其语言必须简明易懂，否则会引起理解歧义。

【例文 2-13】

中华人民共和国卫生部公告

2007 年 11 号

  全国牙病防治指导组（以下简称牙防组）是1988年经卫生部批准成立的牙病防治组织。牙防组自成立以来，在促进大众口腔健康、提高群众自我口腔保健水平、基层专业人员培训，以及协助卫生部制定我国口腔卫生保健工作规划、监测口腔疾病发展、建立覆盖全国的牙病防治组织体系等方面都发挥了积极作用。但随着近年来政府公共服务职能的不断强化和行业民间组织的快速发展，牙防组已难以适应卫生事业发展的要求，卫生部决定予以撤销。

  牙防组撤销后，原承担的工作由卫生部统一安排，群众性牙病预防保健技术工作和有关事务性管理工作，将以委托形式交专业社团或机构承担。同时，卫生部在疾病预防控制局成立口腔卫生处，负责全国牙病防治管理工作。

  特此公告

中华人民共和国卫生部
二〇〇七年四月二十四日（公章）

【例文 2-14】

上海市人民政府文件

沪府发〔2006〕14 号

关于本市高考、中考规定时间内禁止建筑施工作业的通告

  为了防治环境噪声污染，给参加高考、中考的考生营造一个良好的复习迎考和考试环境，市政府决定，在本市高考、中考规定时间内禁止建筑施工作业，现将有关事项通告如下：

  一、今年高考复习迎考和考试期间（5月31日至6月9日）以及中考复习迎考和考试期间（6月10日至6月17日），本市范围内禁止从事产生环境噪声污染的夜间建筑施工作业。

  二、今年高考（6月7日至6月9日）及中考（6月17日至6月18日）考试时段，禁止考场周围100米内昼间建筑施工作业。

  三、以后每年高考、中考期间及考前一周，本市范围内禁止从事产生环境噪声污染的夜间建筑施工作业；高考、中考考试时段，禁止考场周围100米内昼间建筑施工作业。禁止建筑施工作业的具体时间届时由市环保局通告。

上海市人民政府
二〇〇六年五月三十日（公章）

上海市人民政府办公厅　　　　　　　　　　　　　　　　　2006年×月×日印

> **试一试**

1. 简述公告和通告、通知的区别。
2. 改错。

××市 ××区工商行政管理局公告

根据《工商登记管理暂行规定》,对我区康乐商贸公司进行了清理。经过清理,已于 2003 年 11 月 30 日 正式宣布注销,并公告全省各地工商行政管理部门。现发现继续以原公司名义从事非法经营活动。为此,我局再次公告:凡所持原 ×× 区康乐商贸公司营业执照(包括营业执照副本)、印章、介绍信、合同纸、名片等一律无效。对发现使用上述无效证件者(复印件),请扣留交我局。

特此公告。

第八节　函

一、函的概念

函是不相隶属机关之间相互商洽工作、询问和答复问题,向有关主管部门请求批准和答复审核事项时所使用的一种党政公文。

所谓"不相隶属机关"是指发文单位和收文单位之间没有上下级关系,不存在职权上的指挥与服从关系。"有关主管部门"是指职能部门,即处理有关事项的执法或管理部门,不管其级别如何,只要该项工作由它管,就必须得到它的批准。

二、函的特点

1. 灵活简便、应用广泛

函主要用于不相隶属机关之间,但有从属关系的上下级之间、平行机关之间有时也可以用函。它不受作者的限制,也不受篇幅长短、内容繁简的限制。

2. 平等性和沟通性

函是不相隶属机关之间互相商洽工作、询问和答复问题的,体现着双方平等沟通的关系。

三、函的类型

按内容和用途分,函可分为商洽函、询问函、求批函和复函。

1. 商洽函

商洽函用于不相隶属的机关、单位之间商洽工作、联系事项。如商调干部、洽谈业务。

2. 询问函

询问函用于不相隶属的机关、单位之间询问问题。

3. 求批函

求批函用于向有关主管部门请求批准。

4. 复函

复函用于不相隶属的机关、单位之间答复问题。

四、函的格式写法

1. 标题

函可采用三要素齐全的完整式标题,如"××省工业厅关于商洽代培文秘的函";也可采用省略式的标题,如"关于毕业生分配问题的函"、"关于医疗费报销问题的复函"。

2. 主送机关

函的主送机关在一般的情况下只有一个,即接受该函的单位。

3. 正文

（1）开头

简述发函的缘由、目的及依据等。如果是复函,则要先引述来函的标题和发文字号,如"贵单位《关于'××××'的函》收悉"。

（2）主体

说明致函事项。无论是商洽工作,询问和答复问题,还是向有关主管部门请求批准事项等,都要用简洁得体的语言把需要告诉对方的问题、意见叙写清楚。

（3）结语

常用"函复为盼"、"即请函复"、"敬请大力支持为盼"、"敬请函批"、"特此函复"等惯用语作结。

4. 署名、日期、公章

函的落款处要标明发文机关标识、成文日期,并在署名和日期加盖印发机关公章。

五、函写作的注意事项

1. 格式要规范

函是国家行政机关的法定公文,它具备公文的规范格式。稍有区别的是在发文字号的机关代号后要加一个"函"字,如"××函字〔2017〕×号",且函的顺序号走的是"函"字系列,不走机关发文的大顺序号。

2. 语气要谦和

函是在平行或不相隶属机关之间行文,行文双方是平等、协商、互助的关系,所以态度必须诚恳,用语必须谦和,常用"承蒙"、"烦请"、"敬请"等敬语,而不用或少用命令性的词语。

3. 一事一函

避免一函中夹杂多个事项。

4. 坚持"一开三不"

所谓"一开三不",即要求行文开门见山,不兜圈子、不作寒暄、不讲客套。

【例文 2-15】

内蒙古自治区人民政府办公厅文件

内政办函字〔2002〕99 号

关于商请减免上海联东石材陶瓷交易市场使用土地出让金的函

上海市人民政府办公厅:

　　2000 年 7 月,中共中央政治局委员、上海市市委书记黄菊同志率上海市党政代表团来我区访问,考察了西部大开发的启动情况和投资环境,签署了《关于全面加强上海市与内蒙古自治区合作的会谈纪要》。根据"纪要"的有关精神,由自治区经贸委机关事务服务中心牵头,国家经贸委机关事务服务局等单位共同出资 2 100 万元,在上海创建了上海联冠石材陶瓷有限公司,筹建了上海联东石材陶瓷交易市场。该市场位于上海市宝山区大场镇联东村(沪太路 3198 号),占地 60 余亩,地面建筑 2 万平方米。目前,我区的重点建材企业已入驻市场,并且成立了办事机构,全国各地的建材企业也相继入驻该市场,市场出租率已达到 50%。

　　我区是国家重要的原材料生产基地之一,建材业是我区的优势产业,与上海市具有很强的互补性。在上海建设建材市场的过程中,我区前期投资过大,部分资金没有得到落实,致使在购买土地时,出现了资金不足的情况。为增进两市区经济交往,带动边疆经济的发展,恳请贵厅考虑我区的实际情况,按照上海市鼓励投资的"新 24 条"有关精神,协调有关部门在我区购置建材营销市场土地时,给予减免土地出让金及相关费用的照顾。

　　敬请函复

内蒙古自治区人民政府办公厅
二〇〇二年四月十九日(公章)

内蒙古自治区人民政府办公厅秘书一处　　　　　　　　2002 年 4 月 23 日印
共印 20 份

【例文 2-16】

国务院法制办公室文件

国法秘函〔2003〕154 号

关于××省人民政府法制办在规定时段切断互联网上网服务营业场所接入服务问题的复函

××省人民政府法制办公室：

你办《关于在规定时段切断互联网上网服务营业场所接入服务问题的函》(××府法函〔2003〕54号)收悉。经研究函复如下：

根据《中华人民共和国电信条例》的规定，电信业务经营者应当保持电信网络畅通，为电信用户提供迅速、准确、安全、方便的电信服务，不得随意切断网络接入服务。《互联网上网服务营业场所管理条例》（以下简称条例）第二十二条对营业时间的强制性要求仅是针对互联网上网服务营业场所经营单位（以下简称网吧），对电信业务经营者并未作出相关规定。且该条例对网吧违反经营时间的行为规定了相应的处罚，有关部门只要依法加强对网吧的监督检查，是能够保证条例第二十二条规定的落实，似不宜采取切断接入服务的办法。

专此函复

国务院法制办公室
二〇〇三年七月×日（公章）

国务院法制办公室　　　　　　　　　　　　　　　2003 年 7 月 × 日印

思考与练习

1. 改错。

公　函

××大学校长：

首先，我们以××省财经学校的名义，向贵校致以亲切的问候。我们以崇敬和迫切的心情，冒昧地请求贵校帮助解决当前面临的一个难题。

事情是这样的：最近，我们经与××学院磋商，决定派×位老师到该院进修学习。该院正在大兴土木改造扩建，以致本院职工的住房和学生的宿舍及教室破旧拥挤。我校几位进修教师的住宿问题，虽几经协商，仍得不到解决。然而举国上下，与时俱进，培养人才，时不我待，我校几位教师出省进修学习机会难得，时间紧迫，任务繁重，要使他们有效地学习，则住宿问题是亟待解决的。

为此，我们在进退维谷的情况下，情急生智，深晓贵校府高庭阔、物实人齐，且具有宽大为怀，救人之危的美德。于是，我们抱着一线希望，与贵校商洽，能否为我校进修教师的住宿问题提供方便条件。但不知贵校是否有其他困难，如有另外的要求和条件，我校则尽力相助。若贵校对于住宿一事能够解决，我校进修教师在住宿期间可为贵校教学事务做些义务工作，如辅导和批改作业等，这样可以从中相得益彰。我们以校方的名义向贵校表示深深的恩谢。

以上区区小事,不值得惊搅贵校,实为无奈,望谅解。并希望尽快得到贵校的答复。

××省财经学校(印章)
二〇一四年×月×日

2.写作实训。

(1)××市经济管理学院工商管理专业学员40人,将于2017年7月底毕业,为使学员能够更好地理论联系实际,提高业务水平和增强实际工作能力,学院决定从6月1日起,派该专业学员到××市工商管理局进行为期一个月的毕业实习。该学院于2017年3月6日向××市工商局发函,要求工商管理局解决学员吃、住问题,提供实习的其他方便,并选派两名思想好、业务素质高的同志指导实习并辅导学员撰写毕业论文。实习费和指导老师的报酬,按国家规定标准,由学院统一支付。

(2)××市工商管理局于2017年3月10日收到来函后,经研究,同意接收××市经济管理学院的学员来该局实习,并于3月12日复函。

第九节 纪 要

一、纪要的概念

纪要是用于记载和传达会议精神与议定事项使用的一种党政公文。其行文目的:一是向上级汇报会议情况,以便及时地得到上级的指导;二是向下属传达会议精神,以便下级及时贯彻执行。因此,纪要既可上传也可下达。

二、纪要和会议记录的区别

纪要是在会议记录的基础上整理加工而成,两者虽然都是会议的产物,但有很大的不同。

1. 性质不同

纪要属于法定党政公文,而会议记录是机关单位内部用于记录会议发言的事务文书。

2. 内容要求不同

会议记录是会议发言的忠实记录,而纪要是对会议发言的整理加工。

3. 格式写法不同

纪要是党政公文,它的格式规范虽然与一般公文略有不同,但基本结构相似;而会议记录没有统一的格式,大都由各单位自定。

4. 作用不同

纪要起着沟通情况、统一认识和记载凭证的作用;而会议记录是会议的原始材料,仅作为内部资料保存。

三、纪要的格式写法

纪要的写作格式与一般党政公文的写作格式略有不同,主要表现在纪要不写主送机关和发文字号。

1. 标题

纪要的标题与一般公文略有不同,因为纪要是以会议的名义发出的,而不是以机关的名义发出的,所以纪要的标题多是以会议名称、文种两个要素构成,如"开发区经济工作研讨会纪要"。另外,也可采用"事由+文种"格式,如"关于企业改制问题的纪要"。

2. 正文

（1）开头

纪要的开头一般先介绍会议概况,包括会议的名称、召开会议的目的、时间、地点、与会单位或个人,主持人及主要议题等。然后用"纪要如下"或"会议确定了如下事项"等承启语过渡到下文。

（2）主体

主体部分是纪要的核心部分,主要说明会议讨论的具体问题、会议形成的意见和决定。主体常用的写法一般有如下三种。

一是条文式,就是把会议的主要内容分成几个大的方面,然后加上标号或小标题,分项来写。这种写法适用于大中型会议或议题较多的会议。

二是综述式,就是把讨论研究的主要问题、与会人员的认识、议定的有关事项,进行整体的阐述和说明。多用"会议认为"、"会议指出"、"会议提出"等惯用语作为各层意思的开头语,以体现内容的层次感。这种写法适用于小型会议,讨论的问题比较集中单一。

三是记录式,就是按照会上发言顺序或不同内容的有关发言顺序,把与会人员的发言要点记录下来。一些重要的座谈会纪要,常用这种写法。

（3）结尾

结尾通常用来强调会议的意义,提出希望和要求,发出号召等,也可省略结尾。

3. 署名、日期

与其他公文不同的是,纪要无须加盖公章。

四、纪要写作的注意事项

1. 要体现要点,分清主次

纪要不同于会议记录,不能平铺直叙、主次不分地记流水账,而要紧扣会议主题,根据会议的基本情况和会议内容,认真研究会议形成的文件和记录材料,加以取舍,概括提炼出会议的精髓。要分清主次,抓住要点。

2. 重点记录结论性意见

会议没有达成一致意见或遗留的有待继续解决的问题，一般不写入纪要。

3. 记录客观真实

必须忠实于会议，准确地反映会议的真实情况和基本精神。

【例文 2-17】

2014年北京注册会计师协会专业指导委员会
第一次例会纪要

2014年4月7日上午，北京注册会计师协会召开了本年度专业指导委员会第一次例会。参会委员应到25人，实到22人，缺席3人。×秘书长简要通报了最近秘书处的工作情况，并就大家关心的问题作了说明。会议由×××主任主持，讨论了以下主要内容。

一、会议讨论了《专业指导委员会专项业务研究课题管理办法》（试行）、《专业指导委员会专项业务研究课题经费管理办法》（试行）、《专业指导委员会专项业务研究课题检查、鉴定和验收办法》（试行），并责成专业指导部根据委员提出的建议修改后，报协会秘书处。

二、会议讨论决定在5月中旬召开有关2013年专业指导委员会各专业小组提交的课题鉴定和验收会，并责成专业指导部负责具体承办会议事宜。

三、会议研究确定了今年专业指导委员会的工作重点如下。

1. 初步确定今年专业指导委员会各专业小组的课题研究方向、题目及主要负责人。

2. 讨论决定了今年研讨会的主题内容、组织形式和时间，并已责成部分委员着手准备工作。

3. 继续做好专家咨询服务，开展多种形式的咨询活动。责成专业指导部会后做好会员提问的统计、分类、汇总工作，为会员提供交流学习和技术援助服务，以达到共同提高的目的。

二〇一四年四月七日

试一试

1. 简述纪要与会议记录的联系与区别。

2. 写作实训。

根据下面材料，以××县人民政府办公室的名义写一份纪要。

××县人民政府召开第六次常务会议。时间：××××年×月×日上午八点半至十二点；地点：县政府会议室；主持：县长×××；出席：副县长×××、××、×××，办公室主任×××；请假：×××（出差）；列席：×××、×××、×××；记录：×××。

副县长×××汇报经济工作会议准备的情况。会议讨论了扩大县属企业自主权的十条规定。会议同意县经济工作会准备情况汇报，并决定于×月×日召开全县经济工作会议。今年各项经济工作指标,要以市经委下达的为准,不再调整县原各公司的主要经济指标。在县经济工作会议上,由县经委与县原各公司签订经济责任书。会议原则同意县民政局关于民政事业费管理使用办法的修订意见。会议同意将县政府办公室提出的转变机关工作作风的规定意见(讨论方案)印发各部门,广泛征求意见,作进一步修改后,以县政府文件印发。

第三章 事务文书

教学目标

1. 掌握计划、总结、规章制度、述职报告、调查报告和简报的概念和特点。
2. 熟练掌握计划、总结、规章制度、述职报告、调查报告和简报的格式写法,并通过例文阅读和写作训练等环节,培养事务文书的写作能力。

第一节 计 划

一、计划的概念

计划是党政机关、社会团体、企事业单位或个人,为了在一定时期内实现某项目标或完成某项任务而事先做的安排和打算。计划是一个统称,通常所说的规划、安排、设想、打算、方案、工作要点等,都属于计划。计划涉及的内容和期限不同,所以叫法也不同。

规划是从宏观角度对某一事业或某一任务作出的长远设想。规划的时效较长,一般是5年以上,如《西部大开发"十一五"规划》。

安排是从微观角度对短期内工作提出的要求和任务,如《学生工作处2010年工作安排》。

设想是对工作提出的初步的草案性的计划,如《国家数学课程标准初步设想》。

打算是对近期内所做工作的还未成熟的想法,如《上海市房屋土地资源信息化建设工作打算》。

方案是从目标、要求、措施、步骤等方面对某项工作作出的全面计划和精心安排,如《2010年全国食品放心工程实施方案》、《××商场2010年春节促销方案》。

工作要点是列出主要工作目标的计划,如《建设部2010年工作要点》。

二、计划的特点

1. 预见性

制订计划要从客观实际出发,对未来工作作出科学的预见,既要预设这项工作的目标、要求、措施、步骤,还要对今后可能出现的问题和遇到的困难进行分析和判断,提出相应的对策和措施。

2. 指导性

计划一经制订,就要按照其内容认真执行。对照计划,可对工作进行有效的督促和检查,避免工作的随意性和盲目性。

三、计划的类型

从不同的角度可以把计划分为不同的类型。

（1）按内容分

按内容分,有工作计划、生产计划、学习计划、经济计划、军事计划、科研计划等。

（2）按性质分

按性质分,有专项计划和综合计划。专项计划是对某一项具体工作作出的专题性部署和安排,如《××大学2010年招生计划》;综合计划是对各项工作作出的全面部署和安排,如《××市政府2009年工作计划》。

（3）按时间分

按时间分,有长期计划、中期计划和短期计划。长期计划又称为长远规划,时效较长,一般是5年以上,如《广西海洋环境保护规划》;中期计划的时效一般在1年以上,5年以下,比长期计划更加具体,用于某些周期较长的工作安排,如《上海市数码互动产业三年行动计划》;短期计划又可分为年度计划、季度计划、月度计划、周计划,具有较强的规定性和操作性,如《××公司第四季度销售计划》。

四、格式写法

计划的形式较为灵活,常见的有表格式和条文式。

1. 表格式计划

表格式计划多用于常规性的短期计划,是将计划制作成表格形式,然后将计划的目标、任务、措施、步骤等项目逐项填入。但有时表格中所反映的仅是计划的主要内容,还应配合简明的文字,说明制订计划的目的、依据、主要指标的计算方法、实现计划的主要措施等。

2. 条文式计划

条文式计划是将计划的内容分条列项,依次表述出来。这类计划一般由标题、正文和落款三个部分组成。

（1）标题

标题一般包含四个要素:制订计划的单位名称、适用时限、计划内容和计划的种类,如"广州市财政局2010年工作计划"。有时,标题也可以根据情况省略制订计划的单位名称或适用时限,如"2010年中国保护知识产权行动计划"、"顾客服务计划"。未定稿的计划,应在标题后面或下一行用括号标明"草案""讨论稿""未定稿"等字样,如"2010年全国土地利用计划(草案)"。

（2） 正文

正文是计划的主体部分,一般包括前言、目标和任务、措施和步骤,分别回答"为什么做""做什么""怎么做"这三个问题。

① 前言是正文的开头,明确"为什么做"的问题。这一部分要用简明概括的语言说明制订计划的目的、依据和指导思想,同时可适当分析前一阶段的情况来说明制订计划的背景。表述上一般用"为了""根据"之类的词语引出目的和依据。如"为了进一步加强和改善对社区服务工作的领导,促进社区服务有序、健康、快速发展,现根据中央、省、市关于推进城市社区建设的一系列文件精神,结合我市社区服务实际,制订本计划。"

② 目标和任务是计划的核心,明确"做什么"的问题。这一部分应明确具体地写清楚计划的目标、任务、完成时限。写法上一般可用设小标题或分条列项的方式,逐一地写明每项任务的数量、质量、要求和进度等。这部分必须具体明确。例如,不能只写"要进一步开发新产品,引进新技术,提高产品质量"这样笼统模糊的话语,还应明确说明要开发哪些新产品,引进哪些新技术,质量要达到什么标准。如果任务不明确、指标不量化到具体数据,就容易造成执行的困难。

③ 措施和步骤是明确"怎么做"的问题。这部分应详细说明实现计划的各种措施和步骤安排,即完成任务的时间阶段、办法手段、组织领导、人员分工、物资分配、检查考核等事项。写法上要求具体实在,具有可操作性。例如,某企业的学习计划在提到措施和步骤时只写:"各单位要积极运用良好的学习方法,用新的学习理念思考问题,用新的措施开展活动,用新的载体推动工作。"这段话句句都正确,但是没有一句是可操作的。这样,人们无法知道应该怎样去做,使工作很难落到实处。

（3） 落款

落款包括制订计划的单位名称和日期。一般写在正文的右下方,有时也写在标题下。

五、计划写作的注意事项

1. 从实际出发

制订计划必须深入实际,进行调查研究,既要贯彻党和国家相关的路线、方针、政策,形成正确的指导思想,又要从本单位的实际情况出发,把主客观条件结合起来,把整体与局部的关系处理好。要量力而行,不能说空话,更不能说假话。

2. 内容具体明确

计划一经制订,便对实践具有指导和约束作用。因此,必须把计划的目标、任务、措施和步骤写得实在、明白,便于人们依照执行。如果目标不明确、措施不具体,就容易造成执行的困难,使人们不知该做什么、怎样做,最终使计划成为一纸空文。

【例文 3-1】

缓解××市区交通拥堵第七阶段(2010年)工作方案

按照"标本兼治、建管并举、突出重点、循序渐进、分工负责、综合治理"原则，在广大市民支持配合下，2004年至2009年本市分六个阶段开展了缓解市区交通拥堵工作，取得一定成效。2009年，通过采取工作日高峰时段区域限行、优先发展公共交通、完善路网设施功能、实施疏堵工程、进行科学化管理等措施，在机动车保有量比2008年净增51.5万辆、总量达401.9万辆的情况下，市区交通运行基本正常。但随着机动车保有量持续快速增长，交通拥堵形势依然十分严峻，需下大力气开展缓解交通拥堵工作。

一、工作思路和目标

深入贯彻落实科学发展观，围绕建设"人文××、科技××、绿色××"战略目标，巩固前六个阶段工作成果，以方便市民出行为宗旨，以打造"公交城市"为抓手，采取综合措施，标本兼治，综合治理，在继续优先发展公共交通、改善路网设施服务水平、实行精细化管理的同时，充分运用经济调节方式，加强科技手段应用，引导小汽车合理使用，缓解市区道路交通拥堵状况，力争将早晚高峰时段市区道路交通拥堵指数控制在6.5左右，公共交通出行比例达到40％以上。

二、主要措施

(一)推进"公交城市"建设

一是加快推进12条轨道交通线路建设。(略)

二是进一步提高既有轨道交通线路运营能力。(略)

三是优化地面公交线网和运营环境。(略)

四是扩大新能源公交车的示范应用。(略)

五是优化自行车与行人交通系统。(略)

六是继续推进综合客运枢纽和驻车换乘站建设。(略)

七是推进城市物流配送体系建设。(略)

(二)加快路网建设

一是快速路建设。(略)

二是主干路建设。(略)

三是高速公路建设。(略)

四是一般公路建设。(略)

五是研究中心城区地上地下快速通道建设。(略)

(三)实施交通疏堵工程

一是完善工作体制机制，建立缓解交通拥堵会商机制。每月、每季度会商拥堵点段、区域动态变化情况，提出阶段工作任务，确保落实。

二是建立缓解拥堵专项资金，加快审批进度，推进落实。

三是打通断头路，完善道路微循环系统。(略)

四是完善过街设施。(略)

五是建设公交港湾及站台。(略)

六是改造平交路口。（略）

七是继续推进铁路道口平交改立交。（略）

八是五环路道路改造。（略）

（四）提升道路养护和交通管理水平

一是开展"道路养护年"活动。（略）

二是加强占道施工组织管理。（略）

三是加强立交桥下空间使用管理。（略）

四是完善交通标识系统。（略）

五是探索公共停车楼建设管理模式。（略）

六是实施重点区域停车收费调整方案。（略）

七是加强临时占道停车管理。（略）

八是继续实施工作日高峰时段区域限行交通管理措施。

（五）推进新一代智能交通系统建设

一是建设智能交通管理系统三期2010年工程。（略）

二是建设交通运行协调指挥中心（TOCC）并投入使用，建设交通运行分析与决策支持平台，健全交通综合运输协调运转中枢、信息发布中心和交通安全应急指挥中心，提高综合交通运行管理效率。

三是充分利用媒体和手机、情报板、车载导航等信息终端，为市民提供实时、便捷、人性化信息服务。

四是继续扩大高速公路不停车收费（ETC）系统使用规模，降低设备安装成本，力争用户超过35万。

（六）加强文明交通建设

实施"文明交通行动计划"，进一步加大宣传、引导力度，营造"改善交通我参与，交通顺畅我快乐"氛围，增强广大市民现代交通意识和绿色出行理念，倡导选择乘坐公共交通工具、骑自行车、步行等出行方式。

三、保障措施

建立拥堵指标评价体系，对道路网络进行多层次、多角度跟踪评价，研究分析拥堵点段，定期发布指数，为做好缓解拥堵工作提供技术支撑。

加强督查考核，定期通报情况，对工作成效突出的单位，在项目审批、资金安排等方面予以优先考虑。

附件：《缓解××市区交通拥堵第七阶段（2010年）工作任务分工表》

××××××

二〇一〇年×月××日

试一试

1. 计划的写作形式有哪几种？
2. 条文式计划的正文一般包含哪几个部分？

3. 计划的写作要注意哪些事项?
4. 修改病文。

2010年爱国主义教育读书活动规划

根据市青少年爱国主义教育读书活动组委会的文件精神,我校本学年将在全校中开展以"祖国明天更美好"为主题的教育读书活动,现将本次活动的有关内容做如下安排。

一、活动宗旨

以贯彻落实十六大精神和"三个代表"重要思想的要求为指导,深入落实《中共中央关于进一步加强和改进学校德育工作的若干意见》,通过"祖国明天更美好"这一主题活动,回顾共和国的创业史,描绘改革开放的巨大成果,弘扬中华民族的进取精神,激发青少年的历史责任感。

二、活动内容及措施

以爱国主义教育为红线,以"五爱"教育为基本内容,采用一些喜闻乐见的形式,让学生受到潜移默化的教育,并创造更多的教育途径和方式,激发、调动学生参与活动的积极性,不断增强活动的生机和活力。

（1）读十本书。
（2）举办三次活动。
（3）评出读书活动先进集体及个人,进行总结表彰。

×××学校团委
二〇一〇年一月五日

5. 请以班委会的名义,拟写一份下学期班级文体活动的计划。

第二节　总　　结

一、总结的概念

总结是党政机关、社会团体、企事业单位或个人,对前一时期的工作情况进行概括和分析,找出成绩和问题、经验和教训,以便为今后工作提供借鉴的一种应用文。总结实际上是对前一时期工作的一个系统的回顾,从中找出规律性的东西,以纠正缺点,发扬优点。

二、总结的特点

1. 理论性

总结的目的是对前一时期的工作进行汇总,并在对汇总材料的分析研究中,归纳出经验教训,找出事物发展的规律,以便更好地指导下一阶段的实践活动。在总结中,不仅要说清楚"做了什么",而且要讲明"怎么做"和"为什么这样做"。因此,总结带有鲜明的论证性和理论性。

2. 客观性

总结是单位或个人对自己的工作实践进行的自我评价,应该以事实为依据,真实客观地分析情况、反映问题、总结经验、找出教训,不能言过其实,也不能文过饰非。

三、总结的类型

从不同的角度,总结可以分为不同的类型。

(1) 按性质分

按性质分,有综合性总结和专题性总结。综合性总结是单位或个人对一定时期内所做的各方面工作的全面总结;既要反映全貌,又要分清主次。它多用于各部门、各单位的年终总结和阶段总结,如"××大学2010年工作总结"。专题性总结是对某一项工作进行专门反映和评析的总结,如"2009年全国春运工作总结"、"全国抗震设防质量检查情况总结"。

(2) 按内容分

按内容分,有工作总结、学习总结、思想总结、科研总结、生产总结等。

(3) 按时间分

按时间分,有年度总结、季度总结、月总结等。

(4) 按范围分

按范围分,有部门总结、个人总结等。

四、总结的格式写法

总结一般包括标题、正文和落款三个部分。

1. 标题

标题分为单标题和双标题两种。

(1) 单标题

单标题又分为文件式标题和文章式标题。

文件式标题是总结最常见的标题形式,一般由单位名称、时限、内容、文种四部分组成,如"××市教育局2010年教育工作总结"。标题也可以根据情况省略单位名称或时限,如"2010年'五一'黄金周假日旅游情况总结"、"国家茧丝绸发展风险基金项目实施情况总结"。

文章式标题即概括总结核心内容或基本观点的标题,常用于经验总结、专题总结,如"以科技为先导,开拓企业创新之路"。

(2) 双标题

双标题由正标题和副标题组成。

正标题使用文章式标题,即概括总结核心内容或基本观点的标题;副标题使用文件式标题,即包括单位名称、时限、内容、文种四个部分,如"走质量效益型发展道路——××公司2009年工作总结"。

2. 正文

正文是总结的主体部分,一般包括四个方面的内容:基本情况、成绩与经验、问题与教训、今后的打算。

（1）基本情况

基本情况方面要全面、清楚地概括某一时期工作的基本情况，或对工作背景和开展工作的条件做一个简要的交代。

（2）成绩与经验

成绩与经验方面要用翔实的材料写明成绩与取得成绩的做法。用事实说话、用数据说话，进行客观的评价，并找出工作的规律，作为今后工作的借鉴。

（3）问题与教训

问题与教训方面要实事求是地写明工作中的失误和问题，并深刻分析产生失误和问题的原因，指出应该吸取的教训。

（4）今后的打算

今后的打算方面既要结合经验和教训提出改进工作的办法和意见，又要结合工作发展的趋势，表明下一步努力的方向和设想。

应该注意的是，总结的正文的写法较为灵活，具体结构可根据不同情况进行变化。以上四个方面不一定面面俱到，可以有所侧重，或着重写成绩与经验，或着重写问题与教训。如例文《2009年××省春运工作总结》在简要概括2009年春运工作的基本情况之后，着重从五个方面分析了春运工作取得的成绩和经验，最后简略地说明了工作的不足。

3. 落款

落款包括写总结的单位名称和日期。一般写在正文的右下方，有时也写在标题正下方。

五、总结写作的注意事项

1. 要有实事求是的态度

总结是为了回顾和分析过去的工作，找出经验和教训，以便更好地进行下一阶段的工作。如果总结的内容有虚假成分，总结就失去了意义。因此，写总结应该本着实事求是的态度，做到反映情况不弄虚作假，叙述成绩不夸大其词，总结经验不有意拔高，指出问题不敷衍了事，阐明教训不浮于表面，提出意见不纸上谈兵。

2. 要善于分析研究，找出规律

撰写总结需要充分占有材料，全面掌握情况，但是如果像记流水账一样罗列现象，单纯地叙述过程，就事论事，而不从感性认识上升到理性认识，总结就失去了意义。因此，撰写总结必须由表及里地分析材料，找到取得成绩的原因和出现问题的根源，从而挖掘事物的本质，发现内在的规律。只有这样，才能对今后的工作起到借鉴和指导的作用。

3. 要突出重点，详略得当

总结一般要写明工作的基本情况、成绩与经验、问题与教训以及今后的打算，但并不是每个方面都要写得非常详细，而应该有所侧重。要根据具体的写作目的和工作情况对内容进行取舍，确定重点，避免泛泛而谈。

【例文3-2】

2009年××省春运工作总结

2009年春运从1月11日开始至2月19日止,历时40天。各地、各有关部门在省委、省政府的正确领导下,遵循"以人为本、安全第一、组织有序、优质便捷"的指导原则,按照《2009年××省春运工作方案》的要求,精心组织、密切配合、真抓实干、奋力拼搏,圆满完成了春运工作的各项任务。现就2009年全省春运工作总结如下。

一、总体情况

2009年元旦和春节相隔较近,学生流、务工返乡流、探亲流形成叠加,节前客流高峰较往年来得早、来得快。节后受国际金融危机的影响,外出务工人员流向不确定性因素增多、流时延长,与返校学生流重合,形成节后多个客流高峰。春运期间,全省客运量5 515万人次,比上年增长5.9%,创历史新高。其中,铁路909.4万人次,增长16.9%;公路4 533.8万人次,增长4.2%;水运20.8万人次,下降49.4%;民航51.4万人次(含过站),增长31.0%。城市公共交通客运总量1.46亿人次,增长2.1%;外出务工人员总人数660万,下降3.2%。全省旅客出行顺畅,民工流动有序,重点物资运输及时,安全形势总体平稳,杜绝了旅客列车事故、火灾爆炸事故和列车旅客伤亡事故,杜绝了一次死亡10人以上重特大道路交通事故和一次死亡3人以上的重大客运道路交通事故,杜绝了民航飞行、空防、地面安全事故和水上安全责任事故。

二、主要做法

(一)领导重视,工作部署到位

党中央对做好春运工作、保证群众出行十分关心,大年初一上午,在××考察工作的中共中央总书记、国家主席、中央军委主席胡锦涛专程前往××火车站实地考察,与旅客亲切交谈,看望慰问春运一线的干部职工,并作出指示:"当前,春运任务十分繁重,春节后客运压力仍然很大。希望你们继续开动脑筋,科学调度,改善服务,确保安全,努力把春运任务完成好,让广大旅客满意。"省委、省政府领导对春运工作十分重视,××书记、××省长、××副省长等领导先后深入到××火车站、长途汽车站等春运现场检查春运工作,要求春运各部门和单位要认真贯彻落实胡锦涛"三保一弘扬"重要指示精神,坚持以科学发展观为指导,牢固树立以人为本理念,精心调度,精心组织,让旅客走得了、走得好,努力构建和谐春运。各级领导对辖区内春运工作也高度重视,经常深入一线检查,提前指挥、调度春运工作。各级领导对春运工作的关心和重视有力地推动了春运工作的开展。

(略)

(二)精心组织,客流畅通有序

××铁路局积极开动脑筋,挖掘潜力,按照"全局向××集中、区域向大站集中、开车向重点方向集中"的组织原则,优化春运方案,实行三个梯次的临客开行方案,分别应对正常、高峰、突发客流,将有限运力集中到重点地区和重点方向上。

(略)

(三)狠抓落实,安全形势平稳

安全是春运工作的重中之重。各地、各部门从实际出发,严格按省政府"五个管严、五个一律"的要求,采取积极有效措施,确保了春运安全平稳。春运期间,全省共发生道路交通事故441起,造成176人死亡、625人受伤,与去年春运相比,事故次数、死亡人数、受伤人数分别下降35.4%、11.5%和32.2%。全省杜绝了一次死亡10人以上重特大道路交通事故和一次死亡3人以上的重大客运道路交通事故。

(略)

(四)各司其职,协调配合有力

省春运办建立了动态日报制度和专人值班制度,与各地、各相关部门春运机构保持密切联系,及时调度春运情况,迅速协调处理来电、来信、来访及各种突发事件。各级人力资源社会保障部门全面开展调查摸底,掌握返乡外出务工人员流动情况,一方面强化技能培训,提高外出务工人员的技能水平,引导返乡务工人员就地就近转移就业和创业;另一方面整顿劳动力市场,收集外省就业岗位信息,促进外出务工人员就业有序流动。各级教育部门有计划地错开大中专院校放假时间,妥善安排留校学生,积极配合铁路、交通部门开展预售或代购车(船)票工作,大大减轻了运输部门的压力。各地救助站派出救助车辆千余次,救助各类求助人员(包括被骗传销人员在内)4 300余人。各级工商行政管理部门在春运期间集中开展大规模市场整治活动,保护了广大消费者的合法权益,有效地维护了春运期间市场流通秩序。各级假日旅游协调机构和各涉旅单位在春节黄金周期间,围绕"安全、秩序、质量、效益"四统一目标,精心制定接待方案,游客数量、旅游收入大幅增长,实现了今年旅游"开门红"。

(略)

(五)以人为本,和谐氛围浓厚

××铁路局坚持以人为本,深入开展"平安南铁,和谐春运"主题活动,春运期间,全局组织青年志愿者近6 000人次,段机关及车间干部、休班职工6.3万人次,深入到各站区为旅客提供人性化服务,获得旅客好评。同时,各部门、各单位加大路风卡控力度,通过落实首问首诉负责制、发放旅客征求意见表、严肃查处路风事件等措施,有效遏制了路风事件的发生。交通部门开设了春运专题服务,24小时为广大旅客、交通运输经营者和从业人员及自驾车出行人员提供运力、班线时刻、售票、天气、路况等交通运输出行信息。

(略)

2009年春运工作取得了较好成绩,但也存在一些不足和问题。如在城乡结合部、县乡公路上,无证非法营运现象仍有发生;个别火车站广场交通秩序、汽车站候车厅候车秩序有待加强等。对于这些问题,各地、各有关部门应引起高度重视,认真分析研究,在今后的春运工作中加以改进和完善。

××××××
二〇〇九年×月××日

试一试

1. 总结的特点是什么?
2. 总结的标题有哪几种写法?

3. 总结的正文一般包含哪些方面的内容?
4. 写作实训。

根据上学期的学习情况,写一份总结。

第三节 规章制度

一、规章制度的概念

规章制度是机关、团体、企事业单位制发的对一定范围内的人们在生产、工作、学习等有关方面的行为做出规范和约束的文书。它是党和国家有关法律、政策的延伸和具体化,是制发机关进行有效管理的工具;因此,它也是人们办事的依据和章法。规章制度在社会生活中具有重要作用,成为一种运用相当广泛的应用文,上至国家机关,下至单位科室,都有自己的规章制度。

二、规章制度的特点

1. 强制性

规章制度虽然不是法律,不具有法的效力,但一经制定颁布,所涉及部门和人员就必须遵照执行,否则就要受到处罚,承担相应的责任。例如章程,不论是公司章程,还是社团章程,一经表决通过,便对所有公司成员或社团成员产生约束力,任何个人不经法定程序无权否定或修改章程。

2. 严密性

规章制度是人们办事必须遵守的准则和规范。因此在写作上要求周全、严密,条文要求具体明确,不能有遗漏、疏忽、含糊,使人有空可钻。一般都直接进行说明,而不用比喻、夸张之类的修辞手法,以免产生歧义,影响执行。

3. 规范性

规章制度的写作较为固定,一般分条目来写。条目的层次由大到小分为七级:编、章、节、条、款、目、项。常用的是章、条、款三级或条、款两级。

三、规章制度的分类

规章制度是一个总称,它包括许多文种,如章程、制度、条例、规定、办法、细则、规则、守则、公约等。

1. 章程

章程是机关、团体、企事业单位对本组织的性质、宗旨、任务、机构、原则、成员的权利和义务等作出明确规定,以期本组织成员共同遵守的纲领性文书。章程一般由该组织制定,并经过代表大会讨论通过发布后正式生效,对组织成员具有很强的约束力。如《中国注册会计师协会章程》、《××股份有限公司章程》。

2. 制度

制度是机关、团体、企事业单位为了进行有效的组织管理而制定的要求有关人员共同遵守的一整套行为准则。如《印章管理使用制度》、《企业会计制度》。

3. 条例

条例是国家机关发布或批准,用于规定国家某方面工作或某机关专门工作人员的责任、权限的具有极强约束力的法规性公文。条例的发文权限很窄,其制发者仅限于党中央组织及其授权的中央部门、国家最高行政机关、国家或地方立法机关,其他的机关、单位、团体都不能制发。如《中华人民共和国外资银行管理条例》、《物业管理条例》。

4. 规定

规定是机关、团体、企事业单位针对某项具体工作或专门问题所提出的要求和规范。规定所涉及的工作或问题不如条例重大,条例常针对规律性、普遍性、原则性的问题,而规定一般针对某项事务,比条例更为具体直接。如《北京市基本养老保险规定》、《城市供水水质管理规定》。

5. 办法

办法是针对某项工作或某一方面活动作出的具体安排或提出具体措施的文书。办法一般是依据一定的法令、条例而制定的具体规章,是为了在实践中执行法令、条例而制定的实施方法或办理方法。如《宁波市文物市场管理办法》就是根据《中华人民共和国文物保护法》制定的,全文26条,写出了十分明确具体的做法。

6. 细则

细则是对某项法律、条例、规定或其中的部分条文进行解释或补充说明,使之具体化,以便执行的规则。如《中华人民共和国车船税暂行条例实施细则》、《汽车金融公司管理办法实施细则》。

7. 规则

规则是机关、团体、企事业单位为了维护公共利益,保证某一事项或活动有序正常地进行而制定的,要求大家共同遵守的行为准则。如《北京2008年奥运会中国体育代表团礼仪装备设计大赛参赛规则》、《阅览室规则》。

8. 守则

守则是针对局部范围的群体作出的道德和行为规范的文书,如《小学生守则》、《员工守则》。

9. 公约

公约是群众为了共同目的,在自觉的基础上共同商定的道德规范和行为准则,如《武汉市人民文明公约》、《学生宿舍文明公约》。

四、规章制度的格式写法

不同种类的规章制度尽管名称与用途不同,但其写法大体相同,一般由标题、签署、正文三个部分组成。

1. 标题

标题有以下三种写法。

① 由单位名称、内容、文种组成。其中,单位名称是规章制度的制发单位或者适用单位,如"深圳证券交易所股票上市规则"。

② 由内容和文种组成,如"药品广告审查办法"、"汽车品牌销售管理实施办法"。

③ 由单位名称和文种组成,如"中国科学技术协会章程"、"电子阅览室规则"。

应该注意的是,有些规章制度是暂行或试行的,应在标题内注明,如"旅行社质量保证金暂行规定"、"文物拍摄管理暂行办法"。

2. 签署

一般用括注的方式写上制发机关名称和发布时间,或者通过规章制度的会议名称和日期。放在标题正下方,如例文 3-4 的写法。有时,制发规章制度的机关名称和日期也可写在正文右下方。

3. 正文

正文一般由总则、分则和附则三个部分组成。

（1）总则

总则是开头部分,说明制发规章制度的依据、目的、任务、适用范围、对象、有关定义等。

（2）分则

分则是主体部分,是规章制度的实质性内容,通常按照一定的逻辑顺序分条列项地说明规章制度实施的具体事项。

（3）附则

附则是结尾部分,是对分则部分的补充和说明,说明实施的日期,适用的范围、对象解释与修改权属等执行要求。

正文的表述方法有两种。一种是章条式,将正文分为若干章,每章又分若干条,但条的次序排列在整篇文章中是连续的,即前一章的条写完后,后一章的条按序码排列下来。第一章是总则,中间各章是分则,最后一章是附则,如例文 3-3。另一种是条款式,通篇分条列项,按序码依次说明规章制度的内容;不分章,直接按条排列,通常第一条是总则,中间各条是分则,最后一条是附则。

五、规章制度写作的注意事项

1. 内容的严密性

制定规章制度的目的是给一定范围内人们的有关行为提供一定的依据和准则,使人们办事时有章可循,有规可依。所以,其内容必须具有严密性,符合党和国家的政策、法律,既要着眼全局,又要注意细节,考虑规章制度的可行性,不能有遗漏、疏忽。

2. 写法的规范性

在结构层次上,规章制度要条理清楚,章条明晰;在语言表达上,要庄重简明,准确清晰,不能含糊笼统,以免产生歧义,影响对规章制度的理解和执行。

【例文 3-3】

网络游戏管理暂行办法

第一章 总 则

第一条 为加强网络游戏管理,规范网络游戏经营秩序,维护网络游戏行业的健康发展,根据《全国人民代表大会常务委员会关于维护互联网安全的决定》和《互联网信息服务管理办法》以及国家法律法规有关规定,制定本办法。

第二条 从事网络游戏研发生产、网络游戏上网运营、网络游戏虚拟货币发行、网络游戏虚拟货币交易服务等形式的经营活动,适用本办法。

本办法所称网络游戏是指由软件程序和信息数据构成,通过互联网、移动通信网等信息网络提供的游戏产品和服务。

网络游戏上网运营是指通过信息网络,使用用户系统或者收费系统向公众提供游戏产品和服务的经营行为。

网络游戏虚拟货币是指由网络游戏经营单位发行,网络游戏用户使用法定货币按一定比例直接或者间接购买,存在于游戏程序之外,以电磁记录方式存储于服务器内,并以特定数字单位表现的虚拟兑换工具。

第三条 国务院文化行政部门是网络游戏的主管部门,县级以上人民政府文化行政部门依照职责分工负责本行政区域内网络游戏的监督管理。

第四条 从事网络游戏经营活动应当遵守宪法、法律、行政法规,坚持社会效益优先,保护未成年人优先,弘扬体现时代发展和社会进步的思想文化和道德规范,遵循有利于保护公众健康及适度游戏的原则,依法维护网络游戏用户的合法权益,促进人的全面发展与社会和谐。

第五条 网络游戏行业协会等社团组织应当接受文化行政部门的指导,依照法律、行政法规及章程制定行业自律规范,加强职业道德教育,指导、监督成员的经营活动,维护成员的合法权益,促进公平竞争。

第二章 经营单位

第六条 从事网络游戏上网运营、网络游戏虚拟货币发行和网络游戏虚拟货币交易服务等网络游戏经营活动的单位,应当具备以下条件,并取得《网络文化经营许可证》：

(略)

第七条 申请《网络文化经营许可证》,应当向省、自治区、直辖市文化行政部门提出申请。省、自治区、直辖市文化行政部门自收到申请之日起20日内做出批准或者不批准的决定。批准的,核发《网络文化经营许可证》,并向社会公告；不批准的,应当书面通知申请人并说明理由。

《网络文化经营许可证》有效期为3年。有效期届满,需继续从事经营的,应当于有效期届满30日前申请续办。

第八条 获得《网络文化经营许可证》的网络游戏经营单位变更网站名称、网站域名或者法定代表人、注册地址、经营地址、注册资金、股权结构以及许可经营范围的,应当自变更之日起20日内向原发证机关办理变更手续。

网络游戏经营单位应当在企业网站、产品客户端、用户服务中心等显著位置标示《网络文化经营许可证》等信息；实际经营的网站域名应当与申报信息一致。

第三章 内容准则

第九条 网络游戏不得含有以下内容：

(略)

第十条 国务院文化行政部门负责网络游戏内容审查,并聘请有关专家承担网络游戏内容审查、备案与鉴定的有关咨询和事务性工作。

经有关部门前置审批的网络游戏出版物,国务院文化行政部门不再进行重复审查,允许其上网运营。

第十一条 国务院文化行政部门依法对进口网络游戏进行内容审查。进口网络游戏应当在获得国务院文化行政部门内容审查批准后,方可上网运营。申请进行内容审查需提交下列材料：

(略)

第十二条 申报进口网络游戏内容审查的,应当为依法获得独占性授权的网络游戏运营企业。

(略)

第十三条 国产网络游戏在上网运营之日起30日内应当按规定向国务院文化行政部门履行备案手续。

已备案的国产网络游戏应当在其运营网站指定位置及游戏内显著位置标明备案编号。

第十四条 进口网络游戏内容上网运营后需要进行实质性变动的,网络游戏运营企业应当将拟变更的内容报国务院文化行政部门进行内容审查。

(略)

第十五条 网络游戏运营企业应当建立自审制度,明确专门部门,配备专业人员负责网络游戏内容和经营行为的自查与管理,保障网络游戏内容和经营行为的合法性。

第四章 经营活动

第十六条 网络游戏经营单位应当根据网络游戏的内容、功能和适用人群,制定网络游戏用户指引和警示说明,并在网站和网络游戏的显著位置予以标明。

(略)

第十七条 网络游戏经营单位不得授权无网络游戏运营资质的单位运营网络游戏。

第十八条 网络游戏经营单位应当遵守以下规定:

(略)

第十九条 网络游戏运营企业发行网络游戏虚拟货币的,应当遵守以下规定:

(略)

第二十条 网络游戏虚拟货币交易服务企业应当遵守以下规定:

(略)

第二十一条 网络游戏运营企业应当要求网络游戏用户使用有效身份证件进行实名注册,并保存用户注册信息。

第二十二条 网络游戏运营企业终止运营网络游戏,或者网络游戏运营权发生转移的,应当提前60日予以公告。网络游戏用户尚未使用的网络游戏虚拟货币及尚未失效的游戏服务,应当按用户购买时的比例,以法定货币退还用户或者用户接受的其他方式进行退换。

网络游戏因停止服务接入、技术故障等网络游戏运营企业自身原因连续中断服务超过30日的,视为终止。

第二十三条 网络游戏经营单位应当保障网络游戏用户的合法权益,并在提供服务网站的显著位置公布纠纷处理方式。

国务院文化行政部门负责制定《网络游戏服务格式化协议必备条款》。网络游戏运营企业与用户的服务协议应当包括《网络游戏服务格式化协议必备条款》的全部内容,服务协议其他条款不得与《网络游戏服务格式化协议必备条款》相抵触。

第二十四条 网络游戏经营单位根据法律法规或者服务协议停止为网络游戏用户提供服务的,应当提前告知用户并说明理由。

第二十五条 网络游戏经营单位发现网络游戏用户发布违法信息的,应当依照法律规定或者服务协议立即停止为其提供服务,保存有关记录并向有关部门报告。

第二十六条 网络游戏经营单位在网络游戏用户合法权益受到侵害或者与网络游戏用户发生纠纷时,可以要求网络游戏用户出示与所注册的身份信息相一致的个人有效身份证件。审核真实的,应当协助网络游戏用户进行取证。对经审核真实的实名注册用户,网络游戏经营单位负有向其依法举证的责任。

双方出现争议经协商未能解决的,可依法申请仲裁或者向人民法院提起诉讼。

第二十七条 任何单位不得为违法网络游戏经营活动提供网上支付服务。为违法网络游戏经营活动提供网上支付服务的,由文化行政部门或者文化市场综合执法机构通报有关部门依法处理。

第二十八条 网络游戏运营企业应当按照国家规定采取技术和管理措施保证网络信息安全,包括防范计算机病毒入侵和攻击破坏,备份重要数据库,保存用户注册信息、运营信息、维护日志等信息,依法保护国家秘密、商业秘密和用户个人信息。

第五章 法律责任

第二十九条 违反本办法第六条的规定,未经批准,擅自从事网络游戏上网运营、网络游戏虚拟货币发行或者网络游戏虚拟货币交易服务等网络游戏经营活动的,由县级以上文化行政部门或者文化市场综合执法机构依据《无照经营查处取缔办法》的规定予以查处。

第三十条　网络游戏经营单位有下列情形之一的,由县级以上文化行政部门或者文化市场综合执法机构责令改正,没收违法所得,并处10 000元以上30 000元以下罚款;情节严重的,责令停业整顿直至吊销《网络文化经营许可证》;构成犯罪的,依法追究刑事责任:

(略)

第三十一条　网络游戏经营单位违反本办法第十六条、第十七条、第十八条规定的,由县级以上文化行政部门或者文化市场综合执法机构责令改正,没收违法所得,并处10 000元以上30 000元以下罚款。

第三十二条　网络游戏运营企业发行网络游戏虚拟货币违反本办法第十九条第一、二项规定的,由县级以上文化行政部门或者文化市场综合执法机构责令改正,并可根据情节轻重处30 000元以下罚款;违反本办法第十九条第三、四项规定的,由县级以上文化行政部门或者文化市场综合执法机构责令改正,并可根据情节轻重处20 000元以下罚款。

第三十三条　网络游戏虚拟货币交易服务企业违反本办法第二十条第一项规定的,由县级以上文化行政部门或者文化市场综合执法机构责令改正,并处30 000元以下罚款;违反本办法第二十条第二、三项规定的,由县级以上文化行政部门或者文化市场综合执法机构责令改正,并可根据情节轻重处30 000元以下罚款;违反本办法第二十条第四、五项规定的,由县级以上文化行政部门或者文化市场综合执法机构责令改正,并可根据情节轻重处20 000元以下罚款。

第三十四条　网络游戏运营企业违反本办法第十三条第一款、第十四条第二款、第十五条、第二十一条、第二十二条、第二十三条第二款规定的,由县级以上文化行政部门或者文化市场综合执法机构责令改正,并可根据情节轻重处20 000元以下罚款。

第三十五条　网络游戏经营单位违反本办法第八条第二款、第十二条第三款、第十三条第二款、第二十三条第一款、第二十五条规定的,由县级以上文化行政部门或者文化市场综合执法机构责令改正,并可根据情节轻重处10 000元以下罚款。

第六章　附　　则

第三十六条　本办法所称文化市场综合执法机构是指依照国家有关法律、法规和规章的规定,相对集中地行使文化领域行政处罚权以及相关监督检查权、行政强制权的行政执法机构。

第三十七条　文化行政部门或者文化市场综合执法机构查处违法经营活动,依照实施违法经营行为的企业注册地或者企业实际经营地进行管辖;企业注册地和实际经营地无法确定的,由从事违法经营活动网站的信息服务许可地或者备案地进行管辖;没有许可或者备案的,由该网站服务器所在地管辖;网站服务器设置在境外的,由违法行为发生地进行管辖。

第三十八条　网络游戏的网上出版前置审批和出版境外著作权人授权的互联网游戏作品的审批,按照《中央编办对文化部、广电总局、新闻出版总署〈"三定"规定〉中有关动漫、网络游戏和文化市场综合执法的部分条文的解释》(中央编办发〔2009〕35号)的规定,由有关部门依据相关法律法规管理。

第三十九条　本办法自二〇一〇年八月一日起施行。

中华人民共和国文化部
二〇一〇年×月××日

【例文 3-4】

北京市公共场所禁止吸烟范围若干规定

(2008年3月24日北京市人民政府第2次常务会议审议通过)

第一条 为了保障人民身体健康,提倡社会公德,减少吸烟造成的危害,根据《北京市公共场所禁止吸烟的规定》,结合本市实际情况,制定本规定。

第二条 下列公共场所禁止吸烟:

(一)医疗机构的室内区域;

(二)托儿所、幼儿园;

(三)中、小学校,中等职业学校;

(四)高等学校和其他教育、培训机构的教学区域;

(五)影剧院、音乐厅、展览馆、博物馆、美术馆、图书馆、科技馆、档案馆、少年宫、纪念馆等科教、文化、艺术场所;

(六)商业、金融业、邮政业和电信业的营业厅;

(七)公共汽车、出租车、轨道交通等公共交通工具内及其售票厅、室内站台;

(八)对社会开放的文物保护单位;

(九)体育馆、健身馆;

(十)健身场,体育场的比赛区和座席区。

第三条 下列公共场所可以设置吸烟室或者划定吸烟区,吸烟室或者吸烟区以外的区域禁止吸烟:

(一)餐饮、互联网上网服务营业场所等经营场所的服务区域;

(二)公园、游乐场等公共场所;

(三)飞机、火车、长途汽车等公共交通工具的等候室。

第四条 宾馆、旅店、招待所、培训中心、度假村等提供住宿休息服务的经营场所,应当按照规定设置无烟客房或者无烟楼层。

第五条 机关、团体、企业、事业单位的办公、会议等工作场所和食堂、通道、电梯、卫生间等内部公共场所禁止吸烟。

机关、团体、企业、事业单位可以根据实际情况,确定除前款规定以外的单位内部的禁止吸烟公共场所,并做好相关管理工作。

鼓励创建无烟单位。

第六条 按照本规定第三条的规定设置吸烟室或者划定吸烟区,应当遵守下列规定:

(一)符合消防安全要求;

(二)设置明显的标志;

(三)与非吸烟室、非吸烟区隔离;

(四)远离人员密集区域和行人必经的主要通道。

第七条 设置吸烟室或者划定吸烟区的公共场所所在单位,应当加强禁止吸烟的宣传教育,采取有效措施,逐步取消吸烟室或者吸烟区。

第八条 禁止吸烟公共场所的所在单位应当按照规定,在禁止吸烟的公共场所设置明显统一的禁止吸烟标志,加强吸烟有害健康和公共场所禁止吸烟的宣传教育工作,并及时劝阻、制止公共场所内的吸烟行为。

第九条 全社会都应当支持公共场所禁止吸烟工作。

广播、电视、报刊等媒体应当采取多种形式,开展烟草危害、吸烟有害健康和公共场所禁止吸烟的宣传教育,提高全社会营造无烟环境的意识。

第十条 禁止吸烟公共场所的所在单位不履行《北京市公共场所禁止吸烟的规定》和本规定确定的职责的,由市或者区、县爱国卫生运动委员会办公室按照《北京市公共场所禁止吸烟的规定》予以处理。

市或者区、县爱国卫生运动委员会办公室可以委托市或者区、县卫生局实施前款规定的行政处罚。

第十一条 本规定自 2008 年 5 月 1 日起施行。

试一试

1. 规章制度有哪些常见的文种?
2. 规章制度的特点是什么?
3. 规章制度的正文一般分为哪几个部分?
4. 写作实训。
(1) 拟写一份"演讲协会章程"。
(2) 拟写一份"考场规则"。
(3) 拟写一份"××公司考勤制度"。
(4) 请以××学校图书馆的名义,拟写一份"阅览室规则"。

第四节 述职报告

一、述职报告的概念

述职报告是任职者向所在工作单位的主管部门或群众,陈述自己在一定时期内履行职责的情况的文书。

我国进行人事制度改革以来,实行了岗位责任制和干部聘任制,任职者在一定时期内要以述职报告的形式向有关部门报告工作情况。因此,述职报告成为管理和考核干部的重要方式。对于任职者来说,可以通过述职报告对任职情况进行回顾和反思,有利于自我提高、改进工作,增强责任感;对于一个单位或部门来说,上级主管部门或群众可以根据述职报告,掌握干部的工作情况,对其工作进行考核和评价。

二、述职报告的特点

1. 自述性

述职报告要用第一人称报告自己的工作情况,述说自己在任职的一定时期内做了哪些工作、完成了什么任务、取得了什么成绩、工作是否尽职尽责、工作效率怎样、有哪些优缺点等。

2. 自评性

述职报告虽然是任职者对任职情况进行回顾和评价,但是评价一定要客观恰当、实事求是,不能弄虚作假、文过饰非。要根据当前人事部门考核干部的有关规定,对自己的德、能、勤、绩等方面的情况进行准确的评定。

三、述职报告的格式写法

述职报告一般由标题、称谓、正文和落款四个部分组成。

1. 标题

标题有以下两种写法。

① 直接写"述职报告"。

② 公文式标题。它由单位名称、职务、姓名、任职时间、文种组成,如"××市文化局局长××2009年度述职报告";有时,可省略一些要素,如"2010年度述职报告"、"××公司经理××述职报告"。

2. 称谓

称谓即述职者对听众的称呼。述职报告一般都有明确的对象,应根据对象的不同使用不同的称谓,如"各位代表""各位领导、同志们""各位委员"等。若是书面形式述职报告的称谓,则写主送单位的名称,如"××党委"" ××组织部"。

3. 正文

正文一般由开头、主体和结尾三个部分组成。

（1）开头

开头简要说明任职概况,包括任职时间、背景、实绩等,并对自己的工作作整体评价。

（2）主体

主体具体陈述自己履行职责的情况,这是述职报告的重点部分。主要写做了哪些工作、取得了什么成绩、解决了什么问题、还存在什么问题、如何改进,以及政治表现、职业道德等。这部分要写得具体充实,既有情况的概括分析,又有典型事例的叙述。

（3）结尾

结尾表明努力的决心和方向,即今后自己将认真总结经验,发扬成绩,克服不足,努力工作,争取更好的成绩。通常以"以上是我的述职报告,请予评议""以上是我的述职报告,请领导和同志们批评指正"等话语结束全文。

4. 落款

在正文右下方写明述职人姓名和述职日期。

四、述职报告写作的注意事项

1. 要客观真实

述职者要在述职报告中实事求是地反映自己的工作情况,肯定成绩时,既不夸大,也不缩小;指出问题时,既不遮掩,也不言过其词。而且,述职报告要叙述的是个人的工作实绩,不能把集体共同取得的成果全部归功于个人,也不能把个人的述职报告写成单位的工作总结。

2. 要详略得当

述职报告应全面反映述职者一段时期内各项工作的情况,但不能面面俱到,不分主次。应该突出重点,详略得当,把较多的笔墨放在主要工作、主要成绩以及存在问题的表述分析上。

【例文 3-5】

述 职 报 告

(2015 年 11 月 1 日在××市二届人大常委会第三十六次会议上)

市物价局局长 ×××

主任、各位副主任、秘书长、各位委员:

这次市人大常委会对我进行述职评议,既是对我个人的关心和鞭策,也是对全市物价事业的重视和支持。在此,我谨代表物价部门干部职工对各位领导和委员表示诚挚的感谢!现在,我就任职三年多来的工作情况汇报如下。

一、任职以来的主要工作

市物价局是市人民政府主管价格和收费的工作部门,其主要职责是依法进行价费审批、价格监管和价格服务。任职以来,在市委、市政府的正确领导下,在市人大的支持和监督下,我和局党组的同志一道,带领全局干部职工励精图治,扎实工作,取得了一定的成绩。

(一)坚持学法懂法,增强全局法制意识

目前,我国绝大部分商品和服务价格是由市场调节的。政府管价的项目虽然不足 5%,但牵涉面广,政策性强,对经济社会发展的影响很大。要履行好自己的职责,只有不断学习和深入调查研究,学法、懂法、用法,才能做到依法行政,高效运作。

1.广泛开展法制学习和宣传,搞好岗位学法。

(略)

2.自觉接受人大监督,认真办理人大代表建议。

(略)

(二)强化价费管理,严格依法行政

要落实价费政策,发挥价格杠杆作用,维护好老百姓的利益,价费管理至关重要。为此,我突出抓好三个方面的工作。

1. 严格价费审批。

(略)

2. 认真清理收费项目。

(略)

3. 强化价费监管。

(略)

(三)强化价格服务职能,促进永州经济发展

我局围绕市委、市政府的中心工作,圆满完成了建整扶贫、小城镇建设、"双联"等工作,招商引资已累计引进资金2 100万元,在转变职能服务发展上也做出了积极的努力。

(略)

(四)强化内部建设,树立部门形象

1. 抓班子建设。

(略)

2. 抓制度建设。

(略)

3. 抓办公条件改善。

(略)

(五)抓廉政建设,起好表率作用

在抓局机关廉政建设上,制定了价格执法人员"十不准"和红白喜事不发请柬等规定;建立和完善了党风廉政和行政执法责任追究等一系列制度,由纪检监察室进行全程监督、抽查;为防止利用职务之便牟取私利,我把对管价单位的价费审批、年检年审、执法检查分解到各位局领导和各个科室,做到权力均衡,相互制约;近几年来干部职工下县区或到业务管理单位开展工作时都能自我约束,严格要求。

二、存在的问题和不足

我在岗位上做了一些力所能及的工作,但是与组织的要求和人民群众的期望还有一定差距,还存在不少问题和不足,主要表现在以下方面。

1. 对短训班跟踪监督不力。

(略)

2. 一些领域价格监管效果不明显。

(略)

3. 价格法规政策宣传不到位。

(略)

4. 性格比较急躁,急于求成。

(略)

三、今后的工作打算

产生上述问题虽然有各种客观原因,但与自己履行职责不够有很大关系。我决心以此

为契机,针对存在的问题,着力加强以下几个方面工作。

1. 依法治价,维护良好的价费秩序。

(略)

2. 强化措施,解决价费的热点和难点问题。

(略)

3. 落实科学发展观,不断提高价格管理水平。

(略)

4. 克己奉公,廉洁自律。

(略)

价格和收费工作关系人民群众的生产生活,关系全面建设小康、创建和谐社会的伟大目标,我深感责任重大。我愿虚心接受大家对我提出的批评和意见,以这次评议为动力,加倍努力工作,为促进全市经济健康、协调、可持续发展,构建和谐永州而不懈奋斗。

试一试

1. 述职报告有哪些特点?
2. 述职报告正文的主体部分应包括哪些内容?
3. 述职报告的写作要注意哪些事项?
4. 写作实训。
(1) 请以班长的名义,拟写一份述职报告。
(2) 请以学生会主席的名义,拟写一份述职报告。

第五节 调查报告

一、调查报告的概念

调查报告是为了一定目的对客观事物进行深入调查,研究出事物的本质和规律之后撰写的书面报告。调查报告能够真实客观地反映现实,因此它的用途十分广泛,可以为有关部门制定方针、政策提供材料依据,供上级领导进行科学决策时参考;可以总结一个单位、一个部门或一个地区的经验,以便人们借鉴和学习;可以揭露某一方面的问题,告诫人们吸取教训;可以探明事情的真相,引导人们正确看待社会上的热点问题。

二、调查报告的特点

1. 材料的真实性和典型性

写作调查报告是为了反映情况、揭露问题、找出规律,指导今后的工作。调查报告的材料必须是调查者通过调查亲自了解到的真实情况,而不能是闭门造车、道听途说、东拼西凑的东西;材料也必须典型,具有代表性,能够用它反映普遍的情况,不能只是个别孤立的现象。否则,调查报告的结果将会出现偏差和错误,调查报告也失去了意义。

2. 分析的理论性

有了真实可靠的材料,还必须对这些材料进行认真的分析、综合,归纳事物发展的特点,找出事物形成的原因,寻求解决问题的办法,从而透过事物的现象认识到本质,把握事物发展的规律,指导人们的行为。

3. 表述的平实性

调查报告是通过客观翔实的事实来说明事物的道理。因此,撰写调查报告时,应该采用叙议结合的方式,简明扼要地概括分析事理,鲜明有力地表达观点。而不必像文学作品那样,去追求情节的生动,语言的华丽,表达方法的多样。

三、调查报告的类型

从不同的角度可以把调查报告分为不同的类型,一般按调查对象的性质把调查报告分为以下三类。

1. 情况调查报告

情况调查报告主要反映某地区、单位或行业在某一时间内的基本情况。这类调查报告常常针对某一方面的情况进行普遍性的调查,从而找出事物的规律和问题,为领导机关掌握情况,制定有关方针、政策提供依据。如《人口普查的调查报告》、《××市居民收入状况的调查》。

2. 典型经验调查报告

典型经验调查报告通过对典型事例、典型经验的调查,介绍某单位或某项工作的成绩和经验,以供人们学习借鉴。如《和谐新社区建设的典范——××社区物质文明与精神文明建设状况的调查报告》。

3. 问题调查报告

问题调查报告用确凿的事实揭露社会现实中的某个问题,分析原因,提出解决的办法,以引起人们的关注和重视,从中吸取教训,提高认识。如《××地区环境污染状况的调查报告》。

四、调查报告的调查的方法

要写好调查报告,必须先做好调查研究。调查的方法有很多,常见的有如下几种。

1. 实地观察法

采用实地观察法，调查者要深入到调查地区对调查对象进行直接观察，或借助于某些摄录设备和仪器来跟踪、记录调查对象的活动和现场事实。采用这种方法时，既要到现场进行全面细致的观察，又要与调查对象接触交流。

2. 访谈法

访谈法指采用个人访问或召开座谈会的方式，对事情的当事人、重要知情人进行访谈，以了解情况。调查者一般有针对性地提出问题，请被调查人回答、介绍情况，并做好记录以便调查结束后进行整理。

3. 抽样调查法

抽样调查法即从总体对象中抽出一部分对象作为样本进行调查，通过对样本的调查结果来推论总体的状况。一般采取随机抽样的方法，使调查的结果较为客观。

4. 问卷调查法

问卷调查法是一种通过设计问卷来进行调查的方法，即事先把要调查的情况设计成若干个问题并制作成问卷，印发给被调查的对象回答，或通过电话、网络向被调查者询问意见，然后对这些回答进行统计分析。这种方法比较简单易行，有利于广泛收集情况。

5. 文献调查法

文献调查法是从各类文献资料，如计划、总结、报表、报告、会议文件、档案文献等资料中，分析和筛选出与调查对象有关的信息进行调查的方法。这种方法可使调查者全面地了解调查对象。

五、调查报告的格式写法

调查报告的写法较为灵活，一般包括标题、署名和正文三个部分。

1. 标题

标题有以下两种形式。

（1）单标题

一种是公文式，即由调查事项、文种组成，如"我国流通领域食品安全状况的调查报告"、"2009年中国网民视频使用状况调查"；另一种是文章式，即以调查报告的主题为标题，如"旅客运输市场谁主沉浮"。

（2）双标题

正标题写明调查报告的主题，副标题写明调查事项和文种，如"根深叶茂果满枝——郑州铁路局精神文明建设调查"、"时尚的手机最受宠——2009年手机消费市场调查"。

2. 署名

在标题正下方写上作者或调查组的名字，也可把名字写在正文的右下方。

3. 正文

正文一般由开头、主体和结尾三个部分组成。

（1）开头

开头又称前言，类似新闻的导语，主要概述调查报告的基本情况。一般包括调查的范围、对象、目的、时间、地点、方式、内容等，有时也可以在开头部分点明调查报告的主旨、结论。这部分的写法无固定模式，其主要作用是向读者介绍调查的背景，引入正文。

（2）主体

主体是调查报告的核心部分，要具体地叙述调查的情况，对情况进行分析，总结特点，找出原因，并针对存在的问题提出建议。主体部分的写法较为灵活，主要有以下两种结构。

① 纵式结构，即按事物发展的时间顺序组织材料，安排内容，以便清楚地交代事物发生、发展、变化的来龙去脉。

② 横式结构，即按事物的性质和特点把材料分为若干类分别阐述，并且每一类用小标题或序号进行标志。这种结构体现了事物的逻辑关系，条理清晰。如例文 3-6 的主体部分，就是分为"中晚稻收购工作的进展情况""当前存在的主要问题""几点建议"三个部分进行阐述的。

（3）结尾

结尾应简洁有力地收束全文，可以总结全文，概括调查报告的主旨；可以指出问题，提出解决问题的意见；可以展望未来，预示事物发展的前景；还可以补充调查的有关信息等。有的调查报告没有结尾部分，主体部分写完，全文也就结束了。

六、调查报告写作的注意事项

1. 认真做好调查研究

"没有调查，就没有发言权"，做好调查研究是写好调查报告的前提和基础。调查前，要有明确的调查目的，做好充分的调查准备，确定恰当的调查对象，选用科学的调查方法，拟定周密的调查提纲，以使调查有计划、有步骤地进行。调查时，要本着实事求是的态度，深入调查现场，全面了解情况，充分占有材料，掌握确切的数据，对于材料的真伪要反复核实。

2. 认真分析研究材料

调查结束后，要及时分析材料，对材料进行去伪存真、去粗取精的提炼，透过纷繁复杂的现象，找出事物之间的内在联系，揭示出事物的本质规律。

3. 恰当地使用材料

写作调查报告时，不能一味地罗列材料，也不能空洞地发表议论。要摆出事实，列出数据，如实地反映情况，并在此基础上对材料进行科学分析，做出明确的结论。既要用观点统帅材料，又要用材料证明观点。

【例文3-6】

关于湖北省中晚稻收购情况的调查报告

2005年9月22日至24日,由聂振邦同志带队赴湖北省对中晚稻收购和最低收购价政策落实情况进行了调研。期间,深入到嘉鱼县、赤壁市部分基层粮食企业实地查看中晚稻收购情况,在收购现场与一些售粮农民进行交谈,听取他们对粮食收购工作的意见和要求;听取了湖北省粮食局的情况汇报,到省粮油质检站调查了今年新收稻谷的质量抽检情况;还分别与罗清泉省长、分管粮食工作的韩忠学副省长、分管农业工作的刘友凡副省长交换了意见。总体上看,湖北省对今年中晚稻收购工作高度重视,前期准备工作比较充分,中晚稻最低收购价预案启动及时,收购工作进展顺利,政府和农民都比较满意。现将有关情况报告如下。

一、中晚稻收购工作的进展情况

在国家鼓励粮食生产各项政策措施的推动下,湖北省粮食生产呈现面积、产量双增局面。今年中晚稻播种面积为2 530万亩,比上年增加73万亩;产量269亿斤,比上年增加9亿斤。据省粮食部门预计,全省中晚稻商品量为92亿斤,比上年增加7亿斤,国有粮食企业收购量在80亿斤左右。由于气候原因,今年中晚稻收获期较常年推迟10天左右。自9月15日起,湖北省正式启动中晚稻最低收购价预案,截至9月23日,全省国有粮食企业共收购今年新产中籼稻3.07亿斤,其中指定库点按最低收购价收购2.75亿斤,收购工作开局良好。今年湖北省中晚稻收购工作有以下主要特点。

(一)各级党委、政府高度重视。省委书记俞正声同志亲自到基层调查了解收购情况,并对今年粮食收购工作多次做出重要指示。省长罗清泉同志于9月19日主持会议,专门听取了省粮食局等有关部门关于中晚稻最低收购价预案启动情况的汇报,并就中晚稻收购工作提出明确要求。副省长韩忠学同志多次主持研究粮食收购工作,协调解决稻谷收购中的问题;中晚稻开秤收购后,又带领省粮食局、农发行、中储粮分公司等部门负责人到赤壁、监利、洪湖等主产县(市)检查中晚稻收购工作。各地党政领导和有关部门对收购工作也高度重视,积极开展调查研究,切实落实各项政策措施。如赤壁市成立了以市长王铭德同志为组长的中晚稻收购工作领导小组,加强对收购工作的督促检查,及时研究解决收购工作中的问题。

(二)前期准备工作充分。一是加强中晚稻收购形势和价格走势的分析预测,指导各地提前做好中晚稻收购的各项准备工作,省粮食局于8月16日下发了《关于做好中晚稻收购准备工作的通知》,并及时向省政府做了专题汇报。二是按照国家有关部门下发的《2005年中晚稻最低收购价执行预案》的要求,由省粮食局、农发行、中储粮分公司协商一致并报经省政府同意,及时上报了656家指定收购库点名单,并明确了直接贷款企业。三是加强对市场粮价的监测,及时上报了启动中晚稻最低收购价的请示。这些都为湖北省率先启动中晚稻最低收购价预案打下了良好基础。

(三)有关部门配合密切。为了做好早籼稻和中晚稻收购工作,湖北省建立了由省粮食局、农发行、中储粮分公司参加的粮食最低收购价收购工作联席会议制度,及时协调解决收购工作中出现的问题。粮食部门主动同其他部门联系,积极组织粮食企业开展收购;农发行系统根据企业收购进度,及时提供贷款支持;中储粮各代储库适时进行粮食质量抽检,按时分发委托收购贷款。预案启动后,省政府督办室与省粮食局、农业厅组成两个工作组,到收购企业明察暗访,对收购工作进行监督检查。由于有关部门和单位相互协作,密切配合,保证了粮食收购工作的顺利进行。

(四)政策宣传比较得力。在总结早籼稻收购工作经验的基础上,湖北省进一步加大了对中晚稻收购工作的宣传力度,采取印发宣传提纲、组织答记者问、张贴宣传标语等多种方式,广泛利用报纸、电台、电视台等新闻媒体进行宣传,省有关部门统一研究下发《湖北省执行2005年中晚稻最低收购价预案宣传提纲》5 000多份,各指定收购企业和收购延伸点都在收购现场拉横幅、贴标语、设立宣传栏,宣传收购质量标准和价格政策,做到质量标准公开、收购价格公开,使粮食收购政策家喻户晓,售粮农民人人明白。

(五)售粮农民和地方政府对中晚稻最低收购价政策落实比较满意。9月15日,湖北省正式启动中晚稻最低收购价预案后,各指定收购库点立即按中晚籼三等标准品每斤0.72元的最低收购价格开始挂牌收购农民出售的稻谷。我们在收购现场看到,虽然目前中晚稻刚开始收购,售粮农民不多,但收粮企业都为售粮农民准备了休息棚、饮水处、防暑药品等,并做到了有粮食质量样品、有质量检测仪器,多数企业还配备了杂质清理设备,免费为农民清理杂质。赤壁市神山粮食购销公司在收购点张贴了"整精率、水分、杂质不达标,粮食价格不会高"等标语,引导农民将粮食晒干扬净后再出售,既保证了入库粮食的质量,又增加了农民的售粮收入。售粮农民普遍对今年的粮食收购政策和收粮企业的服务表示满意。正在嘉鱼国家粮食储备库售粮的新街镇肖马村种粮大户农民刘水生说:"粮库对农民服务确实不错,不仅为我们免费清理杂质,还让我们到职工食堂免费吃点儿饭,我们很感动。今年我家种了80亩地,由于高温干旱,收成不如去年,目前已经卖了4万多斤水稻,价格是每斤0.72元。虽然价格比去年低一些,但今年市场粮价也下降了,能卖到这个价格还是比较满意的。"据当地县政府和有关部门的同志反映:如果不启动最低收购价预案,中晚稻的市场价格只有每斤0.65元左右,由于预案启动得早,避免了农民把粮食低价卖给个体粮贩,切实保护了种粮农民的利益。在与省政府负责同志交换意见时,他们都表示今年中晚稻最低收购价预案启动非常及时,有效地保护了农民的利益。

二、当前存在的主要问题

(一)收购费用不足。湖北省反映,根据省内主产县实际发生的收购费用测算,收购环节(不含集并)所需的人员工资、添置或检修器材设备、便民服务(主要是超标粮食的整晒)以及收购前清理、消毒、宣传等费用开支平均每斤达2.5分以上,县内集并费用因交通运输条件差异,高的每斤2分以上,平均每斤1.5分左右,如果包括集并费,每斤粮食收购费用平均达到4分以上。而目前预案规定,最低收购价收购费用为每斤2.5分(含县内集并费),明显低于实际发生的费用。由于今年启动预案收购的稻谷是中央临时储备粮,需要进行集并,希望国家适当提高收购费用标准,由现行的每斤2.5分(含县内集并费)增加到每斤4分(含县内集并费1.5分)。

(二)仓库维修缺乏资金。由于粮食主产区一般地方财政比较困难,粮食企业亏损严重,无力维修仓库,基层粮管所很多仓库不同程度地存在着门窗破损、上漏下潮的问题。据湖北省粮食局测算,今年全省预计收购中晚稻80亿斤左右,届时国有粮食企业库存总量可能达到160亿斤,需要完好仓容230亿斤左右。目前,全省粮库仓容总量为231.6亿斤,其中完好仓容仅有86.9亿斤,现已存粮83.2亿斤。因此,中晚稻收购所需仓容几乎都要进行维修,共需维修仓容140亿斤,需维修费5.72亿元。为了解决完好仓容不足的问题,地方各级政府和粮食部门想了不少办法,在财力十分困难的情况下,省政府拿出2 000万元、洪湖市已拿出100多万元、赤壁市拿出70多万元维修仓库。各级粮食部门在充分挖掘现有仓容潜力的同时,采取职工集资等多渠道筹措资金的办法,紧急维修部分仓库。但从总体来看,目前维修资金缺乏的问题仍比较突出,希望国家给予适当支持。

(三)去年所收购的部分高价位粮出现亏损。据省里反映,根据去年的粮食收购政策,国有粮食企业应按不低于国家公布的最低收购价积极入市收购农民手中的余粮,全省共收购粮食101亿斤,平均收购价格为每斤0.728元。这个价格没有真实反映粮食供求的市场价格,而是国家公布最低价格后影子价格所引起的托市价格。今年1—8月,全省共销售上年高价收购的粮食36亿斤,加上库存期间的利息、保管等各项费用,实际发生亏损3.07亿元。8月底,全省还有上年收购的高价位粮食库存15亿斤左右,按当前市场价格测算,预计潜亏1.5亿元左右。希望中央对主产区去年高价收购的粮食发生的亏损给予适当补贴。

三、几点建议

(一)统筹考虑粮食集并问题,以降低收购费用。从湖北省的情况看,目前全省粮库空余仓容与中晚稻收购所需仓容大体相当,受仓容条件的制约,粮食收购后进行县内集并的余地不大。同时,粮食集并还要发生一定的费用,从而会产生地方反映的收购费用不足的问题。因此,对于企业执行最低收购价政策所收稻谷的集并问题,应当统筹考虑,合理安排,不搞一刀切。特别是在中晚稻收购期间,除对一些存在安全储粮隐患的收购点所收粮食进行适当集并外,对其他符合安全储粮条件的库点所收购的粮食,原则上应实行就地储存,以尽量减少粮食集并的数量,节约费用开支,避免因大量集并产生收购费用不足的矛盾。

(二)采取多种措施,确保储粮安全。一是进一步做好仓库维修工作,保证中晚稻收购的需要。仓库维修所需资金以地方承担为主,采取地方财政拿一点,企业自筹一点,中央财政补贴一点的办法解决。二是要严把粮食入库质量关,对水分、杂质超标的,要先进行整晒,确保入库的粮食质量符合储备粮和安全储粮的要求。三是要加强监管,督促企业切实抓好仓储管理,落实安全储粮责任制,坚决防止坏粮事故的发生。

(三)认真研究制定明年的粮食政策。今年实行的早籼稻和中晚稻最低收购价政策,对于稳定粮食市场价格,保护种粮农民利益起到了重要作用。但据各地反映,今年早籼稻和中晚稻最低收购价预案启动前,由于市场价格明显低于国家公布的最低收购价,给指定企业托市收购带来了很大压力。从目前情况看,今年的最低收购价托市收购实际上变成了由单一渠道按国家规定价格收购,没有很好地反映供求关系的变化,不利于发挥市场机制的作用。不少同志建议,应当认真总结今年稻谷最低收购价政策执行中的经验和问题,进一步完善明年的粮食购销政策。一是要正确分析粮食供求形势,合理引导粮食生产,努力保持国内粮食供求"紧平衡"。从目前情况看,我国粮食总产量保持在9 500亿斤左右,再加上大豆进口,即可实现粮食供求基本平衡。早籼稻产量保持在目前600亿~650亿斤的水平即可基本满足市场需要,因此,不宜过分刺激早籼稻生产的发展。同时,要进一步优化早籼稻品质,使其更好地适应市场需要。二是要合理确定粮食支持性收购价格(目标价格)的水平,在研究确定明年主要粮食品种的最低收购价或目标价格时,应按照粮食生产成本加适当收益的原则确定,并客观反映不同粮食品种的供求状况和合理比价,以促进粮食生产和流通的协调发展。

三是要将政策性收购和企业经营性收购严格分开,政策性收购所发生的利息费用和盈亏由财政负责,而企业经营性收购完全按市场运作,切实做到自主经营,自负盈亏,以促使其真正走向市场,在市场竞争中求生存、求发展。

国家粮食局调研组
2005年×月××日

试一试

1. 调查报告的特点是什么?
2. 按调查对象的性质,调查报告分为哪几类?
3. 要写好调查报告,必须先做好调查研究。常见的调查方法有哪些?
4. 调查报告的开头部分一般包括哪些内容?
5. 调查报告的主体的写法一般有哪两种结构?
6. 写作实训。
(1) 就某一社区的环境卫生情况进行调查,并写成一篇调查报告。
(2) 就某一类商品的销售情况进行调查,并写成一篇调查报告。

第六节 简 报

一、简报的概念

简报是机关、团体、企事业单位用来汇报工作、反映情况、交流信息的一种事务性文书。简报不是正式的公文,常作为一种临时性的刊物在机关、团体的内部发行,起上传下达、左右互报的作用。通过简报,上级机关可以了解工作的进展,下级机关可以了解领导的意图,平级机关可以沟通情况、传递信息。常见的工作动态、情况反映、内部参考、快报、快讯等,都属于简报。

二、简报的特点

1. 简短

简报以简明的方式在单位内部交流信息情报,语言准确精练,内容集中,选材精当,篇幅短小,字数一般在1 000字以内。

2. 迅速

简报类似新闻中的消息,非常讲究时效性。因为只有快速地反映工作中出现的新情况、新问题,简报才能为上级机关的决策提供依据,才能与平级机关和下级机关沟通信息。

三、简报的类型

简报的类型很多,从不同的角度可以把它分为不同的类型。一般按内容把简报分为以下三类。

1. 情况简报

情况简报又称为工作简报,主要反映单位、部门的工作情况和生产情况,用来交流经验,提出问题,表扬先进,批评错误。如《财务工作简报》、《安全工作简报》。

2. 动态简报

动态简报主要反映单位的工作或活动的新情况、新动态、新趋势。如《"全民健身与奥运同行"活动简报》、《2007年中国棒球联赛简报》。

3. 会议简报

会议简报是会议期间为反映会议的进展情况而编发的简报。它通常由大会秘书处负责编发或主办单位协助编发,反映会议情况或成果,如重要报告、讲话、讨论发言等,以便参加会议人员及时交流情况、传递信息。如《××市财政工作会议简报》。

四、简报的格式写法

简报的格式较为固定,一般分为报头、报身、报尾三个部分,每部分用横线隔开。

1. 报头

报头占简报首页上方三分之一的版面,包括简报名称、期数、密级、编号、编印单位、印发日期等项目。

(1) 简报名称

用套红大字将其印在简报第一页上方居中的位置,可直接写作"简报",也可写作"××简报",如"防汛工作简报"。

(2) 期数

期数位于简报名称正下方,按简报编发的顺序写作"第×期"。

(3) 密级

密级主要分"内部参考"、"绝密"、"机密"、"秘密"等级别,写在简报名称的左上方。

(4) 编号

有的简报为了保密需写上编号。编号是将同一简报印制若干份时,每份简报的顺序编号。

(5) 编印单位

编印单位位于简报名称的左下方,写明"×××××编"。

(6) 印发日期

印发日期位于简报名称的右下方,与编印单位并排。

2. 报身

报身是简报的主体部分，一般包括标题和正文两个部分，有的简报在报头与标题之间还要加上编者按语。

（1）按语

简报的按语位于报头与报身的间隔线下方，一般是编者用来表明对正文内容的倾向性意见，或提示正文的主要内容、说明文章的来源等。有的简报没有按语。

（2）标题

简报的标题类似于新闻标题的写法，一般要概括正文的主要内容。

（3）正文

简报的正文类似于新闻消息的写法，由开头、主体和结尾组成。开头要用几句话简明概括全文的主要内容；主体是开头内容的具体化，应展开叙述事实和情况；结尾则用一两句话收束全文。

3. 报尾

报尾包括发送单位和印发份数两项内容，写在简报最后一页的末端。

（1）发送单位

发送单位名称位于报尾的左边，分别标明"报：×××"（对上级单位）、"送：×××"（对同级或不相隶属的单位）、"发：×××"（对下级单位），也可不加区别，一律写为"发送单位：×××"。

（2）印发份数

印发份数在发送单位的右边，注明"（共印×××份）"。

简报的格式如图 3.1 所示。

密级		编号
	简报名称	
	期数	
编印单位		印发日期
按语：		
	标题	
	正文	
发送单位		印发份数

图 3.1 简报格式

五、简报写作的注意事项

1. 选材要精当

简报的篇幅较小，要在有限的篇幅中反映较多的信息，就要精心地挑选材料，要选择最具代表性、最能说明问题、最能揭示事物本质特征的材料。那些次要的、细枝末节的、不具典型意义的材料要舍去。

2. 内容要简明

简报应当突出一个"简"字,即编写简报时,要做到语言简洁、内容精要,字数一般在1 000字以内;提出观点要开门见山,不罗列现象。

3. 编写要迅速

简报具有新闻消息的特点,非常讲究时效性。只有及时地反映工作的新情况、新问题、新经验,简报才能起到上传下达、互相沟通的作用。如果简报的内容过于陈旧,所写的情况也时过境迁,简报就会失去意义。

【例文3-7】

保护母亲河行动简报

第4期

全国保护母亲河行动领导小组办公室编　　　　　　　　　　　　2010年5月17日

陕甘豫三省共同开展
"关爱大秦岭保护母亲河"百团行动

　　为进一步深化保护母亲河行动,积极探索区域化推进工作机制,陕西、甘肃、河南三省省委联合陕西省12个厅局共同开展"关爱大秦岭,保护母亲河"——陕甘豫环保志愿者"百团行动",旨在组织动员秦岭沿线陕甘豫三省青少年开展生态环保宣传实践活动,参与秦岭植被、水资源和生物多样性保护,维护秦岭水源涵养、水土保持功能,为深入实施西部大开发战略、促进区域协调发展作贡献。

　　"百团行动"活动主要包括四方面内容:一是市县活动。在秦岭沿线的西安、宝鸡、渭南、汉中、安康、商洛、天水、三门峡等8个城市的风景名胜区、自然保护区、森林公园、动植物园集中开展宣传实践活动,在关中一天水经济区其他地区及辐射区的咸阳、铜川、延安、榆林、杨凌、平凉等市、区配合开展相关活动。二是青少年活动。开展"关爱大秦岭保护母亲河"主题征文、"我心目中的秦岭"广场涂鸦大赛、"大手拉小手——小科学家进秦岭"生态实践等活动。三是社会环保志愿者活动。开展"我为秦岭环保做一件事"、"一江清水送北京"汉江环保行、"秦岭青年使者"——万名学子秦岭生态行等系列环保实践活动。四是公益宣传活动。开展万名志愿者秦岭环保宣传、秦岭科普知识竞赛、"秦岭风渭水情"新闻采风、保护母亲河环境保护资助项目评选等活动,使"关爱大秦岭,保护母亲河"观念深入人心。

　　为加强对活动的组织领导,陕、甘、豫三省分别成立活动领导小组,陕西省领导小组办公室做好其他两省活动的协调与衔接。活动由陕西省提供整体策划方案,征求甘肃、河南两省意见后,三省分别筹备,统一行动。陕西省委宣传部、文明办、财政厅、环保厅、水利厅、林业厅、旅游局等单位分别负责协调新闻媒体、活动经费保障、秦岭沿线风景区门票等工作。

　　5月9日,活动主办单位在秦岭主峰太白山脚下举行启动仪式,2 000余名来自陕、甘、豫三省的主办单位代表、青少年和社会志愿者代表参加,开展了义务植树、捡拾垃圾、环保登山等环保实践活动,探索了以大秦岭为主要对象,多省团组织联动、各政府职能部门支持、广大青少年参与的深化保护母亲河行动的新途径。

发送单位:×××、××× 　　　　　　　　　　　　　　共印×××份

试一试

1. 简报的特点是什么?
2. 简报的格式一般包含哪几个部分?每个部分包含哪几个项目?
3. 写作实训。

就所在学校或单位最近举行的一次活动(如运动会、文艺晚会、技能竞赛、球赛等),写一份简报。

第四章 经济文书

教学目标

1. 要求掌握经济文书的概念、特点。
2. 掌握市场预测报告、经济活动分析报告、项目建议书、可行性研究报告、策划书、招标书与投标书、经济合同、协议书和商业广告之间的区别、写作格式和具体要求。

第一节 市场预测报告

一、市场预测报告的概念

市场预测是一门评估市场需求变化动态的科学。它根据市场调查得来的材料,运用一定的经济理论和科学方法去分析研究、预测未来某一时期内某一方面或某些因素的变化发展趋势,从而为生产和经营决策提供科学的依据。将这种分析研究的情况以及最后作出的估计和预测写成书面报告,就是市场预测报告,也可简称为市场预测。

市场预测和市场调查有着密切的关系。它们的区别主要在于:市场调查着重反映市场各方面情况的现状;而市场预测则着重对市场发展的趋向进行估计、预见,并提出有针对性的措施和建议。

二、市场预测报告的类型

按照不同的分类标准,市场预测报告可以划分为不同的类型。从预测的范围来划分,可相对分为宏观市场预测报告和微观市场预测报告;按预测方法来划分,可分为定性分析预测报告和定量分析预测报告;从预测期限的角度来划分,可大致分为长期市场预测报告、中期市场预测报告和短期市场预测报告。长期市场预测报告是指对五年以上市场供求变化趋势的预测报告;中期市场预测报告是指对两至四年市场供求变化趋势的预测报告;对一年内市场供求变化进行预测的报告通常称为短期市场预测报告。

三、市场预测报告的特点

1. 科学性

客观的经济现象在各个发展阶段往往具有一定的内在联系。市场预测就是通过对经济现象的历史和现状的分析，掌握其内在的联系，揭示其发展规律，并预测未来的发展趋势。市场预测不仅要凭实践经验来进行，更要依据科学的方法加以分析研究，在占有详尽的信息资料的基础上，经过严密的推理和科学的运算，得出准确的结论，从而保证预测结果的科学性和精确度。

2. 时效性

市场预测报告必须及时，才能准确地把握市场的现状和未来的发展趋势，使企业在竞争中掌握主动。所谓及时，一是要及时对市场和产品的发展方向作出预测；二是要及时将预测信息传递给有关部门，以充分发挥预测报告的作用。

四、市场预测报告的格式写法

1. 标题

（1）全称标题

全称标题包括预测范围、预测时间、预测对象和文体名称四个要素，如"××市 2009—2011 年加饭酒需求量的预测"、"××厂 2011 年利润增减预测"等。

（2）简称标题

简称标题可以省略全称标题中的一两个要素，如"上海市家用汽车销售趋势预测"、"杭州市小家电产品产销趋势分析"等。

（3）文章式标题

文章式标题可以将"预测"两字省去，如"电动车市场需求持续上升"、"我国电子手表工业发展趋势"等。

但无论怎样，预测对象是不能省略掉的。

2. 正文

市场预测报告的正文从内容上看包括前言和主体，主体由现状、预测、建议三个部分组成。

（1）前言

前言没有固定的模式，主要根据预测的内容来定，吸引读者阅读下文。可以有以下四种方式。

① 运用有典型意义、有代表性的资料和数据，对预测对象的历史和现状作简要的回顾和说明，作为下一步预测分析的基础。

② 交代写作的目的、原因和动机。
③ 简单介绍预测的结论,或预测的方法和过程。
④ 开门见山,直陈其事。

（2）主体

主体部分可分三个方面写。

① 现状。对预测对象各方面的现状作进一步介绍和说明,可使用一些统计数字来反映。对市场现状应讲清楚,如企业自身状况、产品供求状况、消费者状况,这是进行分析预测的前提和基础。这里应注意,在介绍现状时,要对已搜集到的大量资料进行选择,有取舍和侧重。所选取和所侧重的,应当是对市场未来发展趋势有直接影响的材料和数据。

② 预测。对已有的材料和各种有关数据进行分析、研究和计算,经过判断推理,从中找出变化和发展的规律,从而正确预测未来的发展趋势。这部分是整个市场预测报告的核心部分,可以分成条款或小节加以说明。

③ 建议。建议就是根据分析预测的结果,提出切实可行的建议或设想,这是市场预测报告写作的目的,是必不可少的。这种分析预测或设想将成为上级机关作出决策时的重要参考。在形式上最好是采用分条列款的方式,使条理清楚。当然,也可以简明扼要地直接叙述出来。

五、市场预测报告写作的注意事项

1. 明确目标,突出重点

市场预测往往会涉及许多因素,如果对预测的目标不明确,那么预测就很难完成。只有明确了目标,材料的收集、筛选、使用,预测方法的选择,以及市场预测报告的结构安排等才有所依据。目标确定之后,要根据目标需要,突出重点。一篇预测报告只回答一两个重点问题,不需要面面俱到,否则会眉目不清。

2. 方法适当,综合使用

市场预测的方法,国内外共有100余种,常用的也有20余种。只有选择最适合的方法,才能使预测达到预期的目的,收到良好的效果。目前最常用的预测方法,主要有定性分析预测法、定量分析预测法、比较分析法、因素分析法。由于角度不同,每一种方法都有各自的局限性,在写作时应当适当地选择几种结合起来使用。

3. 鲜明而准确地反映预测结果

虽然预测本身有不确定性,反映的是对未来可能趋势的预见,且市场变化也有诸多意外因素,但预测报告必须有鲜明而合理的观点,具有科学性、可行性,切合实际,否则就会虚浮、缺乏可信度。在语言表达上,应注重条理清楚,论证严密,语言简练,反映客观实际。在运用说明的方式时,可采用图表来展示数据;在论证时可运用归纳法、演绎法、引证法、对比法等。

【例文 4-1】

当前消费市场形势分析及中长期展望[①]

当前,消费连续近20个月保持在12%～13%的增长水平,表明消费品市场已经明显进入新一轮快速稳定增长期。根据我国正处于新一轮消费结构升级的中长期趋势判断,2006年及整个"十一五"时期,国内消费品市场将继续保持高位运行态势,但由于受一些短期和长期深层次问题的制约,明年消费品市场很难突破12%～13%的增长平台。因此,短期内,宏观调控政策的着力点应重点放在努力增加就业、提高中低收入者收入水平、增加有效供给、扩大政府公共支出等方面;长期看,则重点要从制度和体制入手,努力缩小收入差距,加快解决制约消费增长的长期性深层次问题,这样,消费需求快速增长势头才能得以持续。我们预计,到2010年左右,中国将有望真正迎来新一轮大规模消费增长的新浪潮,消费拉动型经济增长的局面有望形成。

一、当前消费品市场基本判断及全年增长预测

自2004年4月我国消费品零售额突破11%的平台、实现12%～13%的增长以来,今年始终延续了这一走势,各月增长率一直稳定在12%以上,前10个月,社会消费品零售额同比增长13%,扣除价格因素实际增长12.1%,实际增幅比上年同期提高2.3个百分点,表明当前我国消费需求已经进入新一轮快速稳定增长时期。后几个月,在城乡居民收入继续较快增长和预期收入增加的带动下,考虑到我国消费品市场年末增长较快的特点,消费品市场将继续平稳较快增长,初步预计全年消费品零售额将突破6万亿元大关,同比增长13%左右,扣除价格因素实际增长11.2%,比去年有所上升。消费需求成为拉动今年经济增长最为稳定的因素之一。

当前消费品市场的主要特点表现为以下方面。一是消费与投资增幅差距有所缩小,二者增长比例趋于协调。随着经济结构调整力度加大和宏观调控政策效应的不断释放,消费与投资增长不协调的局面有所改善,1—10月消费品零售额增长13%,城镇固定资产投资增长27.6%,二者之间差距由去年同期相差16.4百分点缩小为14.6百分点。二是城乡消费市场两旺,农村消费需求明显回升,和城市消费差距不断缩小……三是居民消费结构升级步伐有所加快,服务性消费明显增加……四是住房、汽车消费由前几年的爆发式增长转为较快增长,对消费平稳快速增长仍起到了有力支撑……五是多数消费品供过于求,无效供给和结构性有效需求不足的矛盾较为突出……总体来看,经过持续长达7年的调整期,我国消费品市场随着经济持续发展,能够以12%以上的实际增长率持续在高位运行,明显高于一般认为的9%左右的正常增长率区间。

(略)

我们认为,当前及今后扩大消费,是加快经济增长方式转变的需要。目前我国经济增长过度依赖于投资和外需,我国投资率高达43%,比世界平均水平高近乎一倍,今年外贸依存度超过了70%以上,这种增长方式是不可持续的。要想延长本轮经济的扩张期,必须要扩大内需,促进消费增长,实现经济增长由投资和外需拉动型向消费拉动型转变。

(略)

[①] 摘自:《宏观经济管理》,2006年2期,有删减。

二、影响当前及中长期消费增长的因素分析和趋势预测

2006年是我国"十一五"规划的头一年。在以科学发展观统领经济社会发展全局的思想指导下,认真解决广大人民群众最关心、最直接、最现实的问题,将对增加居民收入和收入预期、提高居民消费信心、进一步扩大消费产生积极的推动作用。但随着国内供给能力增加、外部市场需求放缓,明年及中长期我国面临的市场供求矛盾将会更加突出。初步判断明年消费增长仍将会维持在一个较高水平,但其增速可能会比今年有所回落。随着教育、医疗、社保等社会事业改革的加快推进和制度的进一步完善,尤其是就业问题逐步得到缓解,我们估计到2010年左右,中国将有望真正迎来新一轮大规模消费增长的新浪潮,消费拉动型经济增长的局面有望形成。

1. 宏观环境日益朝着更加有利于消费增长的方向发展。

(略)

2. 中低收入者收入水平有望逐步提高,即期消费需求将会得到明显释放。

(略)

3. 居民消费结构升级呈加速趋势,将为明年及"十一五"消费快速增长提供可靠的保证。

(略)

4. 国内市场趋于饱和,市场供大于求的矛盾更加突出,调整结构、扩大消费的任务较为艰巨。

(略)

总体来看,2006年甚至整个"十一五"期间消费品市场受宏观环境趋好和新一轮居民消费结构升级加快的影响,可以保持较长时间的稳中见旺态势。初步预计,2006年可实现社会消费品零售额68 889亿元,同比增长13%左右,名义增长率和2005年基本持平。考虑到受市场供求关系影响,明年商品零售价格总水平可能会比今年进一步回落,因而消费实际增长率会比今年有所提高。城乡消费基本保持今年增长格局,同比分别增长14%和11.2%左右。从中长期看,随着社会主义新农村的加快建设和发展,到"十一五"中后期,农村消费增速有望明显加快,和城市消费增长的差距将明显缩小,由此将带动整个消费品市场进入一个新的增长高峰期。我们预计到"十一五"期末,我国最终消费率和居民消费率有望回升到与国民经济发展相适应的水平,即:在GDP增长率为8%~9%及温和通胀的目标下,全社会消费品零售总额实际增长率将达到11%~13%的水平,最终消费率由目前的53.6%提高到60%~65%的水平,居民消费率由42%提高到52%~55%的水平,消费对经济增长的贡献率将明显提高,经济增长由投资和消费双轮拉动的局面有望形成。

三、下一步扩大消费面临的主要问题及对策

1. 努力增加就业是当前及今后提高居民消费预期及促进消费增长的关键。

2. 提高农民收入,扩大农民消费仍将是明年及整个"十一五"期间宏观调控的重要任务。

3. 加快教育、医疗体制改革,加大财政对教育、医疗、社保的投入力度。

4. 控制或扭转收入差距扩大趋势,努力提高中低收入者收入水平。

试一试

1. 简答。
(1) 市场预测和市场调查有哪些区别？
(2) 市场预测报告的写作应注意哪些事项？
2. 试分析下面市场预测报告中存在的问题。

××市劳保市场的发展趋势

随着我国改革开放形势的深入发展和人民群众着装条件的不断改善，××市劳保市场的商品正在向着美观化、多样化、高档化方向发展。

根据××市××统计局××××年对"××市劳保市场"的统计资料，我们可归结出以下的趋势。

（一）高级布料所制的劳保服装越来越受欢迎，昔日的纯棉劳保服装越来越受到冷遇。从劳保服装的色泽来看，深灰、浅灰、咖啡、湖蓝、橘红、米黄、大红等鲜艳色调日趋取代传统的黑、蓝、黄、白"老四色"。

（二）新颖的青年式、人民式、中山式、西装式劳保服装的销售形势长年不衰；而传统的夹克式、三紧式等劳保服装销售趋势却长年"疲软"。

（三）档次较高的牛皮鞋、猪皮鞋、球式绝缘鞋、旅游鞋已成了热门货；而传统的劳保鞋，如棉大头鞋、棉胶鞋、解放鞋等却成了滞销品。

（四）劳保防寒帽，如狗皮软胎棉帽、解放式棉帽等几乎无人问津。

（五）高质量而美观的劳保手套，如皮布手套、全皮手套、羊皮五指手套日趋成为"抢手货"；而各种老式的布制手套、线制手套、布闷子式手套的销量日渐下滑。

（六）色彩艳丽的印花毛巾、提花毛巾、彩纹毛巾等，已成为毛巾类商品的主销品；而素白毛巾的销量不断减少。

3. 根据下面材料，写一篇经济预测报告，题目自拟，最好点明主旨，遵照该文体结构要求写作，形成一篇文章。

美国市场上蜡烛种类多。1977年美国进口蜡烛金额为1.37万美元；1984年为4.37万美元；1990年为8.32万美元。

1984年我国大陆地区向加拿大出口蜡烛1 000吨，金额仅为97万加元，居香港和泰国之后，居第三位。

我国内地蜡烛出口效益只及我国香港地区的1/2和泰国的1/4。

加拿大一些家庭为使室内更宁静，在客厅和卧室也点蜡烛。

我国蜡烛与美国市场上价格相差较大，消费者多喜小包装。故凡小包装的，价格也较高。

美国和加拿大电力资源充足，但使用蜡烛很流行。这是由于在复古生活方式影响下，饭店、舞厅、家庭用它来增加"罗曼蒂克"色彩的缘故。

我国出口蜡烛缺少包装，而且色彩单一。

4. 阅读报刊或网络上的市场预测报告，利用本节所学知识，分析其市场预测方法和正文的写法。

第二节　经济活动分析报告

一、经济活动分析报告的概念

经济活动分析报告是运用现代科学经济理论和科学分析方法,对某一部门、某一单位已经发生的经济活动状况进行全面、系统、深入的比较分析而写出的书面报告。这是一种回顾研究性的文书,所以又称经济活动总评、经济效益分析,是企业进行现代化管理的重要环节和方法。

二、经济活动分析报告的特点与类型

1. 定期性

经济活动分析报告是对一定时期里已完成的生产经营、销售或其他经济活动的分析与总结,一般在年终或一个生产周期、一个经营环节后进行,具有明显的定期性、及时性。

2. 定量性

经济活动分析必须量化。即用数据说明经济活动情况,以数据为核心展开分析,以数量的增减评判执行计划的结果,以数量的变化来剖析原因。

3. 检验性

经济活动分析报告是对已发生的经济活动的检验与评估。

经济活动分析报告在经济活动领域中应用十分广泛,它的类型繁多,主要分为综合分析报告、专题分析报告、简要分析报告。

三、经济活动分析报告的格式写法

经济活动分析报告,通常由标题、正文和落款三个部分组成。

1. 标题

（1）公文式

一般由单位名称、时间和文种组成。如"×××市纺织工业公司十月份购销情况分析"。有的可省略单位和时间,如"国外市场对蜡烛要求情况"。

（2）文章式

标题直接揭示分析的内容或观点。文章式标题,又可分为单行标题和双行标题,如"当前中国经济体制改革形势分析"、"加速结构调整,实行战略转移——2002年广东经济形势和发展方针"。双行标题中正标题提示中心,副标题注明分析范围、对象、内容等。

2. 正文

正文由前言、主体和结尾三个部分组成。

（1）前言

前言介绍分析期内的背景、计划完成情况及主要业绩、存在的主要问题，以引出分析的过程。前言应简明扼要，以帮助读者理解正文内容。

（2）主体

这是分析报告的核心，主要阐释经济活动"怎么样（状况）""为什么这样（原因）""应该怎么办（措施建议）"等内容。既要分析经济活动的成效、总结经验，又要分析影响经济效益的原因；在分析各项主要指标时应有所侧重，或以分析成绩为主，或以分析问题为主，但都要有明确的总的评价。

（3）结尾

结尾即意见或建议，对意见和结果的表述可以是简要的归纳，也可以分项分条的概括叙述，行文不宜过长。经济活动分析报告中的意见或建议必须具有针对性、具体性和可行性。

3. 落款

落款一般有两项内容。一是标明撰写经济活动分析报告的单位名称或人员姓名，二是标明写作日期。

四、经济活动分析报告写作的注意事项

1. 要有丰富的材料和精确的数据作支撑

材料是写作经济活动分析报告的基础，没有丰富的材料和精确的数据，经济活动分析报告只能是一篇无根无据的猜想。只有通过资料和典型事例揭示问题的实质，才能抓住关键，全面客观地加以分析。

2. 分析方法运用要得当

经济活动的过程是复杂的，涉及的经济业务知识也是多种多样的，分析的目的和侧重点也各不相同。因此需要运用多种分析方法，才能将一个复杂的经济活动过程分析清楚。把几种方法结合起来使用，并以某种方法为主，恰当、准确地阐述和分析问题。

【例文 4-2】

2008年上半年全国电力供需与经济运行形势分析预测报告 [①]

2008年上半年，受严重灾害以及电煤供应紧张、价格高涨等因素影响，电力供应能力未能充分释放，全国电力供需矛盾较为突出。全国电力消费在保持较快增长的同时，增速明显回落，行业节能减排和结构调整工作继续推进，行业经济效益大幅下滑，用电呈现出一些新的特点。

[①] 摘自中国钢铁网，有删节。

一、2008年上半年全国电力供需与经济运行形势分析

上半年,电力供应能力快速增长。受电煤供应和多次严重灾害影响,虽然全国电力供需总体平衡,但部分地区电力供需形势比前两年严峻,缺煤停机和缺电问题较为严重,部分地区电力供需矛盾比较突出。上半年,全国共有22个省级电网的局部地区和部分时段出现短时电力紧张或拉限电情况。雨雪冰冻灾害期间,全国尖峰负荷最大电力缺口在4 000万千瓦左右。3月份以后全国最大电力缺口在1 700万千瓦左右。

(一)电力供应情况

1.新增装机保持较高水平,电网建设进程恢复正常

(略)

2.发电量快速增长但增速有所回落

(略)

3.装机保持较大规模,利用小时下降幅度小于去年水平

(略)

4.电煤消耗和价格过快增长,缺煤停机问题比较严重

(略)

(二)电力需求情况

1.电力消费持续增长但增速放缓

上半年,全国全社会用电量16 908.63亿千瓦时,同比增长11.67%,增速比去年同期和去年全年增速分别回落3.89和3.13个百分点。从分月情况看,除3月反弹外其他各月单月增速逐月减缓,单月用电量基本维持在2 900亿千瓦的水平上,各月绝对量变化不大。

2.产业用电呈现新特点

(略)

3.重点行业用电增长继续回升

(略)

4.用电量增长放缓的省份明显增加

(略)

(三)电力生产节能效果继续显现

(略)

(四)行业效益继续下滑,火电企业全面亏损,行业发展处于比较困难的时期

(略)

二、2008年下半年全国电力供需形势分析预测

2008年下半年,面对更为复杂的国内国际经济形势以及经济发展可能出现的新情况,国家将继续坚持以科学发展观为指导,更加注重把握宏观调控的节奏、重点和力度,努力实现经济平稳较快发展、控制物价过快上涨的目标,综合消费需求、投资需求等影响因素来看,今年下半年经济能够保持持续平稳较快的发展,但增速有一定幅度的回落。预计2008年下半年我国电力需求仍将在保持较快增长的同时有所回落,特别是外向型经济比重较大的省份回落会更加明显一些。综合考虑各方面因素判断:2008年在经济没有大的波动的情况下用电增长基本能够保持在11%左右的水平上,全年累计发电设备平均利用小时将在4 900小时左右,火电设备平均利用小时在5 200小时左右。

（略）

三、对当前电力供需一些问题的认识与建议

1. 全力确保电力安全稳定运行和完成奥运保电工作

（略）

2. 努力减少电煤供需矛盾对电力工业运行的影响

（略）

3. 努力防止电力发展较大起落，促进行业可持续发展

（略）

×××
200×年 ×月×日

【例文 4-3】

对 2015 年银行贷款的分析
××大学经济研究所×××

2015 年，银行两次调增了贷款规模，前三个季度实际贷出 1 430 亿元，相当于 2015 年增加贷款的 77%。其中第三季度增加 817 亿元，进入 10 月份，贷款继续保持较高的增长势头，各项贷款比前年同期增加 78.9 亿元。

从贷款的使用方向看，1—9 月份工商增贷的 721.4 亿元中，工业贷款增加 55.7 亿元，占流动资金款的 61.3%，为前年同期的 2.2 倍。其中，国营商业贷款增加 36.9 亿元，粮食及食用油收购贷款增加 67 亿元，固定资产贷款增加 37.5 亿元。工业贷款的主要投向，一是启动生产，资金向大中型企业倾斜；为稳定大局，还对部分企业发放工资贷款。二是清欠贷款，约占贷款增加额的 40% 以上。三是下半年以来，对生产优质名牌产品、效益好的集体企业贷款 53.7 亿元。四是为了缓解生产企业库存积压，增加物质供销企业贷款 41.8 亿元。

2015 年银行贷款为什么增加这么多？在贷款大量增加的同时，企业生产资金为什么仍然紧张，钱到哪里去了？究其原因，除了由于多年积累下来的问题和一些深层次矛盾还没有得到解决外，还与 2015 年经济生活中出现了许多新情况新因素有关。2015 年贷款增加过多的主要因素如下。

一、大中型"双保"企业所需要生产资金增多。为启动大中型企业生产，促进工业经济回升，在 2015 年增加较多贷款的基础上，2015 年银行对工业骨干企业又专门发放了启动生产贷款。

二、国营商场、物资部门储备增加。为了进一步启动市场，支持国营商场、物资部门多收购一些产品，银行增加了一部分用于橡胶、木材、羊皮和机电产品储备的贷款。

三、为了加强基础产业和基础设施建设，促进产品结构调整，银行在计划外追加了固定资产贷款 100 亿元。

四、2015 年农业获得全面丰收，国家为建立粮食储备制度，用款 450 亿元，需要多发放贷款 200 多亿元，棉花、油料库存增加也需要发放贷款。此外，为解开债务链，清理"三角债"，2015 年安排专项贷款 210 亿元。

以上情况说明，2015 年增加的贷款，相当大的部分是稳定经济与发展所必需的。但也

应当看到,有一部分贷款的增加是不正常的。产生贷款增加过多与企业资金紧张并存的现象,主要是因为资金周转缓慢,相当一部分贷款沉淀和流失,没有真正起到支持生产和搞好流通的作用。例如,物价上涨后企业没有及时补充自有资金,吃掉了一部分贷款;经济效益下降,资金周转缓慢,多占用了一部分贷款;企业资金占用结构不合理,沉淀了一部分贷款;企业各种亏损挂账增多,流失了一部分贷款,等等。

2015年贷款的增长速度明显超过了经济的增长速度。实践证明,这种增加货币供应量的方法,不仅会使贷款总量难以控制,加大现金投放的压力,也会给今后控制或投放带来困难。鉴于近几年银行贷款平均增长已经高于国民生产总值平均增长的幅度,今后贷款规模就不宜再继续扩大了。

××××

2015年×月×日

试一试

1. 简答。

(1) 经济活动分析报告的特点有哪些?

(2) 经济活动分析报告的正文写作有哪些要求?

2. 病文诊断:下面是某审计单位对××化学品厂财务状况的审计报告书,请仔细阅读并指出其不足之处。

今年三季度,我们对××化学品厂上半年的财务状况进行了检查。通过查账,初步发现少结算利润856 735.40元,应补交所得税47 204.47元、调节税257 020.62元;在财务管理方面也存在不少问题,归纳起来主要有以下三个方面。

第一,在日化物品生产中,包装材料所占比重很大,但该厂对包装材料没有严格的进厂验收和保管制度,生产耗用倒轧计算,忽高忽低,心中无数。如今年2月份生产的一高档银耳珍珠蜜,实际完成产量9 900多瓶,但耗用瓶子竟达20 000多只,耗用瓶盖亦达14 000多只。在材料明细账上,经常出现红字。如一笔包装"大众护肤霜"的盒子,生产实际耗用是13 450只,由于在材料支出账上多写了一个"0"字,不仅账面出现了红字,而且虚增生产成本23 116.04元。据今年1—6月的统计,该厂包装材料原因不明的盘亏和报废,未经领导批准就自行转账列入成本的金额共有32万元之多。

第二,该厂目前外加工协作单位有80多个,委外加工材料有的比较贵重,如把珍珠加工成珍珠粉,人参加工成人参露等。据统计,该厂一年委外加工的材料价值和费用合计约1 000万元。对这样大的金额进出,却没有一套严格的管理制度。不少加工业务中存在着无加工合同、无消耗定额、无质量标准、无工缴审核和无对账制度的"五无"情况。不少加工单位任意浪费加工材料不承担经济责任,如委托外地某制盒厂加工高级化妆品礼盒,发出丝缎1 562.5米,回厂产品实际上用料不到500米,损耗率高达68%,但由于没有相应制度而无法追究。还有一些单位把多余的加工材料出售作为自己的收入。我们检查了一家工厂,发现××化学品厂委托其加工洗发精塑料瓶的下脚就有这种情况,后经我们提出,追回1万余元。

第三,该厂的账册设置没有正式总账,采取以表代账;核算成本的表格和转账凭证填写马虎,难以审核检查;材料核算尤为混乱,收料单上数量金额可以随便涂改。另外,该厂又不按照国家会计制度的核算规定计算材料成本差异,仅此一项,我们检查就发现少算利润 605 300.22元。同时,该厂的销售成本计算也存在问题,如质量不好的产品退货,用红字发票冲减了销售收入,却不同时冲减销售成本,造成一些退货变成了账外物资,这次检查中就有 58 300.10 元。

以上检查中发现的问题,我们已向企业领导汇报,并与有关科室交换意见,提出加强财务管理的建议,企业领导比较重视,表示要把我们的建议列入企业整顿的内容。希望督促该厂及时纠正结算错误,落实改进措施。

3. 写作实训。

请选几种国产的品牌手机与进口的品牌手机,进行产销情况的经济分析。

第三节　项目建议书

一、项目建议书的概念和性质

项目建议书是企业向上级主管部门陈述兴办某个项目的内容与申请理由、要求批准立项的建议文书。它是在调查研究的基础上提出拟建项目的大致设想,是从项目的发展背景、基础、条件出发,对拟办项目的必要性和可能性进行分析论证后,最终写成立项申请,目的是使主管部门批准立项。

项目建议书是项目申报审批过程中不可缺少的文件材料。项目建议书属于上行专用文书,它与提案、请示有相似之处。一个工程项目的基本建设,从计划到竣工投产要经过许多程序和步骤,而编制项目建议书是全部程序中的首要工作,是项目可行性论证的前提和基础。项目建议书应写明项目建议的理由、政策依据、项目内容、实施方法等情况,同时应对上报项目的性质、任务、工作计划、方法步骤、预期目标及实施可能性等内容作详细、全面的汇报,以达到建议书通过审批的目的。

二、项目建议书的格式写法

1. 标题

标题由合作双方名称、项目名称和文种构成。如果使用专门的封面,则在标题下应写明项目主办单位、地址、项目负责人、主管部门、日期。

2. 目录

如果建议书内容较多,一般应在正文前加章节目录。

3. 正文

正文包括以下内容:

① 合营单位或者项目单位概况；
② 合营项目或项目的目的；
③ 合作对象的概况；
④ 合营项目的范围和规模；
⑤ 投资估算；
⑥ 投资方式及资金来源；
⑦ 生产技术和主要生产设备情况；
⑧ 主要原材料、水、电、气等来源；
⑨ 人员情况；
⑩ 投资回报、经济效益估算。

4. 落款

落款应包括申请立项单位名称、印章、日期。

5. 附件

附件一般包括意向书、合作方资信情况调查、市场预测和调查报告等。

三、项目建议书写作的注意事项

1. 进行深入的调查研究

编写之前要进行深入的调查研究工作，掌握第一手资料。一个项目是否值得实施，它的必要性、可行性和获利可能，绝不是凭着主观想象就可以达到的，必须在深入调查研究的基础上，用翔实的数据资料和科学的分析论证来阐述。

2. 正确使用叙述、议论和说明三种表达方式

项目建议书写作涉及叙述、议论和说明三种表达方式，目的只有一个，就是使上级主管部门批准该项目。这就要求在写作时要善于利用最可靠的科学数据。客观地叙述有关资料，准确地说明有关情况，运用数据作为议论的重要论据，是写好项目建议书的三个关键点。

3. 条分缕析，突出重点

项目建议书涉及的内容较多，要力求全面，防止不应有的疏漏。同时更要克服泛泛而论。列出理由时要突出重点，分清主次。项目建议书的写作核心是论证项目建设的必要性以及实施条件的可行性和建设之后的获利可能性，其中分析论证必要性最为重要。分析要恰如其分，若有负面效应，也要实事求是地反映清楚，并提出针对性的处理意见和解决办法，供上级有关部门参考。

4. 语言简洁、明了，数据规范、统一

文章的语言要简洁，可以量化的地方，尽量采用数字说明或图表说明的方法，避免文字上的冗长烦琐。注意数据书写的规范、统一。

5. 使用准确、规范的专用术语

专用术语的表达要准确、规范。例如，利润和利税、创利和创汇、产值和产量等，都是不同的概念，不能含糊、混用。

【例文 4-4】

公路建设项目建议书

××县人民政府：

为了促进地方经济发展，开发境内森林资源和旅游资源，经乡政府组织专家进行调查研究，拟建××公路，该建设项目具体内容如下。

一、项目概述

项目名称：××公路建设工程

建设地点：××村民组

项目责任单位：××乡人民政府

项目责任人：

二、项目建设的必要性

××村民组位于××乡东南部，东北与宁国市及本县家朋乡相接，东南毗邻浙江临安市马啸乡。该村民组现有农户103户，人口383人，境内有丰富的森林资源和得天独厚的旅游资源。独特的森林及地势山貌受到很多专家及旅游开发商的青睐。具林业部门森林资源调查，该地森林覆盖达到97%，木材储藏量3.1米^3。山核桃年产量25吨，人均1 000多公斤。新种的山核桃约500多亩，产量将逐年攀升。

××公路建成后将成为以××乡通道为主干线，与全乡54个村民组形成四通八达的交通网络。是实现县委提出的"一年一个样，三年大变样"战略目标，加快当地农村奔小康步伐，切实摆脱贫困村落后面貌的现实需要。当地群众改路修路积极性很高，愿意集资、投劳。建设××公路将极大改善该区的交通条件，促进深山地区农民群众的经济发展，增加农民收入，实现共同富裕。

三、项目建设综合条件评价

1.地形

项目区属山丘区，四面崇山峻岭，中间地势平缓，是典型的盘地形状。整个项目区地势较高，平均海拔820米。

拟建路线与××公路相衔接，地形标高在610～820米之间，全长2.2千米，路基宽4.5米，行车道宽3.5米。

2.水文、气候、地质

溪流两边居住农户，溪水汇入××河流入浙江省属钱塘江流域。

该地区属亚热带季风湿润区，四季分明，雨量充沛，年平均降水量1 820毫米，平均气温12 ℃，极端最高气温33 ℃，极端最低气温-12 ℃，无霜期180天。

项目区沿线大量分布花岗岩、石灰岩、平板岩，与泥土混合，工程地质条件好，就地取材简易。

3.筑路材料及运输条件

石料可采用路段边开采边利用,一举两得。河沙可在××河开采筛选。所需河沙、水泥、钢筋等材料以农用车运输为主,直接送往工程工地。

四、项目建设标准、规模

根据当地具体地理位置,发挥的作用和功能及经济发展的需要,再结合资金、施工技术等因素确定主线采用乡村公路建设标准,路线全长2.2千米,路面宽4.5米(弯道5~6米),最大纵坡7%。

五、工程概算

人工工资:根据我乡相继几条公路建设惯例和当地农民群众修路的积极性,人工粗工工资不作编制说明,主要实行自愿投劳施工。技术工资根据基本建设工程的有关规定,技工1 500工,按40元/工计算,计6万元。

材料:石料、河沙就地取材。原木按工程需要实行农民自愿捐助,不作编制说明。钢材3吨,按3 600元/吨计,共1.08万元。水泥80吨,按410元/吨(含运费)计,共3.28万元。炸药、雷管、钢钎及麦钻设备等估计3万元。

土地征用、三费补偿:水田征用3亩,按1.4万元/亩计,共4.2万元;坡耕地8.0亩,按0.7万元/亩计,共5.6万元;经济林(主要是山核桃林)补偿7万,共计16.8万元。

其他费用及不可预计费用3万元。

总计所需资金概算33万元。

六、工程的实施计划

根据当地农民生产、生活条件,结合该项目的特点,对工程进度作如下安排:

2010年3月前做路线测量、土地征用、房屋拆迁、经济林补偿等前期准备工作,6月开工;

2010年8月底完成土石方开挖、档墙、路基、桥梁涵洞;

2010年10月前完成排水沟及路面整平工作,并竣工通车。

七、结论

××公路的建成可解决一村380多人的交通问题,有利于乡村道路与主干线的合理衔接,提高区域内的综合运输能力,为深山区群众加快新农村建设奠定基础,改善投资环境,必将带动该地区自然资源的开发利用和相关产业的发展。因此,该项目实施是我乡经济发展和社会进步及加快我乡新农村建设的需要,是一项重要的民生工程,切实可行。建议上级给予批准建设和支持。

附件:××公路建设规划图纸

××乡人民政府
××年××月××日

试一试

1. 简答。
(1) 试述项目建议书的概念和性质。
(2) 项目建议书的写作有哪些注意事项？
2. 病文诊断：请阅读并指出以下项目建议书的不足之处。

关于增置星型架挂练设备的技改项目建议

随着我国丝绸工业的不断发展，提高丝绸产品加工质量、减少人为事故的新技术、新工艺不断涌现，传统的方桶练染方法已不能适应新形势下市场客户对产品质量要求的需要。根据本企业练染技术、工艺落后，绸缎后处理等损失严重的实际情况，为提高产品质量，扩大对外加工业务，加大出口、创汇能力，增添企业发展后劲，经广泛听取有关方面的意见和深入调查研究，特建议增置星型架挂练设备替代传统的方桶练染工艺。

（一）增置星型架挂练设备的迫切性

星型架挂练设备是意大利于20世纪80年代开发出的真丝绸挂练装置。国家科委（科学技术部的前身）确定其为"七五"重点科技攻关项目，由浙江丝绸工学院和杭州丝绸练染厂共同承担研制。1989年元月通过浙江省科委鉴定；1990年6月通过了纺织工业部鉴定，并获得了"机械整体脱钩"和"水流式打卷"两项专利。1991年3月5日，中国丝绸工业公司李世娟总经理在部署当年丝绸工业技术改造计划时，特别提到了星型架挂练设备，并称之为"七五"攻关项目中"成效显著"的科技成果。随后，上海绸缎练染厂、苏州第一绸缎练染厂、杭州丝绸印染联合厂等相继购置了该设备，我省乐山、绵阳等地的丝绸染厂有的也订了货。据杭州丝绸练染厂和宁波丝绸印染厂试用，可保证练白绸一等品率98%以上，头子剪率几乎为零。由此可见方桶练染工艺改为星型架挂练设备的迫切性。

（二）星型架挂练设备的特点及其投资

星型架装置由圆形练桶、星型架、专用扎水卷车、专用小推车组成。

1. 主要特点
(1) 生绸缝头，完全克服了头子灰伤；
(2) 水流式退卷，不存在退卷盘中间擦伤；
(3) 均匀吊钩单项吊绸，避免了吊绊皱；
(4) 内外层均匀，解决了圈码织物里生外熟，物感不匀等老大难问题；
(5) 自动升降操作，不必担心工人偷懒而造成的挂练不透病疵；
(6) 温度自控，可防止蒸汽的流量过大，造成过练，或蒸汽过小造成的手感硬等弊病；
(7) 整个装置使精炼的时间缩短20%左右，节约蒸汽能源，降低消耗。

2. 投资计划

根据我厂厂房及产量考虑，拟购以下单元及数理：
(1) 练桶（包括自动升温及挖温装置）　6只×2.8万元/只＝16.8万元
(2) 星型架　6只×1.3万元/只＝7.8万元
(3) 专用轧水车　1台×5万元/台＝5万元
(4) 专用推车　3台×0.06万元/台＝0.18万元
合计：29.78万元

2002年1月10日

第四节　可行性研究报告

一、可行性研究报告的概念

可行性研究是指在某一经济活动实施之前,通过全面的调查研究及必要的测算等工作,对项目的实施进行全面、深入的技术论证和经济评价,以求确定一个技术上先进、经济上合理、实施上可行的最优方案,为决策提供科学依据的一种活动。反映可行性研究的内容和结果的书面材料就是可行性研究报告,又称为可行性论证报告。

二、可行性研究报告的写法

可行性研究报告篇幅的长短和内容的繁简,往往取决于项目的大小或问题的难易。一般来说,可行性研究报告主要包括标题、说明、正文、附件几个部分。

1. 标题

① 公文式标题。由编写单位名称、项目名称及文种组成,如"海南建立钛白粉厂的可行性研究"。
② 新闻式标题。如"股份制是深化改革的产物"。

2. 说明

标题之下应分行写明以下内容:项目名称;项目主办单位名称;项目负责人职务、姓名;项目技术负责人职务、姓名;项目经济负责人职务、姓名;进行可行性研究的人员;编制时间等。这部分也可放到正文的前言部分去写。在说明之后,复杂的可行性研究报告还可编制目录。

3. 正文

正文一般由前言、主体和结论三个部分组成。

（1）前言

前言主要概括说明提出项目的原因、目的、依据,报告的内容范围,可行性研究结论的要点等。

（2）主体

主体部分是可行性研究报告的分析论证部分。项目是否必要可行,就看这一部分是否充实、有力。这一部分要对可行性研究项目涉及的所有情况和影响因素加以说明,包括研究对象的现状、技术论证和经济评价的内容和数据测算的方法、各种方案得失的比较、研究者的意见等,要明确回答项目为什么要实施、实施的主客观条件怎样、何时实施、实施中遇到难题如何解决、实施后的经济和社会效益如何等问题。

（3）结论

这是可行性研究报告最后的综合性评述意见。根据主体部分的论证,对项目建设的整体必要性和可行性作出明确判断,也可提出存在的问题,或者提出有关的建议,供有关部门决策时参考。

4. 附件

附件部分实质上是正文的论据材料,主要是有关文件和图表。它包括证明项目必要性的材料,如审批文件、上级批示性材料、调查报告等;证明项目现实性的材料,如材料需要量估算表、设备明细表、价格表、有关资源及地质的勘察报告等;证明项目科学性的材料,如选址报告、环保方案、区域平面图等。

【例文 4-5】

鸵鸟养殖场可行性研究报告

一、项目分析

鸵鸟全身是宝,鸵鸟皮是世界上最名贵的皮革,具有轻柔、美观、耐用等特点,可制成皮衣、皮鞋、皮带、皮包等皮革制品。其拉力比牛皮大 5 倍,价格比目前世界上名贵的鳄鱼皮高 5 倍。一岁鸵鸟可产皮 1.3 m²。在食用方面,鸵鸟肉脂肪含量低,蛋白质含量高,并富含钙、锌、硒等无机盐,是一种深受人们欢迎的美味佳肴和强身滋补佳品。改革开放以来,随着人民生活水平的不断提高,人们的肉食结构也发生了较大的变化,鸵鸟肉以其味道鲜美、营养丰富,价格屡屡上涨。鸵鸟蛋是禽类蛋中体积最大的,每枚重约 1.5 kg,其壳具有象牙般的光泽,厚度达到 2.5 mm 且坚硬。鸵鸟羽毛与其他禽类的羽毛不同,中间 1 根羽轴粗硬,而羽片多为羽绒,质地细软,手感极好,有很好的保温性能,是服装工业的上好配料。鸵鸟羽毛不产生静电,可用于电脑及精密仪器的清洁,或做清洁汽车的掸子。鸵鸟长到 6 个月就可以拔毛,以后每隔 9 个月拔 1 次,每只可年产羽毛 1 kg。另外,鸵鸟油是生产高级化妆护肤用品的原料,鸵鸟角膜、鸵鸟内脏、鸵鸟鞭、鸵鸟骨等都具有医用和药用价值,有待人类的开发利用。

根据发展,养殖场以旅游观光、鸵鸟宰杀及连锁饭店为基础,以引进外资开办鸵鸟肉食加工品厂、鸵鸟制革厂、鸵鸟工艺品厂为一体的大公司为目标。将鸵鸟养殖业带入本地区,会让广大农民得到更好的发展。该项目实属投资小、见效快、易行可靠的好项目。

目前,省内的鸵鸟养殖几乎还没有,所谓"物以稀为贵",鸵鸟市场前景长远。

二、市场预测及产品销售方向

目前,国外一张 10~15 平方英尺的鸵鸟生皮售价折合人民币 2 000 元左右,而用鸵鸟皮搭配设计的皮鞋售价在几万至十几万日元,比牛皮鞋高出几倍至十几倍;用鸵鸟皮制作的包、袋、皮衣同样名贵,因此,业内已看好这一市场前景,目前一股鸵鸟养殖和深加工的新兴产业正在广东各地兴起。中国鸵鸟养殖业协会杨副会长介绍说,随着人们生活水平的提高,消费需求也越来越上档次,鸵鸟皮又因其柔韧光滑、透气性好、毛孔花纹别具一格等特点,已被公认为最名贵的皮革种类,也成为品牌消费者的追求目标。目前,国际市场鞋类交易额达 1 000 多亿美元,皮鞋达到 300 多亿美元,而鸵鸟皮随着国际市场的打开需求更大,仅日本市场每年需消费 4 万~5 万张。据预测,今后 3~5 年中国的商品鸵鸟出栏数量将达到 15 万只,出口鸵鸟皮革 10 万张(相当于现在南非每年加工出口数量的 1/3)。而一只 150 斤左右的鸵鸟,其皮可制 7 双皮鞋,最高价值可达 7 000 美元。

三、技术分析

目前,鸵鸟养殖技术在国内已经成熟,已有多个地区具备了成功案例。

(1)繁殖技术:可引进世界优良品种,采取1雄2雌为一个饲养单位。

(2)饲养管理技术:种鸵以舍饲为主,放牧与外饲相结合;可根据不同鸵鸟种类不同的生长发育特点,因地制宜地分类饲养;主要以秸秆、谷饼和糟渣类饲料合理调制饲养,饲养技术成熟。

(3)疫病防疫技术:畜群检疫、防疫技术成熟,制度健全,可有效控制疫情的发生和流行。

(4)鸵鸟屠宰技术:可引进国际或国内先进屠宰设备,利用高新技术对肉成品进行精细加工,增加产品附加值。

四、投资概算及项目计划

鸵鸟养殖投资不大,最关键的是三点。一是建场,预计除了场地,建场费在5万元左右。二是引种,引种费在1.2万元左右(16只)。三是喂养期间的资金周转,按照16只成年鸵鸟的喂养,以自行种植农作物作为基本饲料,每月所需费用在700元左右。

投资概算:鸵鸟养殖项目计划总投资10万元。(引种1.2万元+场地建设5.8万元=7万元,其中3万元作为喂养和周转费用。)

五、项目实施后的经济效益和社会效益

鸵鸟养殖项目实施后,以第一年为首次周期(一年后,鸵鸟已经成长,可以开发旅游业),正常周期为三年,三年后,鸵鸟繁殖,按照每只鸵鸟每年产蛋60枚,孵化50只幼鸟计算(16只鸵鸟四组,其中12只雌的),12×50只=600只,按照每只幼鸟500元出售,幼鸟价值30万元,3年便可全部收回成本,因而其社会效益和经济效益都十分突出。

六、结论

(1)该项目适合我地区的气候环境,对促进农村经济发展、改善人民生活水平、促进农民增收有着重要作用和意义,也符合区域发展规划。

(2)鸵鸟自身的抗病能力很强,只要掌握先进的饲养技术进行分类饲养,成功率较高。

(3)项目建成后,经济效益也比较好,资金回收快。

综上所述,项目建设是必要的,项目技术可靠,产品市场有销路,经济效益和社会效益都比较好,投资回收快,所以项目是可行的。

试一试

1. 简答。

(1)试述可行性研究报告的含义。

(2)可行性研究报告的主体部分写作有哪些要求?

2. 病文诊断:请阅读并指出以下可行性研究报告的不足之处。

缝纫设备补偿贸易可行性研究报告

一、总论

我厂是初具规模的专业服装生产厂。在改革开放总方针的指导下,1986年开始了外贸生产,1987年领取了外贸生产许可证,1988年落实外贸生产任务200多万元。随着外向型经济的发展,现在生产规模和设备已不适应外贸生产高质量、高速度的需要,进行技术与设备改革势在必行。为此,厂长×××在考察期间与香港××行×××先生就补偿引进关键设备事宜进行了友好的洽谈。双方初步达成了一致的协议,并因此进行可行性研究。

二、项目名称　缝纫设备补偿贸易
主办单位　　××青春服装厂
法人代表　　×××
企业地址　　××市××路××号
项目负责人　×××　×××

三、合作双方简况

甲方:×××青春服装厂是初具规模的专业化服装厂,现有职工670万人,专业技术人员25人,服装设计师2人;年产衬衫160万件,毛呢服装8万件,产值24 000多万元。

乙方:香港××行是一个既有企业又有商店的综合性经济组织,有一定的资金和实力,信誉良好。

四、补偿金额　19.2美元/件
五、补偿方式　利用本厂生产的衬衫直接补偿
六、补偿期限　20××年9月开始分期进行,至20××年年底之前完成全部补偿
七、项目申请理由

1.本项目引进的关键缝纫设备均为日本制造,具有性能好、生产效率高、操作简便等优点,是适合外贸生产的先进设备。

2.引进项目后,每年可多为国家创汇100万美元。

3.因该项目主要是利用本厂的衬衫作直接补偿。因此,可以扩大我厂产品在国际市场的销路,有利于我厂发展外贸生产。

八、市场需求分析

随着企业改革的不断深化,我厂产品质量越来越高。"北仑港"牌男女衬衫和拷花呢长大衣相继被评为省优、部优产品,畅销上海、南京、西安等200多个大中城市,现有销售网点300多个。今年已落实销售计划200多万件,产品供不应求。今年1—6月份,生产衬衫90多万件,销售130多万件。预计明年可销售衬衫250万件。外贸产品销售趋势良好。今年预计可完成外贸收购额200万元。

九、原、辅材料及水、电供应安排

我厂在上海、常州、无锡、宁波等地已有固定的原、辅材料供应网点,因此,原、辅材料供应能保证满足生产。水、电可利用本厂现有设备及水塔,能满足生产需要。

十、项目内容

本项目共引进缝纫设备160台,新增衬衫流水线1条,改造老衬衫流水线4条。(附表略)

十一、项目实施进度安排

8月份进行立项审批与签订购销合同;10月份设备厂进行验收;11月份进行设备安装与调试;12月份进入正常生产。

××青春服装厂
二〇××年××月××日

第五节 策 划 书

一、策划书的概念

简单来说,策划书就是为开展某项活动而事先作出周密设计安排的一种文书。具体来说,策划书是对某个未来的活动或者事件进行策划,并展现给读者的文本。撰写策划书就是用现有的知识开发想象力,在可以得到的资源的现实中最可能最快地达到目标。

二、策划的特征

策划是通过概念和理念创新,利用整合各种资源,达到实现预期利益目标的过程,它具有以下几个特征。

1. 创新性

概念创新和理念创新是策划的本质特征,资源整合在一起,能不能产生新的绩效、有没有创新,是策划的关键。策划追求创新,是策划与计划的根本区别,策划创新非常强调通过资源整合进行创新,这与科技创新、通过实验发明创造创新是有区别的,通过资源整合创新是策划的精髓。

2. 整合性

策划的开展必须是有资源的,这种资源可能是物质资源,也可能是关系资源或是政府资源,这是策划的物质基础。也就是说这种资源必须是能够使用的,能够整合在一块的,如果没有整合性,也就没有使用性,不能使用的资源整合在一起,本身就是不可能的。

3. 目的性

做任何事情都是有一定目的性的,策划也不例外。俗话说:"无事不谋",要做事,就应该有方向、有目标,策划是一个行为过程,它不仅是人的行为过程,也是资源配置的行为过程。因此,达到一定预期目标,是策划的目的。一个人、一个企业、一个国家在做一件事情时,都是有目的性的,目的性在一定程度上的量化过程,就成为目标。因此,达到预期目标是策划的目的。

三、策划书的类型

策划书一般分为商业策划书、创业计划书、广告策划书、活动策划书、营销策划书、网站策划书、项目策划书、公关策划书、婚礼策划书等。

四、策划书的格式写法

策划书一般包括标题、正文、落款三个部分。

1. 标题

标题中要尽可能具体地写出策划名称,如"××××年××月××大学××活动策划书",置于页面中央,当然可以写出正标题后将此作为副标题写在下面。

2. 正文

正文是策划书的主体部分,一般包括以下七个部分。

(1) 活动背景

这部分内容应根据策划书的特点在以下项目中选取重点内容进行阐述,具体项目有:基本情况简介、主要执行对象、近期状况、组织部门、活动开展原因、社会影响及相关目的动机。其次应说明问题的环境特征,主要考虑环境的内在优势、弱点、机会及威胁等因素,对其作好全面的分析(SWOT 分析),将重点放在环境分析的各项因素上,对过去和现在的情况进行详细的描述,并通过对情况的预测制订计划。如环境不明,则应该通过调查研究等方式进行分析加以补充。

(2) 活动目的、意义和目标

应用简洁明了的语言将目的要点表述清楚;在陈述目的要点时,该活动的核心构成或策划的独到之处及由此产生的意义(经济效益、社会利益、媒体效应等)都应该明确写出。活动目标要具体化,并需要满足重要性、可行性、时效性。

(3) 资源需要

列出所需人力资源、物资资源,包括使用的地方。可以列为已有资源和需要资源两部分。

(4) 活动开展

作为策划的正文部分,表现方式要简洁明了,使人容易理解,但表述方面要力求详尽,写出每一点能设想到的东西,没有遗漏。在此部分中,不仅仅局限于用文字表述,也可适当加入统计图表等;对策划的各工作项目,应按照时间的先后顺序排列,绘制实施时间表有助于方案核查。人员的组织配置、活动对象、相应权责及时间地点也应在这部分加以说明,执行的应变程序也应该在这部分加以考虑。

这里提供一些参考:会场布置、接待室、嘉宾座次、赞助方式、合同协议、媒体支持、校园宣传、广告制作、主持、领导讲话、司仪、会场服务、电子背景、灯光、音响、摄像、信息联络、技术支持、秩序维持、衣着、指挥中心、现场气氛调节、接送车辆、活动后清理人员、合影、餐饮招待、后续联络等。

(5) 经费预算

活动的各项费用在根据实际情况进行具体、周密的计算后,用清晰明了的形式列出。

(6) 活动中应注意的问题及细节

内外环境的变化,不可避免地会给方案的执行带来一些不确定性因素。因此,当环境变化时是否有应变措施、损失的概率是多少、造成的损失多大、应急措施等也应在策划中加以说明。

(7) 活动负责人及主要参与者

注明组织者、参与者、嘉宾、单位(如果是小组策划应注明小组名称、负责人)。

3. 落款

落款由署名和日期组成。

五、策划书写作的注意事项

1. 对语言的要求

策划书的语言要求力求做到平实、准确、简洁。平实和准确是相互统一的,策划书要做到实事求是,就必须在准确上下工夫。要做到准确就必须注意以下几点:①所写内容要准确;②语句要准确;③所列的数字、事例要准确。

除此之外,准确地使用符号,也是写策划书的要求。

简洁是策划书写作的基本要求。策划书的写作目的是传递信息,因此策划书必须简洁。具体来说,文字要简练,篇幅要短小精悍,扫除套话、空话、废话。

2. 对观点和材料的要求

观点和材料是策划书的两个主要因素,观点和材料的统一是文章的基本要求,一般情况下有以下两点。

① 观点既要集中明确,又要切合实际。策划书一般一事一写,即一篇策划书所说明或处理的问题一般只有一个,而且提倡什么、反对什么、支持什么、该怎么做、不该怎么做等均要旗帜分明,符合主题,不可模棱两可、含糊其辞。策划书所表达的意思要符合生活的实际情况,所提出的方法,要切实可行,不可主观空谈,凭意气臆想。

② 所引事实或材料要确凿,有说服力。

【例文 4-6】

"传承艺术 传递爱心"
——赈灾书画义拍活动策划

地震无情,人间有爱,中华儿女永远在一起!

地震无情,大爱无疆,重建家园近在眼前!

地震无情,困难再大,也无法抹去我们支援灾区人民坚定不移的决心!

书画艺术家将以精彩绝伦的中华瑰宝——书画艺术传承中华民族精神,书写中华大爱!书画艺术爱好者将以真情与爱心书写中华大爱!

一、背景

都江堰、汶川、北川、青川、茂县、理县、安县,5月12日,遭受8级强烈地震,房屋倒塌,人员伤亡惨重。

地震能够夺去亲人生命、摧毁已有家园,却无法摧毁人们重建家园的决心。面对灾情,书画艺术家及企业没有袖手旁观,他们走进灾区慰问,他们捐款捐物,在7月×日,他们还将义拍自己的字画,为灾区人民重建家园尽一份微薄之力;一方有难,八方相助,在自然灾害面前,人间自有真情在。

每一个人都是灾区人民坚强的后盾,每一个企业都是灾区重建的重要支柱,这份坚强的信心和勇气,将再现我中华民族凛然大义和顽强不屈的精神。

重建家园,离不开各企业的支持,灾区需要你们的援助,需要你们的爱心!

二、活动目的和意义

通过赈灾书画义拍活动的举行与发展,树立"一方有难,八方支援"的风尚,提高全民抗震救灾意识,通过义拍义卖,宣传公益理念、传播公益文化。搭建企业和企业家、社会书画名人开展社会公益活动的桥梁。推动抗震救灾社会公益事业和推进诗书画文化的发展建设。

文化赈灾推动四川相关文化产业、事业的蓬勃发展;同时引导社会各界关心帮助受灾地区群众,形成良好的社会风气以及和谐发展的社会新风貌。同时为各企业提供一个展示自我形象的最佳平台。

三、组织机构

主办:世界华人书画艺术家协会

中国书画家协会

四川慈善总会

四川诗书画家国际艺术交流协会

四川省佛教协会

承办:新视角文化传媒有限公司

媒体支持:四川电视台、成都电视台、成都商报、华西都市报、成都晚报、天府早报、《中华儿女》杂志社

四、活动安排

1. 时间:2008.7.12(暂定);

2. 地点:××宾馆;

3. 参与人员:××、××等近20名书画艺术家,佛智法师、修月大师等佛门大师,书画爱好者、收藏者;

4. 书画100幅;

5. 活动介绍:通过相关部门的发动,倡导社会各界的参与。张克思等近20名书画艺术家的字画作品于18日集中义拍,受邀约的企业和企业家以及社会爱心人士积极配合参与,义拍义卖在有关部门、四川及成都各媒体监督下进行,经过现场拍卖所得善款捐给四川慈善总会,为灾区学生重回校园献上一份微薄之力;

6. 拍卖规则:出价最高者为拍卖字画获得者;爱心捐助字画拍卖无底价,自愿加价;此次拍卖为公益慈善活动,请不要恶意竞拍;

7. 拍卖款使用:委托四川慈善总会捐建灾区希望小学。

五、活动亮点

(略)

六、活动流程

(略)

七、邀请对象及回报

(略)

八、预算

(略)

××××××

2008年6月20日

思考与练习

1. 简答。
(1) 试述策划书的概念和特征。
(2) 策划书的写作要注意哪些事项？
2. 病文诊断：请阅读并指出下面策划书的不足之处。

××减肥胶囊策划书

1. 时间："3·15"消费者权益日
2. 地点：仁寿堂大药店门口
3. 内容：3月15日只需花18元就可以购买价值49元的××减肥胶囊。
4. 活动前媒体宣传
(1) 3月12日、14日分别在当地《××日报》作促销活动宣传。
(2) 在当地人民广播电台，从3月10日至15日开始发布促销活动广告，时间从早8：00至晚9：00，每天25次滚动播放。
(3) 在仁寿堂门口挂跨街横幅一条，内容为活动通知，时间为3月8日至15日（一周）。
5. 活动经过
(1) 现场促销员6名，由于报酬高，加上临时做了培训，积极性很高，一开始就基本进入状态。
(2) 为了增加活动气氛，让顾客能快速明了活动及产品，现场设大展板两块：一块介绍产品，一块介绍活动内容。顾客来咨询时，促销员一边发DM单，一边介绍活动及产品。
6. 活动结果
现场只来了50名咨询的顾客，其中32人当场购买产品，合计销售八十盒。据事后统计，70％买三盒，15％买四盒，10％买两盒。
3. 写作实训。
请结合实际写一则"寝室文化节"活动的策划书。

第六节　招标书与投标书

一、招标书

1. 招标书的概念和类型

招标书又称为招标说明书，是招标人为了征召承包者或者合作者而对招标的有关事项和要求作出解释和说明，利用投标者之间的竞争达到优选投标人的一种告知性文书。

招标书按时间分，有长期招标书和短期招标书；按范围分，有面向企业内部、系统内部的招标书和面向全社会的公开招标书，或本地区招标书和外地区招标书，或非竞争性招标书和排他性招标书等；按计价方式分，有固定总价项目招标书、单价不变项目招标书和成本加本金项目招标书等；按性质和内容分，有工程建设项目招标书、大宗商品交易招标书、选聘企业经营者招标书、企业承包招标书、企业租赁招标书、劳务招标书、科研课题招标书、技术引进或转让招标书等。

2. 招标书的格式写法

写作招标书的目的是邀请投标人参加投标。招标书写法比较概括，不必写得很详尽，具体条件另用招标文件说明，发送或出售给投标人。

招标书的内容主要包括：招标单位和招标项目名称，招标项目的具体要求（投标资格与方法、技术、质量、时间等要求），投标开标的日期、地点和应缴费用等。

招标书一般由标题、正文与结尾三个部分组成。

（1）标题

标题通常由招标单位名称、招标项目名称和文种三个部分构成，如"××大学修建图书馆楼的招标通告"。有的省略招标项目或只写文种。

（2）正文

正文一般用条文式，有的也可用表格式。对于招标的条件和要求、投标开标的日期等投标人应知事项，应简要概括，分条列出。商品招标书要求标明商品的名称、数量规格、价格等。科技项目招标书则要求写清招标原则，项目名称，任务由来，研究开发目标，研究开发内容，经济技术指标，研究开发的进度要求、成果要求、经费要求，承包单位的条件及要求等。

（3）结尾

结尾要写清招标单位名称、法人代表、签署日期并加盖印章、联系人姓名、招标单位的地址、邮政编码、电话号码、电报挂号等；必要时还可写上开户银行及账号。

3. 招标书写作的注意事项

（1）内容合法合理，切实可行

招标书的要求和应知事项，要符合国家有关法律、法规、政策规定；技术质量标准要注明国际标准、国家标准、部颁标准或是企业标准；招标方案既要科学、先进，又要适度、可行。

（2）重点明确，内容周密

招标项目（即标的）是招标书的具体内容，对其有关情况、招标范围、具体要求都要写清楚。如建设项目，应写明工程名称、数量、技术质量要求、进度要求，甚至建筑材料的要求等。该写的一定要写全，尽可能在内容上做到没有空子可钻。

（3）语言表述应简明、准确

无论是定性还是定量说明，都应准确无误，没有歧义，尽可能使用精确语言而少用模糊语言。

二、投标书

1. 投标书的概念和类型

投标和招标是相对应的，先有招标，后有投标。

投标书又称为投标说明书，简称为标书。它作为一种对招标邀约的承诺，是投标人为了中标而按照招标人的要求，具体地向招标人提出订立合同的建议，是提供给招标人的备选方案。

投标书有各种不同的分类：按投标方人员组成情况，可分为个人投标书、合伙投标书、集体投标书、全员投标书和企业（或企业联合体）投标书等；按性质和内容，可分为工程建设项目投标书、企业租赁投标书、劳务投标书、科研课题投标书、技术引进或转让投标书等。

2. 投标书的格式写法

投标书的内容与招标书相对应，要对招标的条件和要求作出明确的回答和说明。

投标书一般由标题与时间、正文及署名三个部分组成。

（1）标题与时间

标题一般写上文种"投标书"即可，也可包括投标形式、投标内容和文种，如"租赁××市印刷厂的投标书"。投标的时间可写在标题的右下角，也可写在文末投标人的单位名称下面。

（2）正文

正文一般可分条列项（也可用表格式）写明投标的愿望、项目名称、数量、技术要求、商品价格和规格、交货日期等。承包经营项目的投标书，其正文一般要阐述对投标项目基本状况的分析，找出优势和存在的问题；提出经营方针；说明承包目标、考核指标以及达到目标的可行性分析和拟采取的措施；对招标者提出的要求、条件的认可程度等。

正文部分引用的数据要准确、完整；论述要条理清楚，说理透彻；目标要明确可信；措施要切实可行。

（3）署名

署名部分要写清投标人的单位名称、法人代表以及邮政编码、地址、电话号码、传真号码、电子邮箱等，以便联系。

如果是国际投标，则应将投标书译成外文，写明国别、付款方式以及用什么货币付款等。

有的投标书还要由上级业务主管部门和公证监督机关签名盖章。如果有必要，还应附上担保单位的担保书，有关图纸、表格等。

3. 投标书写作的注意事项

（1）要实事求是

投标方必须在认真研究招标书的基础上，客观估计自己的技术、经济实力和相应的赔偿能力，经过专家的充分论证后，再决定是否投标，并实事求是地填写标单和撰写投标书，切不可妄加许诺，不可徇私舞弊，弄虚作假。因为一旦中标，就要在规定期限内与招标方签订合同，按合同办事。如果不实事求是，则会因给国家、招标单位造成重大的经济损失而承担法律责任。

（2）要明确具体

投标书的具体内容，如目标、造价、技术、设备、质量等级、安全措施、进度等，都要详细写明，力求具体明确，一目了然。如果交代不清，笼统含糊，则无法使招标单位认可，那是难以中标的。

（3）要讲究时效性

招标单位招标旨在利用招标人之间的竞争来达到优选买主或承包、租赁、合作的目的。招标都规定了明确的时限，过期不候。所以，投标一定要讲究时效性，要在规定的时限内写好并送出投标书，才有中标的可能。

【例文 4-7】

×××工程招标通告

　　为了提高建筑安装工程的建设速度,提高经济效益,经_____(建设主管部门)批准,_____(建设单位)对_____建筑安装工程的全部工程(或单位工程,专业工程)进行招标(公开招标由建设单位在地区或全国性报纸上刊登招标广告,邀请招标由建设单位向有能力承担该项工程的若干施工单位发出招标书,指定招标由建设项目主管部门或提请基本建设主管部门向本地区所属的几个施工企业发出指令性招标书)。

　　一、招标工程的准备条件,本工程的以下招标条件已经具备:

　　1. 本工程已列入国家(或部、委,或省、市、自治区)年度计划;

　　2. 已有经国家批准的设计单位出的施工图和概算;

　　3. 建设用地已经征用,障碍物已全部拆迁,现场施工的水、电、路和通讯条件已经落实;

　　4. 资金、材料、设备分配计划和协作配套条件均已分别落实,能够保证供应,使拟建工程能在预定的建设工期内连续施工;

　　5. 已有当地建设主管部门颁发的建筑许可证;

　　6. 本工程的标底已报建设主管部门和建设银行复核。

　　二、工程内容、范围、工程量、工期、地质勘察单位和工程设计单位:_____。

　　三、工程可供使用的场地、水、电、道路等情况:_____。

　　四、工程质量等级、技术要求、对工程材料和投标单位的特殊要求、工程验收标准:_____。

　　五、工程供料方式和主要材料价格,工程价款结算办法:_____。

　　六、组织投标单位进行工程现场勘察,说明和招标文件交底的时间、地点:_____。

　　七、报名、投标日期,招标文件发送方式:

　　报名日期:二〇____年____月____日;

　　投标期限:二〇____年____月____日起至二〇____年____月____日止;

　　招标文件发送方式:_____。

　　八、开标、评标时间及方式,中标依据和通知:

　　开标时间:二〇____年____月____日(发出招标文件至开标日期,一般不得超过两个月);

　　评标结束时间:二〇____年____月____日(从开标之日起至评标结束,一般不得超过一个月);

　　开标、评标方式:建设单位邀请建设主管部门、建设银行和公证处(或工商行政管理部门)参加公开开标,审查证书,采取集体评议方式进行评标、定标工作;

　　中标依据和通知:本工程评定中标单位的依据是工程质量优良、工期适当、标价合理、社会信誉好,最低标价的投报单位不一定中标。所有投标企业的标价都高于标底时,如属标底计算错误,应按实予以调整;如标底无误,通过评标剔除不合理的部分,确定合理标价和中标企业。

评定结束后五日内,招标单位通过邮寄(或专人送达)方式将中标通知书送发给中标单位,并与中标单位在一月(最多不超过两月)内与中标单位签订____建筑安装工程承包合同。

九、其他:_____。

本招标方承诺,本招标书一经发出,不得改变原定招标文件内容,否则,将赔偿由此给投标单位造成的损失。投标单位按照招标文件的要求,自费参加投标准备工作和投标,投标书(即标函)应按规定的格式填写,字迹必须清楚,必须加盖单位和代表人的印鉴。投标书必须密封,不得逾期寄达。投标书一经发出,不得以任何理由要求收回或更改。

在招标过程中发生争议,如双方自行协商不成,由负责招标管理工作的部门调解仲裁,对仲裁不服,可诉诸法院。

建设单位(即招标单位):_____
地址:_____
联系人:_____
电话:_____

二〇___年___月___日

【例文 4-8】

投 标 书

××铁路总公司
地址:×××××××××
诸位先生:

研究了 IMLRC-LCB9001 号招标文件,对集通铁路项目所需要货物我们愿意投标,并授权下述签名人×××、×××代表我公司提交下列投标文件正本一份,副本四份。

(1) 投标报价表。
(2) 货物清单。
(3) 技术规格。
(4) 技术差异修订表。
(5) 投标资格审查文件。
(6) ××银行开具的金额为×××万元的投标保函。
(7) ××银行开具的金额为×××万元的履约保证金保函。
(8) 开标一览表。

授权代表人兹宣布同意下列各点。

1. 所附投标报价单所列拟供货物的总报价为××××美元。
2. 投标人将根据文件的规定履行合同的责任和义务。

3.投标人已详细审查了全部招标文件的内容,包括修改条款和所有供参阅的资料及附件,投标人放弃要求对招标文件作进一步解释的权利。

4.本投标书自开标之日起九十天内有效。

5.如果在开标之后的投标有效期内撤标,贵公司可以没收投标人的投标保证金。

6.如果中标后,我方未能忠实地履行所有的合同文件或随意对合同文件作出修改、变动,贵公司可以没收我方所交的履约保证金。

7.我们理解贵方并不限于只接收最低价,同时也理解你们可以接受任何标书。

投标单位:中国××市×××公司(公章)

地址:中国××市××区××街×号

电话:××××××××

投标单位法定代表人姓名:×××(签章)

授权代表人姓名:×××(签章)

××××年××月××日

附件:

(1)投标报价单。(略)

(2)技术规格。(略)

(3)技术差异修订表。(略)

(4)资格审查文件。(略)

(5)投标保证金保函。(略)

(6)履约保证金保函。(略)

(7)开标一览表。(略)

试一试

1.简答题。

(1)招标书的正文、结尾主要包括什么内容?如何写?

(2)招标书写作有何注意事项?

(3)简述投标书标题、正文和结尾的写法。

(4)投标书写作有何注意事项?

2.病文诊断。

(1)试指出以下招标公告的错误并作出修改。

招 标 公 告

我厂是一家老牌洗衣机生产企业,成立于改革开放初期的1979年,现有职工1 500人,其中工程技术人员200余人。年产×××牌全自动洗衣机20万台,其中MDEL×QB25-3型洗衣机先后获得国家轻工业部优质产品奖、×××国际博览会金奖。为了提高质量、降低成本,现决定公开招标。

(1) 招标项目:电容器、插头电源线、万向轮、橡胶件、塑料件以及镀锌件等。
(2) 招标时间:2016年5月18日。
(3) 开标时间和地点:2016年6月18日上午在本厂公开开标。
(4) 招标文件发售:全套招标文件将于近期发售,价格面议。

以上招标欢迎国内外客户积极投标。未尽事宜,欢迎垂询。特此公告。

×××洗衣机厂
2016年3月10日

(2) 试指出以下投标书在写作格式和语言方面的错误并作出修改。

致×××公司投标书:

我们看到了×××公司的招标公告,觉得凭借我们的实力一定能够中标。因此,我们决定投标。

1. 货物总报价:50万元人民币。
2. 货物清单一式三份。
3. 资格审查文件一式三份。
4. 投标保证书一份。

另外,我们必须郑重声明,我们拥有以下权利和义务:

1. 我们将根据招标文件的规定履行合同的责任和义务;
2. 如果在开标之后的投标有效期内撤标,那么投标保证金将归你们所有;
3. 鉴于以上情况,我们认为你们一定会选择我们中标的。

×××设备制造厂
2016年10月22日

3. 写作实训。

以×××公司的名义,写一份工程设计招标书,资料如下。

名称:×××公司办公楼
面积:15 000平方米
楼高:22层
地点:××市建设大道南侧500米
报名日期:2016年4月1日起至2016年6月1日
联系人:张建国
其他材料可以自拟。

4. 根据第3题的内容,以××设计公司的名义,写一份工程设计投标书。

第七节 经济合同

一、经济合同的概念

经济合同又称为经济契约,它是商品经济的产物。根据《中华人民共和国合同法》(以下简称《合同法》)的规定,经济合同是法人之间为实现一定经济目的,明确相互权利义务关系的协议。

二、经济合同的格式写法

经济合同由标题、主要条款、生效标志组成。

1. 标题

标题一般由合同类型加"合同"组成,如"工矿产品购销合同"、"房屋租赁合同"。一部分合同省略合同类型,直书"合同"。对于在正式订立合同前记载双方初步成果的文书和对已成立合同的变更性的文书,还可冠名以"协议书"。

合同编号、签约时间和地点一般置于标题右下方,签约时间和地点有时也可放在合同的结尾,列于生效标志之后。

2. 主要条款

《合同法》规定合同的主要条款有:当事人的名称或者姓名和住所;标的;数量;质量;价款或者报酬;履行期限、地点和方式;违约责任;解决争议的方法。

主要条款的格式可以有表格式、条文式、混合式三种。表格式将主要条款都设计在表格中,填写方便,多用于经常性的合同。条文式需将主要条款逐条书写,内容一般较多。混合式是条文式与表格式的结合,往往在标的、价款部分使用表格,以便一目了然。

(1) 当事人的名称或姓名和住所

当事人的名称或姓名及住所一般位于标题左下方。双方当事人的称呼要明确,如"甲方、乙方""发包方、承包方"等。若当事人是自然人,姓名要与国家颁发的身份证一致;若当事人是组织,要写经国家审核登记的名称。

自然人的住所要写常住地址,组织要写主要机构所在地。许多合同常将此处的地址省略,因为生效标志中也会有当事人的地址。

(2) 标的

标的是双方当事人权利和义务共同指向的对象。它是所有合同的基本条款。

标的包括标的名称、规格,要写得明确、具体。

(3) 数量

数量是标的具体的计量。

在合同中要写明标的数量多少、计量单位、计量方法,计量单位及方法要符合国家规定。

特殊计量的标的要根据实际情况书写。

（4）质量

质量是对标的质的规定。

在合同中,标的的质量标准要明确,在买卖、承揽等合同中还要写明检验方式、检验地点、对包装的质量要求等。

（5）价款或者报酬

价款是合同取得标的物的一方向另一方支付的货币数量。当标的是劳动力时,支付的货币数量即报酬。

在合同中涉及价款或报酬时,数值要确定,不能写参考价。同时,要写明结算方式、时间。在买卖、租赁、承揽等合同中,应分列单价和总金额。

凡是合同中文字式表达的价款或报酬,应统一使用金额专用汉字。

（6）履行期限、地点和方式

履行期限是当事人履行合同的时间界限,履行地点和方式是当事人完成承担义务的地点和方式。

履行期限、地点和方式需要双方当事人共同约定。约定要根据具体情况,何时履行、在何地履行、以什么方式履行、是否分批、每一批的期限,各类事项要明确,以便执行。

（7）违约责任

违约责任是当事人不按合同履行义务要承担的责任。这是保证合同履约率、维护双方当事人合法权益的重要手段。

违约责任主要有付违约金、赔偿金或返工修理等方式。赔偿金是违约后造成对方的损失超过合同规定的违约金以上的部分。

具体承担违约责任的方式由双方当事人在订立合同时约定。违约责任必须双方一致。

（8）解决争议的方法

解决争议的方法是双方当事人为解决合同纠纷预先约定的措施,包括协商、调解、仲裁、诉讼。

这八条为主要条款,每一份合同在这八条上的体现都不相同。《合同法》第十二条最后规定:"当事人可以参照各类示范文本订立合同。"

3. 生效标志

生效标志是合同有效的证据,双方当事人在此签名或盖章。若当事人为组织,需由法定代表人签名或盖章。

在合同的生效标志中,一般还要写上双方当事人的电话、开户银行、账号、邮政编码等,若有委托代理人,应如实填入。若双方有公证和鉴证约定,还要填入公证和鉴证意见、日期、经办人签名等。

有的合同会将履行期限和签订日期、地点单独置于生效标志之后。

三、合同写作的注意事项

1. 语言准确,表意清楚

合同是明确当事人双方相互权利义务关系的协议,语言甚至是标点符号都必须准确,以免造成履行合同时不必要的纠纷,甚至是被别有用心者钻空子。例如,我国某企业与外商签订订购设备合同时,在"运输方式及费用负责"一项中,只写明"乙方送货,费用由甲方负担"。由于没有标明具体的运输方式,结果外商为了赶进度采用费用昂贵的空运方式,给乙方造成很大的经济损失。

2. 条文规定全面、完整

要将履行合同过程中双方的权利与义务全面而完整地表述清楚,《合同法》规定的经济合同的主要条款不要遗漏任何一项。双方口头同意的内容也一定要落实在合同条文中。

3. 文风朴实

以说明为主,不可使用议论、抒情语调。

4. 文面整洁

不能涂改。涉及数量、金额时,要大写。

【例文 4-9】

建筑承包合同

发包方(甲方):_____

地址:_____ 邮码_____ 电话_____

法定代表人:_____ 职务_____

承包方(乙方):_____

地址:_____ 邮码_____ 电话_____

法定代表人:_____ 职务_____

依照《中华人民共和国合同法》和_____市的有关规定,经双方协商一致,签订本合同,并严肃履行。

第一条　工程项目

一、工程名称:

二、工程编号:

三、工程地点:

四、工程范围:本合同全部工程建筑安装面积共计_____平方米(各单项工程建筑安装面积详见工程项目一览表)。

五、工程造价:本合同全部工程施工图预算造价为人民币_____元(各单项工程造价详见工程项目一览表)。

第二条　工程期限

一、根据国家工期定额和使用需要,商定工程总工期为____天(日历天),自____年____月____日开工至____年____月____日竣工验收(附各单位工程开竣工日期,见附表一)。

二、开工前____天,承包方向发包方发出开工通知书。

三、在组织施工过程中,如遇下列情况,得顺延工期,双方应及时进行协商,并通过书面形式确定顺延期限:

1. 因天灾或人力不能抗拒的原因被迫停工;
2. 因甲方提出变更计划或变更施工图而不能继续施工;
3. 按施工准备规定,不能提供施工场地、水、电源,道路未能畅通,障碍物未能清除,影响进场施工;

……

四、工期提前。

施工中如需提前竣工,双方协商一致后签订提前竣工协议,合同竣工日期可以提前。乙方按此修订进度计划,报甲方批准。甲方应在 5 天内给予批准,并为赶工提供方便条件。提前竣工协议包括以下主要内容。

1. 提前的时间;
2. 乙方采取的赶工措施;

……

第三条　施工准备

一、甲方在开工前应办妥施工所需各种证件、批件,申请领取建筑执照;清除施工场地范围内影响施工的原有管线、树木等障碍物;解决施工用地(包括材料、构件的堆放和中转场地,搭建大型临时设施用地);解决施工用水源、电源和运输道路的畅通;应于____年____月____日向乙方提供所有工程设计图纸____份;组织设计、施工单位进行工程设计交底。

二、乙方在开工前应组织有关人员研究和熟悉图纸,参与设计交底;编好施工图预算;负责编制施工组织设计或施工方案;进行施工场地的平整,施工界区内的用水、用电、道路以及搭建施工临时设施,安排施工总进度计划,储备材料,加工构件,做好一切施工准备。

第四条　物资供应

一、由发包方供应以下材料、设备的实物或指标:_____。

二、除发包方供应以外的其他材料、设备由承包方采购。

三、发包方供应、承包方采购的材料、设备,必须附有产品合格证才能用于工程。由甲方负责供应的材料和设备,如未按期供应或规格、质量不符要求,经双方努力仍无法解决,因此造成乙方的损失,应由甲方负担。任何一方认为对方提供材料需要复验的,应允许复验。经复验符合质量要求的,方可用于工程,其复验费由要求复验方承担;不符合质量要求的,应按有关规定处理,其复验费由提供材料、设备方承担。

四、本工程材料和设备差价的处理办法:_____。

第五条　工程质量

一、本工程质量经双方研究要求达到:_____。

二、承包方必须严格按照施工图纸、说明文件和国家颁发的建筑工程规范、规格和标准进行施工,并接受发包方派驻代表的监督。

第六条　工程价款的支付与结算

一、本合同签订后_____日内,发包方支付不少于合同总价(或当年投资额)的_____%备料款,计人民币_____万元;临时设施费,按土建工程合同总造价的_____%计人民币_____万元,安装工程按人工费的_____%计人民币_____万元;材料设备差价_____万元,分_____次支付,每次支付时间为_____,金额_____。

二、发包方收到承包方的工程进度月报后必须在_____日内按核实的工程进度支付进度款,工程进度款支付达到合同总价的_____%时,按规定比例逐步开始扣回备料款。

......

第七条 施工与设计变更

一、乙方要依据国家颁发的施工验收规范和质量检验标准以及设计要求组织施工,要全部达到合格。

二、要坚持按图施工,任何一方不得随意变更设计。如遇下列情况给对方造成窝工、返工、材料和构件的积压、施工力量和机械调迁等损失,应由责任方负担。(略)

第八条 安全施工(略)

第九条 工程分包

一、乙方可按协议条款约定分包部分工程。

二、乙方与分包单位签订分包合同后,将副本送甲方代表。分包合同与本合同发生抵触,以本合同为准。

第十条 违约责任

承包方的责任:

一、工程质量不符合合同规定的,负责无偿修理或返工。

二、工程不能按合同规定的工期交付使用的,按本合同关于建设工期提前或拖后的奖罚规定偿付逾期罚款。

发包方的责任:

一、未能按照合同的规定履行自己应负的责任,除竣工日期得以顺延外,还应赔偿承包方由此造成的实际损失。

二、工程中途停建、缓建或由于设计变更以及设计错误造成的返工,应采取措施弥补或减少损失。同时,赔偿承包方由此造成的停工、窝工、返工、倒运、人员和机械设备调迁、材料和构件积压的实际损失。

三、工程未经验收,发包方提前使用或擅自动用,由此而发生的质量或其他问题,由发包方承担责任。

四、承包方验收通知书送达_____日后不进行验收的,按规定偿付逾期违约金。

五、不按合同规定拨付工程款,按银行有关逾期付款办法的规定延付金额每日万分之三偿付承包方赔偿金。

第十一条 纠纷解决办法

建筑工程承包合同发生纠纷时,当事人双方应及时协商,协商不成时,任何一方均可申请各级城乡建设委员会或双方上级业务主管部门,进行调解;解决不了的,可选择下述第( )项处理:(1)向建筑物所在地的仲裁委员会申请仲裁,(2)直接向人民法院起诉。

第十二条 合同的生效与终止

一、本合同一式_____份,合同附件_____份。甲乙双方各执正本一份。其余副本由发包方报送_____机关、建设主管部门备案。

二、本合同自双方代表签字,加盖双方公章即生效日起生效;工程竣工验收符合要求,结清工程款后终止。

三、本合同签订后，承、发包双方如需要提出修改时，经双方协商一致后，可以签订补充协议，作为本合同的补充合同。

双方签字(盖章)

甲方单位：_____   乙方单位：_____

代理人：_____   代理人：_____

法人住址：_____   法人住址：_____

电话：_____   电话：_____

合同签订日期：_____

签约地点：_____

试一试

1. 简答题。

（1）合同的主要条款应有哪些？

（2）合同写作的注意事项有哪些？

2. 病文诊断：试指出以下合同的不足之处。

经济合同

甲方：本市印刷厂

乙方：天远建筑公司

甲乙双方经商定，共同订立本合同：

一、甲方委托乙方建造办公大楼一座。

二、建造工程要求在2016年5月底前完成。

三、全部工程费用为170万元，订立合同后甲方先付给乙方一部分的工程费，余款在大楼建成验收后一周内付清。

四、建楼所需的各项材料，由乙方全权负责。

五、甲方如不能按期付款，每拖延一天应赔偿给乙方工程费千分之一左右的赔偿金；乙方如不能按期完工，每拖延一天，甲方可在工程费中扣除千分之一作为赔偿。

六、施工期间的人身安全由乙方自负。

本市印刷厂

天远建筑公司

2015年10月

3. 写作实训。

假如你毕业后在某公司人力资源部门工作，公司招聘销售人才，人力资源部录用了张先生，要与张先生签订一份聘用合同。部门经理把拟写合同的任务交给了你，请你写出这份合同。

第八节 协 议 书

一、协议书的概念

协议书是平等主体的自然人、法人、其他组织之间对某一重要问题或事项经协商取得一致意见后订立的具有经济或其他关系的契约性文书。协议书具有原则性、灵活性和广泛性等特点。

协议书在平等、自愿、公平诸方面与合同相同，具有合同的一般特征，其格式和写作要求也与合同相仿，因此协议书和合同有时候可以互换。

二、协议书的种类

协议书的使用范围十分广泛，其用途是合同所不可替代的。协议书的种类也很多，按其具体内容可分为：承包工程协议书、购销协议书、承揽加工协议书、财产保险协议书、赔偿协议书、调解协议书、经济协议书、合作协议书等。

协议书按适用时间分，有长期协议书、中期协议书、短期协议书和临时协议书等。

协议书按作用分，有意向式协议书，补充、修订式协议书和合同式协议书。

三、协议书的格式写法

协议书一般由标题、称呼、正文和结尾四个部分组成。

1. 标题

标题一般由事由和文种两部分组成，如"技术合作协议书"。也可以只写明文种，即只写上"协议书"三个字就可以了。

2. 称呼

称呼一般写在标题之下，写明订立协议的双方当事人的单位名称或姓名，要写全称，并注明一方是甲方，一方是乙方，以便在正文中称呼。

3. 正文

正文包括前言和主体两个部分。在前言部分主要交代签订协议的原因、依据、目的，紧接着以程式化的语言引出主体部分，如"现将有关事宜分列如下"等。在主体部分就协议书牵涉的有关事宜作出全面而又明确的说明，尤其要着力写好协议书中双方的权利和义务。

4. 结尾

结尾要写明订立协议的双方单位的全称，并加盖公章。必要时还得写上签证单位和公证单位的名称，并加盖公章。最后说明签订协议的时间，要具体到年、月、日。

四、协议书写作的注意事项

① 协议所指向的标的要具体。名称、规格、型号等不能模糊,否则就容易让人钻空子。
② 对协议双方的权利和义务要有明确规定,否则在履行过程中难以找到明确的依据。
③ 协商意见要明确。在协议书中,应标明双方协商的态度、方式、时间、地点,否则容易引发冲突。
④ 语言不能有歧义。协议书的标的、质量、数量、价款、履行期限、地点、方式、违约责任等必须规定明确,不能产生歧义。

【例文 4-10】

房屋买卖协议

出卖人(以下简称甲方):天津某设备厂
住所:天津市河东区路×号
法定代表人:
买受人(以下简称乙方):天津市某有限公司
住所:天津市河东区路×号
法定代表人:
保证人(以下简称丙方):天津开发区某有限公司
住所:天津开发区第二大街捷达路×号门
法定代表人:

鉴于:甲方已经进行了企业改制,原国有投资全部退出,为盘活有效资产,甲方决定将拥有产权的坐落于天津市河东区路×号大楼0~5层房屋(总建筑面积6 320.52平方米,房屋结构为框架,详见本协议附件1《房屋产权证书》)依法转让给乙方;乙方为公司业务拓展的需要,有意购买甲方拥有产权的上述房屋;丙方为甲方的实际控制人及大股东,就甲乙双方前述房屋买卖行为,愿意作为甲方的保证人,向买受人乙方承担连带保证责任。

为此,根据《中华人民共和国合同法》《中华人民共和国城市房地产管理法》等有关法律、法规之规定,甲、乙、丙三方在平等、自愿、诚实信用的基础上,经友好协商,于2008年12月10日于中国天津达成如下协议,以资各方共同遵守。

第一条 房屋基本情况
1. 乙方购买甲方坐落于天津市河东区路×号的大楼0~5层房屋,经房地产产权登记机关测定的建筑面积为6 320.52平方米。房屋结构为框架。详见本协议附件1。
(略)

第二条 房屋转让价格
该房屋整体转让价格为人民币 　　万元(大写 　　人民币)。该价格不包括办理房屋及土地过户交易手续所需的各种费用,该房屋转让过户交易发生的各项税费(含土地变性需要缴纳的土地出让金)由甲、乙双方平均分担,但甲方对本协议项下的房屋与其他厂房分户手续的办理费用由甲方自行承担。

第三条　付款方式

1.甲乙双方将办理房屋产权过户的手续递交相关部门并被依法受理,且根据甲方指定的第三人与乙方签订的《房屋抵押合同》(详见附件8)之约定在甲方指定的第三人办理完毕房产抵押登记手续、乙方取得《房屋他项权证》后,乙方向甲方支付买卖房屋的定金人民币420万元(占总房款的20%,可以折为购房款),同时,乙方另行支付甲方购房款420万元,即总房款的20%。

(略)

第四条　交房方式

自本协议签订之日起40日内(该时间越短越有利于买方利益的保护,毕竟占据房子会掌握主动,因此,建议将此时间尽量缩短,最好在第一次付款后就能进驻),甲方将本协议项下的房屋腾空并交付给乙方占有并使用,甲方应同时将本协议附件2记载的该房屋的附属设备、设施和房屋建筑设计、装饰、消防及施工等图纸资料一并交付给乙方。

第五条　甲方承诺条款

1.甲方承诺:对于本协议项下房屋的房屋具有所有权,并没有任何出租,也没有任何其他的共有权人,同时,对于该房屋的出售,没有任何享有优先购买权的人,该房屋之上没有设定任何诸如抵押等他项权利,该房屋也不存在任何诸如法院查封等权利处分受到限制的情况,否则,甲方将承担全部责任。

(略)

对于前述范围的土地,甲乙双方将对现场进行丈量后做出补充协议,并作为本协议的附件。

第六条　甲方的违约责任

1.甲方没有根据本协议第四条的约定及时将房屋腾空并交付乙方,或者没有一并交付乙方房屋的附属设备、设施和房屋建筑设计、装饰、消防及施工等图纸资料的,甲方应双倍返还乙方定金,并应继续履行本协议。

(略)

第七条　乙方违约责任

乙方未按本协议第三条约定的时间付款,甲方有权按累计应付款向乙方追究违约利息,逾期付款的利息按照日万分之二点一的标准计算。逾期付款超过_____天,乙方向甲方支付违约金共计_____元整,协议限期继续履行。若乙方在_____天内仍未继续履行协议,乙方向甲方支付违约金共计_____元整,协议终止,乙方将房屋退还给甲方。甲方实际经济损失超过乙方支付的违约金时,实际经济损失与违约金的差额部分由乙方按实际损失赔偿。

第八条　其他约定事项

本协议房屋转让,该房屋所属土地使用权利随之转让。由于本合同签约时该房屋所属土地的性质尚没有变性,即没有从划拨用地变为出让用地,因此,甲方应该在签约后及时办理土地出让手续。如果由于甲方的原因导致土地没有及时变性影响了房屋过户变更登记手续的办理,视为甲方违约,并按照第六条第3款的约定向乙方承担违约责任。

第九条　如非甲方原因致使乙方未实际取得买卖房屋的产权,且乙方已支付了房屋的部分或全部款项,甲方应在乙方提出解除协议之日起七日内返还乙方购房款项,在退还该款项时根据实际占有乙方款项的时间按照同期银行贷款利息支付乙方房款利息,并按照日万

分之二点一的标准向乙方支付补偿金。(增强对买受人权益的保护)

第十条 保证条款

1.保证人丙方对乙方承担连带保证责任,保证范围为本协议项下甲方应承担的全部责任,保证期间为甲乙双方办理完毕本协议项下房屋(含土地)过户变更登记手续后两年。

2.丙方的保证责任,在甲乙双方对本协议做出任何修改、补充或者变更后仍然继续有效。

第十一条 本协议中未规定的事项,遵照中华人民共和国有关法律、法规和政策执行。

第十二条 本协议在履行中发生争议,由甲、乙双方友好协商解决。协商不成的,甲乙双方均可向协议项下房屋所在地的人民法院提起诉讼。

第十三条 本协议三方签字并盖章之日起生效。

第十四条 本协议一式六份,甲乙丙三方各执一份,其余份数留于办理权属转移手续等用。各方所执协议均具有同等法律效力。

甲方:(签章)

法定代表人签字:

乙方:(签章)

法定代表人签字:

丙方:(签章)

法定代表人签字:

签订日期:_____年____月____日

试一试

1.简答题。

(1)协议书的种类一般有哪些?

(2)协议书的写作应注意哪些事项?

2.病文诊断:试指出以下协议书的不足之处。

商品房认购协议书

甲方:

乙方:

为了保护商品交易双方的合法权益,甲、乙双方经友好协商,就乙方认购甲方开发建设的商品房一事达成如下协议。

一、房屋基本情况:乙方预定甲方开发建设的位于_____市_____区_____路_____号楼盘:_____号楼_____单元_____号房屋。

二、认购期间:甲方承诺为乙方所预定房屋保留_____天。

三、定金:本协议签订时,乙方向甲方支付定金_____(小写)元,_____(大写)元。乙方须在上述房屋保留期限内,携本协议到甲方售楼处,与甲方协商签订《商品房买卖(预售)合同》有关事宜。上述定金在甲、乙双方签订《商品房买卖(预售)合同》时,由甲方退还乙方,或抵作该房屋的购房价款。

四、付款方式:乙方同意选择下列_____种付款方式,在与甲方签订《商品房买卖(预售)合同》后向甲方支付购房价款。

1. 一次性付款。

2. 分期付款：于签约当日支付_____%。

3. 个人住房抵押贷款：于签约当日付清房屋总价_____%的首付款。

五、证明文件：甲方应向乙方出示下列证件及其附属材料，甲方保证以下资格认证文件真实无瑕疵。

1. 企业法人营业执照证号。

2. 国有土地使用权证书证号。

3. 建设工程规划许可证（包括附图）证号。

4. 建设用地规划许可证证号。

5. 施工许可证证号。

6. 房屋销售（预售）许可证证号。

六、乙方承诺：在本协议签订后，在上述约定的时间内到甲方指定的地点与甲方签订《商品房买卖（预售）合同》，并承诺在与甲方签订《商品房买卖（预售）合同》时，乙方将完全遵循本协议中约定的房屋位置、面积、价款、户型等条款。如乙方不能履行本协议书确定的义务，视为乙方自行放弃该房屋的房号保留权，甲方有权终止本协议的履行，并将该房屋另行出售，同时乙方已交付的定金不予返还。

七、其他：甲方出现以下情形之一，乙方有权解除协议，甲方应向乙方全额返还定金。

1. 甲方依本协议第五条向乙方提供的证明文件不完整、不真实或有瑕疵，导致双方不能签订《商品房买卖（预售）合同》的。

2. 甲方存在其他违法、违约行为导致双方不能签订《商品房买卖（预售）合同》的。

3. 甲、乙双方经协商未能就补充协议达成统一意见的。

八、不可抗力。

1. 如果本协议在执行过程中受到诸如地震、台风、洪水、火灾、战争或其他双方认可的不可预见的不可抗力的直接影响，或无法按照原协议条款执行，受不可抗力影响的一方应立即以传真通知对方，并且在此以后5天内将发生事故地区有关部门开具的事故证明寄给对方。

2. 因政府产业政策发生变化而导致本协议无法履行时，甲、乙双方可以解除本协议并免费

九、本协议自甲、乙双方签字之日起生效。

十、本协议一式二份，甲、乙双方各执一份，均具有同等法律效力。

甲方（盖章）：   乙方（签字）：

3. 写作实训。

江城市人民银行青年职工文化水平偏低，给工作造成了一定的影响，为了提高职工素质，想委托江城×学校培养100名高中毕业、二年制金融专业学生，请拟写一份协议书。

第九节　商业广告

一、商业广告的概念

商业广告是"商品经营者或者服务提供者承担费用，通过一定媒介和形式直接或者间接地

介绍自己所推销的商品或者所提供的服务"(《中华人民共和国广告法(以下简称《广告法》)》第二条)。

二、商业广告的特点

商业广告虽然以赢利为目的,但其制作必须具有真实性、时效性和艺术性三大特点。

1. 真实性

真实性是对商业广告内容实事求是的要求。《广告法》第三条规定:"广告应当真实、合法、符合社会主义精神文明建设的需要。"第四条也重申真实性含义:"广告不得含有虚假的内容,不得欺骗和误导消费者。"

2. 时效性

商业广告是通过信息的传递获得经济效益的,它传递的信息及时,才能在消费市场中体现出价值。商业广告的整个周期,包括制作、发布、传播、消费者接受,都要求迅速、及时。

3. 艺术性

商业广告要达到赢利的目的,就要将商品的信息生动、形象地传递给消费者,引起消费者的共鸣。因此,广告的表现形式应富有艺术性,要让消费者在艺术的享受中感受到商品的信息。艺术的加工要考虑世界各地不同的社会环境、地域特点、民族风情,要在不同的地方都能正常发挥作用。

三、报纸、杂志广告的格式写法

报纸、杂志的广告基本由标题、正文、随文和广告口号四个部分组成。

1. 标题

广告的标题没有固定的模式,表达要随消费者的心理和市场而变化,概括起来有直接式、间接式和综合式三种。

直接式标题用写实的手法直接写出商品的品名,如"文豪——多功能中西文图文处理机"、"特效口服近视灵"等。

间接式标题使用各种表现手法暗示正文内容的特点,如"晶晶亮,透心凉"(雪碧饮料)、"公道不公道,只有我知道"(电子秤)等。

综合式标题既出现商品名称,又辅以各类表现手法,虚实相间,如"书山有路笔为径"(零陵铅笔)、"春光明媚,处处有芳草"(芳草牙膏)。

广告标题制作要体现定位的主题,让消费者看出商品的本质特点,突出商品的个性。同时表达要生动新颖,文字要简洁凝练。

2. 正文

广告的正文没有统一的体式,文字、数据、图片都可以充斥其中,关键要抓住消费者的心理,使消费者的兴趣得以发展,以致产生购买的欲望。

广告的正文虽然可以丰富多样,但应该写明以下内容。

① 对标题的解释(必要时)。
② 介绍商品的性能、特点。
③ 对上述的介绍进行证实。
④ 与同类商品相竞争的优点。

内容顺序不一定照此排列,也可几项内容融合在一起。

3. 随文

随文是广告的结尾,又有俗语称为"落款",主要起到购物指南的作用。随文要写明企业名称、地址、邮政编码、电话、电子邮箱、经销单位、特约维修部等。随文可以和正文列在一起。若正文内容特别丰富,或为了使正文内容突出,随文可单独列出。刚进入市场的商品、消费者不太熟悉的商品、具有一定专业性的商品都应该写随文,一些畅销的日用品广告可以省略随文。

4. 广告口号

广告口号又称为"广告标语""广告警句",是用词组或简短的句子组成的长期传达商品形象的信息,感染力强,能让人过目不忘。由于简短又朗朗上口,广告口号经常会深入人们的生活,它所携带的商品和企业的信息也随之深入人心。如"总统用的是派克"(美国派克钢笔)、"购物到南京东路,放心在中联商厦"(上海中联商厦)、"除了钞票,承印一切"(法国某印刷公司)、"旅行者的故事在此交换"(土耳其一乡间酒吧)。

四、商业广告写作的注意事项

1. 要表现新颖独特

商业广告的表现手法多样,优秀的创意总是能紧紧抓住消费者的心。国外把优秀广告概括为"AIDAS",A 是 attention,意为注意,指广告首先要引起消费者的注意力;I 是 interest,意为兴趣,要让消费者将注意力转为对商品浓厚的兴趣;D 是 desire,意为欲望,对商品的兴趣常常引起购买的欲望;A 是 action,意为行为,购买欲望付诸于购买的实际行动;S 是 satisfaction,意为满意,是广告引起的整个过程的圆满结局。这个过程首先必须有新颖独特的广告,引起消费者的兴趣。

商业广告的创意是思维的创新,它涉及商品的各类特点和策划者本人的思想背景,策划者要不断拓展自己的知识面,将广告的主题融入时代的大思潮。如今,商业广告的创意日益注重人情味、艺术性、幽默感、环保意识,策划者可以通过营造意境、传递情感、转换角度等方法策划具有独特风格的广告。如日本松下公司省电灯泡的"拯救地球的灯泡",让我们感受到了强烈的环保意识。

2. 要重视社会效应

现代社会商业广告无所不在,对社会风气、生活方式、语言、心理产生了潜移默化的作用,这种被称为"二次效应"的作用对社会思想的影响是不容低估的。因此,《广告法》第七条规定:

"广告内容应当有利于人民的身心健康,促进商品和服务质量的提高,保护消费者的合法权益,遵守社会公德和职业道德,维护国家的尊严和利益。"含有低级趣味的、对消费者进行误导、侵害消费者利益的、进行不正当竞争的广告都会形成不良的社会效应,不符合《广告法》的要求。

【例文 4-11】

不倒的金牌　驰名的商标 ①

在中国数千年酿酒历史长河中,泸州老窖曾给时代留下了不可磨灭的殊荣。泸州老窖股份有限公司拥有我国"老窖"最多、"窖龄"最老的老窖池群。在 3 000 多个窖池中,百年以上的老窖池就有 400 多口,而独有的全国保存最完好、连续使用时间最长的明朝万历年间所建的老窖池群,成为我国酿酒业唯一的国家重点文物保护单位,享有"中国第一窖"的美誉,是中国浓香型白酒的发源地,故称浓香型白酒为泸型酒。回顾泸州老窖百年的创业和奋斗铭记史册,泸州老窖一个世纪的荣誉与辉煌令人鼓舞。

100 年过去了。在这里我们无法一一介绍泸州老窖获得的全部金奖,只能选择举例,以管窥豹。

新中国成立前,泸州老窖大曲酒曾经获得南京劝业会一等奖、北京劝业会一等奖、上海博览会甲等奖、重庆劝业会甲等奖、成都劝业会特等奖以及昆明、成都等城市展览会的奖章和奖状,并于 1915 年在美国旧金山举办的巴拿马万国博览会上,一举夺得金奖,叩击国人的心扉,正是:泸酒饮誉旧金山,老窖浓香遍环宇。

旧金山夺魁,开创了泸州老窖蓬勃发展的新起点。酿酒技艺越来越高,由于它具有"浓香、醇和、爽甜、回味长"的四大特点,常被冠以"醇香浓郁,饮后尤香,清冽甘爽,回味悠长"四句评语,来概括其典型风格。

新中国成立后,风卷红旗如画,泸州老窖锦上添花。1952 年全国首届评酒会上,泸州老窖大曲与贵州的茅台等被列入全国四大名酒之列。专家根据其浓香爽口、柔和纯净,将其作为"浓香型"白酒的典型代表,奠定了"浓香正宗"的崇高地位。

继 1952 年全国评酒会后,作为浓香型的唯一典型代表,蝉联了以后的历届评酒会授予的"国家名酒"称号。改革开放和建立社会主义市场经济新时期,其"泸州"牌注册商标被消费者评为首批"中国十大驰名商标"之一。

所有的奖项直观、真实地反映出泸州老窖绝技相传、挥汗如雨、艰苦奋斗、开拓进取的精神。今天,泸州老窖股份有限公司已是国家 500 强的大型企业。回首这百年金奖、世纪辉煌的历程,泸州老窖更加美好的未来却是指向新世纪的!

✎ 试一试

简答题。
(1) 试述广告的三大特征。
(2) 广告的写作要求有哪些?

---

① 摘自:黄卓才主编《经济写作》,2004 年 9 月。

第五章

书信类文书

教学目标

1. 学习日常应用文体的理论知识，了解一般书信和专用书信、条据、启事等文体的不同种类，明确其在社会实践活动中的重要作用。

2. 通过对理论知识和范文的学习、理解，掌握各类日常应用文体的写作要领，并能熟练自如地进行写作。

第一节 申 请 书

一、申请书的概念

申请书是个人或集体向组织、机关、企事业单位或社会团体提出请求，要求批准或帮助解决问题的专用书信。

申请书的使用范围十分广泛，种类也很多。按使用的主体可分为个人申请书和单位、集体公务申请书；按申请事项的内容，一般有入团入党、困难补助、调换工作、建房、领证、承包、贷款申请书等。

二、申请书的特点

1. 请求性

申请顾名思义是申明自己的情况和理由，并有所请求的意思，无论哪一种申请书，请求性都是其根本特性。

2. 规范性

作为以个人向组织、下级向上级为行文方式的专用书信，申请书的内容因要求不同而各异,但格式都基本保持不变,语言表达也要求规范得体。

三、申请书的格式写法

1. 标题

标题有两种写法:一种是直接写"申请书";另一种是在"申请书"前加上内容,如"入党申请书"、"调换工作申请书"等。

2. 称谓

标题下一行顶格写明受理申请书的组织、单位或有关领导。可根据需要在称谓前加上定语,如"敬爱的××系党支部"、"尊敬的校领导"等,称谓后加冒号。

3. 正文

正文是申请书的主体部分,要求写明申请的理由与事项。申请的理由要客观、充分,事项的陈述要清楚、简洁。

如申请加入某组织通常先表明自己加入该组织的愿望,谈对组织的认识、动机和对待加入该组织的态度;然后谈谈个人在政治、思想、学习、工作等方面的主要表现情况;最后表明今后努力方向以及如何以实际行动争取加入。需要组织或领导帮助解决问题或批准的申请,则将自己的问题或困难实事求是、有理有据地写出来。

4. 结尾

结尾一般用惯用语"特此申请"、"希望领导研究批准"、"恳请领导帮助解决"等,也可用"此致 敬礼"等礼貌用语。

5. 署名、日期

位于正文右下方。个人申请写清申请者姓名,单位申请则写明单位名称,并加盖公章。署名下注明日期。

四、申请书写作的注意事项

① 开门见山,开头即把申请的事项或理由和盘托出。
② 清晰具体,对申请事项的陈述和理由的申明要充分有据。
③ 措辞要得体。

【例文 5-1】

困难补助申请

院学生处:
　　我叫×××,是××系06级学生。我来自××省××市一个贫穷落后的山区,一家七口人。上有年事已高的祖父母,下有正在上学的一双弟妹,而我又还在读书,一家人的全部

费用全靠父母守着的那几亩薄地的收入。为我上大学,家里已欠下了近万元的债务,每每念及这些,我总是心存深深的愧疚,唯有以加倍的努力学习来报答他们。

最近听说学生处要发放一笔困难补助金,我本不愿给学校添麻烦,但觉得若能拿到困难补助,也可以减轻些家里的负担,所以特此提出申请,恳请批准。

此致

敬礼

学生:×××
××××年×月×日

试一试

向你希望加入的学校某社团组织写一份申请书。

第二节 感谢信与慰问信

一、感谢信

1. 感谢信的概念

感谢信是得到他人或某单位的帮助、支持或关心后对其表示衷心感谢的书信,有感谢和表扬双重意思。根据寄送对象不同,感谢信可以分为三种:一种是直接寄送给感谢对象,一种是寄送对方所在单位有关部门或在其单位公开张贴,还有一种是寄送给广播电台、电视台、报社、杂志社等媒体公开播发。

2. 感谢信的特点

感谢信的内容感情真挚,多采取公开张贴或公开播发的形式,除了个人表达谢意外,对于弘扬正气、树立良好的社会风尚,促进社会主义精神文明建设也有着重要意义。

3. 感谢信的格式写法

感谢信一般由标题、称谓、正文、结语、署名与日期五部分构成。

(1)标题

标题可只写"感谢信"三字;也可加上感谢对象,如"致××同学的感谢信"、"致××公司的感谢信";还可再加上感谢者,如"××全家致××社区居委会的感谢信"。

(2)称谓

称谓写感谢对象的姓名或单位名称。如"××医院××科"、"××同志"。

(3)正文

正文主要写感谢理由和表达谢意这两层意思。

感谢理由。首先准确、具体、生动地叙述对方的帮助,交代清楚人物、时间、地点、事迹、过程、结果等基本情况;然后在叙事基础上对对方的帮助作恰贴、诚恳的评价,以揭示其精神实质、肯定对方的行为。在叙述和评价的字里行间要自然渗透感激之情。

表达谢意。在叙事和评论的基础上直接对对方表达感谢之意,根据情况也可在表达谢意之后表示以实际行动向对方学习的态度。

（4）结语

结语一般用"此致　敬礼"或"再次表示诚挚的感谢"之类的话,也可自然结束正文,不写结语。

（5）落款

署名与日期,署名是感谢者的个人姓名或单位名称,日期是写信的时间。

4. 感谢信的写作注意事项

（1）内容真实

感谢信以感谢为主,兼有表扬,所以表达谢意时要真诚,评誉对方要恰当,不能过于拔高,不可夸大溢美。

（2）用语适度

感谢信的内容以主要事迹为主,用语要求精炼、简洁,注意遣词造句,不可过分雕饰,以免失真、虚伪。

二、慰问信

1. 慰问信的概念

慰问信一般用于是同级、或上级对下级单位或个人表示关怀、慰问的信函。慰问信可他人处于特殊的情况下(如战争、自然灾害、事故),表示同情安慰;可对有突出贡献者进行慰问以表达赞扬、崇敬之情;还可在节假日,对相关群体表示问候、关心。

2. 慰问信的特点

（1）公开性

慰问信可以直接寄给本人,但大多是以张贴、登报,在电台、电视上播放的形式出现。

（2）沟通性

无论是哪种慰问信,都是通过或同情表达关切之意、或赞扬表达崇敬之情的方式来达成双方的情感交流和相互理解的。节日的慰问,尤其是为某一群体而设的节日的慰问,更是起着相互沟通情感的作用。

3. 慰问信的格式写法

慰问信一般由标题、称谓、正文、结语、署名与日期五部分构成。

① 标题可只写"慰问信"三字,也可加上慰问对象,如"致××的慰问信"。

② 称谓即慰问对象。

③ 正文先写慰问的原因,即事件的情况,或介绍他人的事迹等;再写慰问,表达祝福和希

望之意等。

④ 结语一般用"祝同志们节日愉快!"之类表示祝福的话。

⑤ 署名与日期,在右下角写明慰问者的名称和日期。

4. 慰问信的写作注意事项

态度诚恳、真切。根据不同的对象、不同的情况,表达真挚、自然的慰问之情,能够真正打动人心、达到安慰人的目的。

【例文 5-2】

感 谢 信

敬爱的领导:

　　今天,我们怀着万分感激之情写下这封信,希望能够借着这封信感谢国家的大好政策,感谢政府对我们的帮助和扶持,感谢国家为我们发放的奖助学金,感谢在助学金评选工作中付出辛勤努力的老师和同学们。

　　当手捧着大学录取通知书时,感受到未来是光明的,但家庭贫困让我们的求学之路变得艰难,得知国家、学校为我们这类的贫困生准备了新生入学绿色通道时,才让本已负债的家庭在为我筹集学费时松了一口气。入学后,学校又为我们办理了国家助学贷款,为我们安排勤工助学岗位……使我们能够安心得学习。这次,国家又为我们发放了国家助学金,这些资助极大地缓解了我们的生活压力,心里有说不出的感激,同时,又给了我们更大的学习动力。

　　其实,虽然作为贫困生办理了国家助学贷款,但我从不觉得作为贫困生有什么不光彩。和大家一样,我在学校,在生活,我在努力地为自己的未来找一个方向。所以我一直觉得,这种生活方式给了我排解了很多很多心理上的压力,使我没有歉疚感,是促使我继续努力的动力。今后我一定要努力学习掌握过硬的本领,树立起坚定的政治信念,自觉接受党的教育,走在同学前列承担起一名大学生应尽的责任。上学期间,我不放弃任何为广大学生服务的机会,在大家的推荐和推举下,我担任过学生干部,并积极主动帮助其他有困难的同学,为自己将来成为社会有用的人才,回报社会打下良好的基础。我还光荣地成为了中国共产党预备党员,在今后的学习和工作中,我会更加努力。"国家助学金"给了我很大的帮助,大大减轻了家庭负担,我会合理运用这些钱,好好学习天天向上,将来为祖国的繁荣昌盛贡献一份力量。

　　面对你们所给予的支持帮助和鼓励,我心中万般感谢的祝愿在这里只能汇成一句简短但能表露我的心声的话,那就是谢谢你们,为我们着想的国家,亲爱的领导、老师,多年后的我,成功之后一定不会忘记大学的艰辛岁月,不会忘记大学期间大公无私的默默资助自己的人们。我一定会用自己的能力来回报祖国,来帮助更多的"我们"。

　　此致

敬礼

兰州大学 黄莎
2015 年 3 月 3 日

【例文 5-3】

慰 问 信

亲爱的少年儿童们：

　　你们好！

　　今天，我们怀着喜悦的心情迎来了国际"六·一"儿童节。借此机会，共青团巴中市委、巴中市教育局、巴中市少工委向全市少年儿童致以节日的祝贺！向辛勤培育祖国花朵的广大教师、教育工作者、辅导员和所有关心少年儿童健康成长的社会各界人士表示衷心的感谢并致以崇高的敬意！

　　少年儿童是祖国的未来和民族的希望。党和政府历来重视、关心少年儿童的健康成长，积极采取一系列有效措施，努力营造少年儿童健康成长的良好社会氛围。我们欣喜地看到，在全社会的共同关心、呵护下，我市广大少年儿童沐浴着阳光雨露，团结在星星火炬的旗帜下，热爱祖国，勤奋学习，全面发展，茁壮成长。

　　少年儿童们，少年儿童时代是美好人生的开端，远大的理想在这里孕育，高尚的情操在这里萌生，良好的习惯在这里养成，生命的辉煌在这里奠基。真诚地希望全市少年儿童按照胡锦涛总书记提出的"争当四好少年"的要求，在德、智、体、美等方面全面发展，争当热爱祖国、理想远大的好少年，争当勤奋学习、追求上进的好少年，争当品德优良、团结友爱的好少年，争当体魄强健、活泼开朗的好少年，时刻准备着为建设富强民主文明和谐的社会主义现代化国家贡献智慧和力量。同时也希望你们能严格要求自己，在家做一个好孩子，在学校做一个好学生，在社会上争当文明的小公民，把自己锻炼成为适应现代化建设需要的优秀人才，以乐观向上、积极进取的精神状态迎接未来的挑战。

　　少年儿童们，未来是美好的，但美好的未来总与克服困难相伴，与奋力进取相依，我们有理由相信，有党和政府的关怀，有社会各界的关心，有你们的不懈努力，咱们革命老区的每一位少年儿童都会开创一片美好的未来！

　　亲爱的少年儿童们，真挚地祝福你们平安健康，学习进步，茁壮成长！

共青团巴中市委　巴中市教育局
巴中市少工委
2010 年 6 月 1 日

思考与练习

1. 学校社团开展一个母亲节主题的活动，请你替所有大学生为母亲们写一封感谢信。

2. ××地区暴雨成灾，大部分地区被淹，交通受阻，许多人的生命和财产受到威胁和损失。××大学为其募捐到一些钱和衣物准备寄去，同时还附上一封慰问信。请你代为起草这封慰问信。

第三节　介绍信与证明信

一、介绍信

1. 介绍信的概念

介绍信是介绍被派遣人员到有关单位接洽事情、联系工作、学习经验、出席会议等所使用的一种专用书信，起着介绍和证明的双重作用。例如，学生到某单位实习或搞什么活动时，由所在院系开据介绍信；派人到别的单位推销宣传自己的产品时，要带介绍信；派新手前往接洽同其他单位的业务交流时，也需带上介绍信。

2. 介绍信的特点

（1）证明性

介绍信旨在为持信人证明身份，以便于同有关单位或个人联系，商量洽谈具体事宜，而收看介绍信的一方则可以从介绍信中了解来人的职业、身份、目的及要求等，以防止假冒。

（2）时效性

介绍信作为一个临时性的有效证件，为持信人向对方证明身份、来历，同时也赋予持信人责任和权利，所以介绍信一般都开列出一定的时日期限，在此期限内使用才有效。

3. 介绍信的格式写法

介绍信形式上有手写和印刷两种，手写的用一般信纸，称为普通介绍信；印刷的是事先铅印成文，有的还留有存根。下面介绍普通介绍信的写法。

普通介绍信包括标题、称谓、正文、落款、有效期五个部分。

（1）标题

在第一行居中写上"介绍信"三个字，有时也可省略。

（2）称谓

称谓在标题下一行顶格写，要写明联系单位的完整名称或个人的姓名，后加冒号。

（3）正文

正文另起一行，空两格写介绍信的内容，主要写明以下两点。

① 持介绍信的人数、姓名、身份。涉及一定保密范围的事项时，还须注明联系人的政治面貌、职务、级别等，以便收信单位根据情况进行接待工作。

② 接洽或联系的事项，以及向接洽单位或个人所提出的希望和要求等，一般用一段文字表达。

正文结尾一般还写上"此致 敬礼"等表示祝愿和敬意的话。

（4）落款

在正文右下方写上出具介绍信的单位的名称，并署上介绍信的成文日期，加盖单位公章。

（5）有效期

在左下方注明该介绍信的使用期限。

4. 介绍信写作的注意事项

① 内容要真实，不得编造甚至冒名顶替。
② 语言简明扼要，写清持信人所接洽办理的事项即可，与此无关的不要写。
③ 介绍信务必加盖公章，查看介绍信时，也要核对公章及介绍信的有效期限。
④ 书写工整，不得涂改。若有涂改，须加盖公章，否则此介绍信将被视为无效。

二、证明信

1. 证明信的概念

证明信是单位或个人出具的用来证明某人的身份、经历或某事物的真实情况的专用书信，通常又简称为"证明"。

常用的证明信有两种：一种是被证明人作为随身携带的证件用的证明信；另一种是其他单位、组织来了解本单位某人、某事的真实情况的材料证明，这种材料证明，有的是由单位直接出具，有的是由个人出具，单位组织核实并签署意见，盖章后生效。

2. 证明信的特点

（1）凭证性

证明信是持有者用以证明自己身份、经历或某事真实性的一种凭证，这是证明信最根本的特点。

（2）严肃性

出具证明信的单位或个人都须对证明信的真实性负责。

3. 证明信的格式写法

证明信包括标题、称谓、正文和落款四个部分。

（1）标题

首行居中书写标题，可直接写文种"证明信"或"证明"，还可在前面加上事由，如"关于×××同志××情况的证明"。

（2）称谓

要在第二行顶格写上受文单位名称或受文个人的姓名称呼，后加冒号。如果是供外出办事人员作身份证明使用，因没有固定的受文者，则这一部分可略去。

（3）正文

称谓后另起一行，空两格书写。正文要写清楚证明的事项。如证明某人的工作经历，就应写明姓名、时间、在本单位工作时担任的职务、工作能力、业绩等。如证明某件事情的真实与否，须写清参与者的姓名、身份以及其在事件中的地位、作用和事件本身的前因后果。证明材料要针对对方所要求的要点写，其他无关的不写。

正文结尾处，要另起一行空两格写上习惯用语"特此证明"、"情况属实，特此证明"等。

（4）落款

在正文的右下方写明证明单位名称并加盖公章,并写上日期。个人出具的证明材料应写明证明人姓名、身份,并签字盖章。

4. 证明信写作的注意事项

① 出具证明信态度要慎重,实事求是、认真负责,措辞要明确,不可含糊其辞。个人出具的证明信的内容如果本人不太熟悉,应写上"仅供参考"的提示性语言。

② 个人出具的证明信,要写明写证明信者本人的身份、工作情况等,以便审阅证明信的人了解情况,鉴别证明材料的可信度。

③ 证明信不可用铅笔、红色笔书写,若有涂改,须在涂改处加盖公章。

【例文 5-4】

介 绍 信

××贸易公司:

  兹介绍我校×××、×××等贰位同志前往你处联系有关安排学生毕业实习事宜,请接洽为荷!

  此致

敬礼

××商贸学院(公章)
2015 年 3 月 10 日

(有效期叁天)

【例文 5-5】

证 明 信

××市贸易公司:

  你公司××同志,2003 年 9 月至 2006 年 6 月曾在我院经济系国际贸易专业学习。在院期间,学习刻苦,工作积极,要求进步,连续三年被评为"三好学生"。

  特此证明

××商贸学院(公章)
2015 年 5 月 30 日

✎ 试一试

  张海东同志刚从××技术学院调往××公司,公司希望原工作单位能够出具张海东同志工作经历及表现的证明。张海东,现30岁,中共党员,在院地质系担任副主任职务,工作认真负责,业务能力强,多次被评为市级劳动模范,院内先进工作者。根据以上材料,写一封证明信。

第四节 求 职 信

一、求职信的概念

求职信是求职人员向用人单位介绍自己、提出求职申请的交际文书。求职信与简历是求职者与用人单位见面之前最重要的展示、推销自己的手段,又承担着不同的任务,应注意区别。

简历,又称为履历表,是求职者在对本人求职意向和范围作了考虑判断的基础上,根据此范围内的单位和职务的需要而写的求职材料,内容以能够适应一类岗位的知识、能力、专长为重点,它的适用面较为宽泛,一份简历可以打印多份投递同一求职范围内的不同单位。而求职信,无论是主动向用人单位介绍自己的自荐信,还是应招聘广告而写的应聘信,都是在有了明确而具体的求职目标之后,针对这一个单位或职位而写的,也就是说一封求职信只用来应聘一个单位或职务。

二、求职信的特点

1. 内容针对性强

求职信与简历同样为求职目标量身订制,而求职信针对性更强。简历的内容较为固定,难以灵活变化;求职信则针对具体的单位或职务来进行自我推荐,求职目标明确,内容单一明了,更易使自己从招聘人员所面对的繁复的书面材料中脱颖而出。

2. 语言庄重自然

求职信是个人对单位、集体行文,要求以庄重、中肯而又自然、真挚的语言来陈述情况,表明诚意,实事求是、得体地向对方展现自己。

三、求职信的格式写法

求职信通常由标题、称谓、正文、署名、日期、附件等部分构成。

1. 标题

标题直接居中标明文种"求职信"或"自荐信"。

2. 称谓

在标题下一行顶格书写,一般写给用人单位的人事部门或直接写给单位负责人。写求职信应设法知道谁将会是你的读者,若能道出对方的姓氏与职务、直接发给个人效果最佳,如"尊敬的××公司李经理",注意不要写"有关负责人",这样显得模糊而生疏。称谓应礼貌、得体。

3. 正文

先在称呼下一行空两格写问候语"您好!"表示礼貌、尊敬。接下来主要写明以下几项内容。

(1) 开头

求职信的首段应抓住招聘者的注意力,一般写明你是如何得知招聘信息以及你申请的职位和理由,如你具有对方需要的专业背景或用人单位对你有吸引力等。例如,"我叫×××,是××大学××系××专业的应届毕业生,很高兴在报纸上看到贵公司的招聘广告,特写此信应聘×××一职",又如,"欣闻贵公司拟招聘××专业人才×名,这给我提供施展自己智慧和才能的机遇。""我在《××》杂志上读到你们东扩的计划,很感兴趣,想加入你们的企业中。"开头表述应开门见山、简洁利落,不宜过多过长。

(2) 主体

主体部分简短地叙述自己符合对方需要的知识及才能。应注意求职信的作用是引起对方进一步阅读简历的愿望,因此简历的具体内容不应在求职信中重复陈述,而是选取对方最关注的信息来告诉对方,为什么你是这份工作的最佳人选。

首先可以谈一谈自己的主要资历,即与职位有关的学历和能力。毕业生可写在校期间相关专业的成绩,介绍自己学习的深度和广度;已经有工作经验的则可以写自己在相关岗位上的突出贡献,如参加过什么项目、研制过什么产品、为单位解决过什么问题、带来了怎样的效益等。

接着可以陈述一下自己其他的有利条件。可以写自己的实习、兼职经验、课外社团活动等能体现出你的领导才能、与人沟通相处的能力及其他品格的内容。此外,一些个人的特点、兴趣、爱好、擅长等也可提一提,要注意有所取舍,这些爱好和特长应能体现你所申请的职位所需要的素质或工作、生活态度等。

这一部分不宜过多地强调求职者追求的目的,而应把重点放在能为单位作出的贡献上,因此在语言表述上应避免滥用代词"我"、"我的"。比较可取的写法是多采用动宾结构的句子,用动词说话;既生动鲜明,又诚实可信。

此外,作为没有太多实践经验的毕业生,应注意不要让自己缺乏训练的短处过于显露,可把重点放在你对所申请的单位和职位的认识上。可谈一谈你对该行业整体的认识,或对于最近发生的行业中的新闻或事件的见解,这样能表现你拥有最新的行业知识,可弥补经验不足的缺陷;还可谈谈你为什么特别对该单位感兴趣,如它的名声、销售业绩、公司文化、管理宗旨等是你所欣赏与向往的,以此表达你对招聘单位的了解,而这也是很容易引起招聘人员注意的内容。

(3) 结尾

求职信结尾的意义不仅是收尾,更是开启另一扇门的地方。这里要表明自己的诚意,对招聘人员表示感谢,期盼获取面试机会的愿望,如"我希望您能感到我是该职位的有力竞争者,并希望能尽快收到面试通知"。

最后出于礼节,还应在信的最后写上一两句祝颂的话或敬语,常用的有"此致 敬礼"、"致礼"、"祝您事业发达",等等。

4. 署名、日期

正文下一行偏右处写上姓名,姓名下面写年、月、日。

5. 附件

附件是指求职信以外的其他材料,根据招聘单位的要求进行选取,附在信后。如学历证书、成绩单、获奖证书、技能证书、论文等复印件。如果材料较多,则依次标上序号。这些材料是用人单位考察竞聘者的重要依据。

四、求职信写作的注意事项

1. 针对性强,有的放矢

求职的第一件事并不是写求职材料,而是在充分地调查了解人才市场需求的基础上给自己恰当的定位。写求职信之前的准备工作是一个长期的过程,也是一个将自己的目标逐渐具体、完善的过程。如此写出的求职信才会让招聘人员觉得你是有备而来,而不是病急乱投医、碰运气。

2. 言简意赅,突出重点

求职信的功用是为你争取一个面试的机会,而招聘人员面对大量的求职材料,你只有几秒钟的时间吸引对方的注意。通常招聘人员对与其单位有关的信息最敏感,所以不必面面俱到,而应集中笔力把你与该单位和职位有关的最重要的信息表达清楚即可,切忌长篇大论,不着边际。求职信长度以一页纸为宜,不超过两页。

3. 逻辑清晰,条理分明

逻辑混乱、条理不清的文字令人产生厌倦感、疲劳感,从而会导致阅读者忽略掉重要的信息。语言能力更是一个人思维能力、组织能力的体现,求职信写得像流水账、随感录,语无伦次,没层次,没主题,会令人对求职者缺乏基本认同感。

4. 适度"推销",不卑不亢

求职信的目的是自我"推销",需要充分展现自己的优势。适度谦虚是一种美德,而过分谦虚则只会导致错失良机,如有的求职信中写:"我刚刚毕业,没有社会经验,愿意从事任何基层工作。"看似谦逊,实际却是对自己缺乏基本的认识和定位、信心不足的表现。但也不可对自己过分包装,以至炫耀浮夸。推销要适度,应实事求是、恰如其分地表现自己,而应尽量避免使用"一定"、"肯定"、"最好"、"绝对"、"完全可以"等字眼。行文的姿态也可看到一个人的品格,对于经验丰富的招聘人员来说,你是缺乏自信还是自吹自擂,一看即知。

5. 用语自然,规范得体

求职信无须豪言壮语、辞藻华丽,如"给我一个支点,我能撬起地球"、"选择我,就选择了成功;选择我,就选择了希望"之类空洞无物的话语。求职信应以亲切、自然、实在的语言来打动对方。同时要注意用语的庄重、规范,如称呼要得体,避免简写产生歧义等。

6. 文面整洁,布局美观

求职书面材料的形式同样可以反映出一个人的内在素质、品性习惯。文如其人,字亦如其人,一手好字对某些职位来说也是很大的优势,不妨当作展示自己工整、规范、漂亮的书法的一次机会。打印的求职信同样也要注意这个问题,尤其是布局,有的求职信只有纸张 1/3 的版面,这会让人产生不好的联想,觉得你没有诚意,或内容单薄、乏善可陈;要选用合适字体、间距,使排版美观。另外选用质量好的纸张,保持纸面整洁,没有折皱,也是可以给人留下良好印象的细节。

7. 突显个性,不落俗套

比如谈谈行业前景展望、市场分析,或者提出自己的一些建设性意见,都会收到良好的效果。这方面并无成规,主要靠平时留心积累并勤于思考。

【例文 5-6】

求 职 信

尊敬的×经理:

　　您好!

　　我从《××报》上获悉贵酒店的招聘信息,特冒昧写信应聘经理秘书一职。

　　两个月后,我将从××商贸学院管理系毕业。身高1.65 cm,相貌端庄,气质颇佳。在校期间,我系统地学习了酒店管理、酒店营销、物业管理、应用写作、礼仪学、专业英语等课程,成绩优秀,曾发表论文多篇。熟悉电脑操作,普通话标准流利,通过大学英语四级考试,英语会话熟练,略懂日语。

　　大学期间我多次深入几大酒店进行实习,曾负责文档管理与文书写作,收发来往信件、定购办公用品,办理机票、酒店预订及其他外联工作,并协助负责人进行重要日程安排,协调同其他各部门的关系等。工作热情细致,受到一致好评。我热爱酒店管理工作,希望能成为贵酒店的一员,和大家一起为促进酒店发展竭尽全力,做好工作。

　　随信附上我的个人简历及相关材料,如蒙约期面谈,我将不胜荣幸。

　　此致

敬礼

求职者:×××
2007 年××月××日

　　附件:(略)

试一试

1. 求职书面材料包括哪些?它们分别发挥什么作用?
2. 找一则报纸或者网站上对于你就读专业的人才招聘广告,根据其要求写一封求职信。

第五节　条据、启事与海报

一、条据

1. 条据的概念

条据分为两大类：说明性条据和凭证性条据。

说明性条据指人们在日常生活、学习、工作中，需要对某件事简单说明以达到彼此沟通的目的而留给对方的字条，通常也称为便条。例如，因事因病不能到校上课、不能到单位上班，或不能参加某次活动，要向老师、单位领导或有关负责人写请假条；因各种原因不能见到对方，可将要交代的事情写成便条，留给对方或托人转交。

凭证性条据指借到、领到、收到或者欠他人钱物时，写给对方作为凭证的字条，通常也称为字据。如借条、领条、收条、欠条等。

2. 条据的特点

（1）篇幅短小

条据实质是对书信的简化。能以条据形式表达的内容通常都是简单的内容。一般情况下，一张条据只能说明一件事。

（2）简洁明了

条据的语言也应简洁明了，切勿拖沓冗长，也不可过分简单而致使表述不清。

3. 条据的格式写法

（1）说明性条据

说明性条据的写作格式同一般书信类似，分为标题、称谓、正文、落款四个部分。

① 标题。标题写"请假条"或"留言条"字样，位于正文正上方。有的便条也可以不写标题。

② 称谓。抬头顶格书写，请假条写明向谁请假，其他便条写明收条人的称呼或姓名，后加冒号。

③ 正文。正文开头空两格，请假条陈述请假理由、请假时间等有关情况，结尾处常用"请批准"、"请予批准"等习惯用语；其他便条将所要表达的意思、告知对方或需要对方办的事情写出来。内容写完后，还可根据具体需要写下"谢谢"、"敬礼"、"特此拜托"等礼貌性用语。

④ 落款。落款包括署名和日期两项，写在正文右下方。请假条署名前还可加上"学生"或"请假人"等字样。

（2）凭证性条据

① 标题。在正文上方居中写条据的名称，表明条据的性质，如"借条"、"欠条"、"领条"、"收条"等。

② 正文。正文开头空两格，一般由"今借到"、"今收到"等领起，接着写明对方的单位名称

或个人姓名,涉及钱的数额,物品的名称、型号、式样、规格等相关内容,借条和欠条还应写明归还的具体期限。

也可以"今借到"、"今收到"等字样代替标题,再另起一行,开头空两格写正文。

在正文结尾处,还可另起一行空两格写"此据"二字。

③ 落款。右下方用"立据人(借款人):姓名(单位名称)"的方式署名。单位还需加盖公章及经手人的签章。署名下一行写出立字据的年、月、日。

4. 条据写作的注意事项

(1) 请假条写作的注意事项

① 请假的理由要充分、有说服力,最好附上证明材料,如请病假附上医生的病情诊断或休假证明。

② 请假时间要清楚,标明起止日期或具体时间。

(2) 借条、欠条写作的注意事项

① 条据的性质一定要准确标明。如有的把"今借到"写成"今收到",改变了条据的性质,容易引起不必要的麻烦。

② 钱款金额、物品数量要大写(如壹、贰、叁、肆等)。数字前不留空白,后面写上计量单位名称(如元、台、架等),然后写上"整"字,以防添改。

③ 归还期限应具体。不可使用如"赚钱后归还"、"与合伙人结算后归还"等模糊的说法。

④ 对外单位使用的条据,单位名称要写全称。

⑤ 字迹要工整,不得涂改。若不得不涂改,则必须在改动的地方加盖图章或手印,以示负责。

⑥ 文字简明。

二、启事

1. 启事的概念

启事是单位或个人将需要公众了解的事项、协助解决的问题公开向公众说明,以寻求参与、配合或帮忙的文书。

2. 启事的特点

(1) 公开性

启事向公众陈述、告知事项,大都通过报纸、广播、电视等媒体传播或直接张贴出去。

(2) 自愿性

启事虽对社会公开发布但是并不具备强制性效力,读者可根据自己的情况与需要自由选择是否参与。

3. 启事的格式写法

(1) 标题

最简单的标题只有"启事"二字。

较多的用法是由启事的内容加上文种构成,如"寻人启事"、"开业启事"、"招聘中学教师启事"、"'百部优秀影视观后感'征文启事"等。

也有的前面还加上单位名称,如"××学院聘请教学督导启事"。

（2）正文

正文部分即启事的具体事项。不同类型的启事,正文的内容有所不同。以下介绍寻人（物）启事、招聘启事、征文启事、开业启事四种。

① 寻人（物）启事。

首先应交代鉴别走失人或失物的主要依据:走失人的姓名、性别、年龄、外貌、衣着装束、说话口音;失物的名称、外观、规格、数量、品牌、颜色等。同时还应写明走失或丢失的时间、地点、原因。

接下来写明若有发现走失人或拾到失物该怎样与家人或失主联系。另外对那些因一些原因出走的人的寻人启事,还可写上"本人见到启事后,速回"或"家人十分想念,本人见到启事速同家人联系"之类的话。

寻人、寻物启事是求人协助寻找走失人或失物的,因此一般在结尾还要写些表示酬谢的话语。

② 招聘启事。

首先招聘方简要介绍自身情况,包括单位性质、业务、工作范围及地理位置等。

接着写明招聘的岗位及对应聘者的具体要求,如性别、年龄、学历、专业、工作经历、技术特长、科技成果等。

然后说明应聘者受聘后的待遇,包括月薪或年薪数额,工休标准,是否解决住房、安排家属等,或其他优惠条件。

再接着写明应聘的手续或报名办法,具体的时间,需要准备的个人资料等内容。

最后写出招聘单位的联系信息,包括名称、地址、电话、联系人、网址等。

③ 征文启事。

征文启事一般包括征文的目的、意义和主题,如为了纪念重大节日、重要活动,或者为了繁荣文艺创作等;征文面向的群体范围和要求;征文起止的日期;征文评选的办法、设立的奖项及奖励标准;注意事项等。

④ 开业启事。

首先写明开业企业或店铺的名称、开业时间,然后介绍一下开业企业或店铺主要经营的产品或项目,接着可以告知消费者开业期间将提供哪些优惠让利服务以及优惠活动起止时间,一般还会写上表示盛情邀请顾客光临的谦辞,如"欢迎广大顾客前来选购"、"欢迎惠顾"等。最后标明开业企业或店铺的联系信息,包括名称、地址、电话、联系人、网址等。

4. 启事写作的注意事项

① 内容具体简洁,针对性强。有关事项陈述清楚,篇幅短小精悍,一文一事。

② 语言准确、恰当,语气掌握分寸。有些启事希望获得他人的协作、帮助,语言要诚挚恳切,使人能够作出积极的反应。

【例文 5-7】

请 假 条

张老师：
　　我因腹痛，经医生诊断为急性胃炎，不能坚持到校上课，特请假两天（10月9日至10日），请予批准。
　　此致
敬礼
　　附：医生证明

请假人：×××
××××年10月9日

【例文 5-8】

借 条

　　今借到××××厂财务处人民币壹万元整，本年12月31日前归还。
　　此据

××公司（公章）
经手人：×××
××××年××月××日

【例文 5-9】

寻 人 启 事

　　××，女，18岁，身高1.6米，瓜子脸，大眼睛，身穿橙色T恤，牛仔裤，于6月2日离家，至今未归。本人若见到启事，请速与家人联系。有知其下落者，请与××市××公司×××联系，联系电话：××××××××。或请与××市××路派出所联系，联系人：×××，电话：××××××××。定重谢。

【例文 5-10】

寻 物 启 事

　　本人不慎于4月20日晚7时左右在572路公共汽车上遗失黑色公文包一个，内有重要文件若干、金额为5万元的存折一个、佳能数码相机一台，有拾到者请与本人联系，重金酬谢！
　　联系人：×先生
　　电话：××××××××

【例文 5-11】

诚聘营销人才

××出版社华北发行中心,河北××文化有限公司因事业发展需要,面向全省诚聘营销人才。

发行主管1名。要求大专以上文化程度,年龄25—35岁,有图书发行经验。

业务人员3名。要求大专以上文化程度,年龄21—32岁,市场营销或相关专业。2017年应届大学毕业生亦可报名。

以上人员男女不限,户口不限,优秀者其他条件可放宽。聘用即签订劳动合同。

待遇:基本工资+提成+补贴,办理社保。单身人士可提供集体宿舍。

欢迎有识之士加盟,共图事业发展!

联系地址:石家庄市××路××楼××室

电话:027-××××××××

联系人:黄先生　孙女士

【例文 5-12】

"新形象　新风采"征文启事

为展示海外侨胞新风采,树立华侨华人"举止文明、遵纪守法、讲究诚信、关爱社会、团结和谐"的形象,推进和谐侨社建设,国务院侨务办公室、中国海外交流协会从即日起联合推出主题为"新形象　新风采"的征文活动,由中国新闻社和中国世界华文文学学会具体承办。

一、征文时间:从即日起至9月30日

二、征文对象:海外华侨华人及归侨侨眷

三、征文要求:

(一)观点鲜明、主题突出、内容健康。

(二)语言须为中文,体裁不限,字数不超过3000字。

(三)来稿须为原创作品,严禁抄袭、套改、拼凑。如已在媒体发表过,务请注明。

四、投稿方式:

请以电子邮件(纯文本格式)发送文稿至征文专设信箱:fengcai@chinanews.com.cn,不接受纸质来稿。请在邮件"主题"栏注明"征文"字样,并在文末提供作者本人真实联系方式。

主办方将邀请著名学者于丹等组成评审委员会,本着公开、公平、公正的原则评选出若干优秀作品,在中新网、中国侨网开辟专栏陆续刊登,并结集成册。优秀作品集除寄送作者本人外,还将以国务院侨办和中国海外交流协会名义赠送海外侨社。

欢迎海外华侨华人、国内归侨侨眷踊跃来稿。

国务院侨务办公室
中国海外交流协会
2010年5月1日

【例文 5-13】

> **求知书屋开业启事**
>
> 　　本书店装修已毕,定于本月 25 日上午 8 时正式开业接待读者。
> 　　本书店规模虽小,但存书丰富,最新科技图书,理工、文史工具书,大学生考试用书等很是齐全。为庆贺开业,3 天内所有书籍均按定价 80%优待读者。
> 　　敬请届时光临指导。
>
> 求知书屋
2012 年 5 月 18 日
>
> 　　地址:××市×路×号
> 　　电话:××××××

三、海报

1. 海报的概念

海报是极为常见的一种招贴形式,多用于电影、戏剧、比赛、文艺演出等活动。与广告一样,它要向人们介绍某一物体、事件的特性,所以又是一种广告。海报中通常要写清楚活动的性质,活动的主办单位、时间、地点等内容,其语言要求简明扼要,形式要做到新颖美观。

2. 海报的格式与写法

海报的格式灵活多样,常见的基本格式一般由标题、正文、尾部三部分组成。

（1）标题

海报的标题位置可根据排版设计而灵活摆放,其常见的表述形式有以下三种。

① 用文种名称做标题,只写"海报"二字。

② 用内容做标题,如"球讯"、"舞会"、"中小学优秀书画作品展览"等。

③ 由主办单位和内容二要素组成,如"××少年宫主办小提琴独奏音乐会讲座"、"××杂技团演出精彩杂技大型魔术"。

（2）正文

海报的正文要用简洁的文字写清楚活动的内容、时间、地点、参加办法等。海报的正文结构形式常见的有三种。

① 一段式,通常只用几句话写一段即可。

② 项目排列式,如报告会海报,可将特邀××人主讲、报告的主题、时间、地点、入场办法等事项分列排列写出。

③ 附加标语式,有的文艺演出海报在正文前或正文末加上排列整齐的标语,起到画龙点睛、渲染气氛、美化文面、吸引观众的作用,但应遵循真实的原则,不能哗众取宠、弄虚作假。

（3）尾部

海报的尾部一般分两行，一行写主办单位，一行写海报制作的时间。如正文标题中已将主办单位写清楚，可不设尾部。

试一试

假设你毕业后自主创业，为你未来的公司或店铺写一则招聘启事或开业启事。

第六章 礼仪文书

教学目标

1. 掌握礼仪文书的概念、特点。
2. 掌握开幕词和闭幕词、欢迎词和欢送词、祝词、请柬、聘书之间的区别、写作格式和具体要求。

第一节 开幕词与闭幕词

一、开幕词

1. 开幕词的概念

开幕词是会议或活动的"序曲",是在重要会议、重要庆典或隆重集会开始时由有关党政机关、社会团体、企事业单位的领导人或主要负责人代表主办方所作的讲话或演说文稿,旨在阐明会议或活动的背景、性质、目的、任务和重要意义。视实际情况,开幕词还可说明会议或活动的议程和安排,或向参加者提出任务和要求。开幕词简洁、明快、热情的语言传达了主办方热情、友好的欢迎和致谢之意,让听者身心愉快地参与其中。它具有宣告性、提示性和指导性。

2. 开幕词的特点

一是简明性,开幕词要简洁明了、短小精悍,最忌长篇累牍、言不及义,多使用祈使句,表示祝贺和希望;二是口语化,语言应该通俗、明快。

3. 开幕词的类型

按内容不同,开幕词可以分为侧重性开幕词和一般性开幕词两种。侧重性开幕词往往对会议召开的历史背景、重大意义或会议的中心议题等作重点阐述,其他问题一带而过。一般性开幕词则只对会议的目的、议程、基本精神、来宾等作简要概述。

4. 开幕词的格式写作

开幕词通常由标题、称谓和正文三个部分组成。

标题通常有两种写法：一是用会议名称作标题；二是用提示主旨的内容作标题，在后面通常加上副标题。

称谓一般在标题下面一行顶格书写，称呼通常用"女士们、先生们"、"朋友们"、"各位代表"等。

正文一般包括开头、主体和结尾。开头写宣布开幕之类的话。主体部分一般包括以下内容：会议的筹备和出席会议的人员情况；会议召开的背景和意义；会议的性质、目的及主要任务；会议的主要议程及要求；会议的奋斗目标及深远影响等。但写作中一定要把握会议的性质，郑重阐述会议的特点、意义、要求和希望，对于会议本身的情况如议程等，要概括说明，点到为止；行文则要明快、流畅，评议要坚定有力，充满热情，富于鼓舞力量。最后是结尾，一般都是"祝大会圆满成功"之类的话。

5. 开幕词写作的注意事项

① 根据情况选择开头方式。
② 表明会议、活动宗旨。
③ 结语简短有力。

二、闭幕词

1. 闭幕词的概念

闭幕词对应于开幕词，是在重大会议或大型活动即将结束时，由主办方的领导人对会议或活动所作的评价或总结性讲话。它具有总结性、评价性和号召性等特点，是会议或活动圆满结束的标志。闭幕词与开幕词一样，其语言均具备简明和口语化的特点，其种类与开幕词相同。

2. 闭幕词的特点

闭幕词与开幕词密切相关，一为大会收尾，一为大会开篇，首尾呼应，缺一不可，同时又各有侧重，各有特色。闭幕词要求言简意赅，表达清楚，感情激昂，主要是站在一定高度对会议进行科学评价，准确地归纳会议的成功之处，有力地提出号召，从而激发与会者贯彻好大会精神的决心，使大会气氛达到高潮。

3. 闭幕词的格式写法

闭幕词由首部、正文和结束语三个部分组成。

首部包括标题、时间和称谓三个部分。标题与开幕词的标题构成形式基本一样，一般由事由和文种构成，如"中国共产党第十二次全国代表大会闭幕词"；有的只写文种，以"闭幕词"作为标题；也有的由致词人、事由和文种构成，其形式是"×××同志在××××会议上的闭幕词"。时间位于标题之下，用括号注明会议闭幕的年、月、日。称谓根据会议性质及与会者的身份来确定，如"同志们"、"各位代表"等。

正文包括开头、主体和结尾三个部分。开头简要说明大会经过以及是否圆满完成了预定的任务。主体对大会进行概括总结。结尾对保证大会顺利进行的有关单位及服务人员表示感谢。

结束语用于宣布会议结束，通常只有一句话："现在，我宣布，××××大会闭幕。"

4. 闭幕词写作的注意事项

① 闭幕词要有极强的针对性和时限性，要与开幕词相对应。
② 要充满感情色彩。
③ 不能将闭幕词写成会议（活动）总结。

需要说明的是，文无定法，无论是开幕词还是闭幕词，出于表达的实际需要，可以不拘泥于格式，能配合主题表达即是成功的致词。

【例文 6-1】

洽谈会开幕致词

女士们、先生们：

值此××省国际经济合作和出口商品洽谈会开幕之际，我代表××省人民政府、××市人民政府、××省对外贸易总公司，向远道而来的五大洲各国来宾、港澳同胞、海外侨胞表示热烈的欢迎和良好的问候！

××年×月，在庆祝××对外贸易中心落成典礼时，我们曾在这里举办过一次洽谈会。今年这次洽谈会，规模和内容比上一次洽谈会更加广泛和丰富。这次洽谈会，将进一步扩大我省同世界各国及港澳地区的经济技术合作和贸易往来，增进相互了解和友谊。

××省是我国沿海经济比较发达的省份之一，幅员辽阔，物产丰富，人力资源充足，工农业生产和港口、交通均有一定的基础，对外经贸事业的发展有着广阔的前景。目前，我省已同世界上140多个国家和地区建立了贸易往来和经济技术合作关系，这种合作关系正在日益巩固和发展。

本次洽谈会，我们将提出200多种对外经济合作项目，包括轻工、纺织、机械、电子、化工、冶金、建材、水产及食品加工等，供各位来宾选择。所展出的商品不少是我省的名牌产品和新发展的出口产品。欢迎各位来宾洽谈，凭样订货。

今天在座的各位来宾中，有许多是我们的老朋友，我们之间有着良好的合作关系。对于你们真诚的合作精神，我们表示由衷的赞赏和感谢。同时，我们也热情欢迎来自各国各地区的新朋友，为有幸结识这些新朋友感到十分高兴。我们欢迎老朋友和新朋友到××地观光游览，发展相互间的友好合作关系。

最后，预祝××省国际技术合作和出口商品洽谈会圆满成功。

谢谢！

【例文 6-2】

2009 年春季运动会闭幕式讲话

老师们、同学们：

经过两天激烈的角逐，××学院 2016 年春季运动会在大家的热情参与和共同努力下，圆满完成了各项预定的比赛项目，即将落下帷幕。在此，我代表学院全体师生，向在各项比赛中取得优异成绩的代表队和运动员表示热烈的祝贺！向尽职尽责、辛勤工作的裁判员和工作人员，表示衷心的感谢！

本届运动会是我院校园精神文明建设的一项重要活动，充分体现了我院全体师生员工团结奋进、精诚协作、追求卓越的精神风貌。运动会期间，运动员不畏强手，争创一流；裁判员尽职尽责，公正评判；广大师生热情服务，积极参与。这一切都为本届运动会的圆满成功提供了保障，真正实践了本届运动会"和谐中国、全民全运"的时代主题和"更高、更快、更强"的奥运精神，体现了文明、公正的体育道德，表现出友谊第一、比赛第二的良好精神风貌。本次运动会的成功举办，对于进一步推动我院体育运动的蓬勃开展，增强师生身体素质，提高运动竞技水平，丰富精神文明建设，将产生积极的促进作用。

我相信，通过本次运动会，全院师生一定会进一步增强自觉锻炼身体的意识，继续发扬赛场上顽强拼搏和争先创优的奋斗精神，以健康的体魄、饱满的激情，投入到今后的工作和学习中去，不断创造新的业绩，为推动学院各项事业又好又快发展作出新的贡献。

谢谢大家。

试一试

1. 简答题。
（1）试述开幕词的写作格式。
（2）闭幕词写作的注意事项有哪些？
2. 指出下面这篇闭幕词的不足之处。

闭 幕 词

经过两天的激烈竞赛，我校第九届田径运动会在全校师生的热情参与和共同努力下，圆满完成了各项预定赛事，就要落下帷幕。运动会期间，各代表队运动员充分发扬了不怕困难、奋勇争先、顽强拼搏、争创一流的精神，取得了运动成绩和精神文明的双丰收，基本达到了预期目的，我和校领导很满意。在此，我谨代表校党委、校行政及本届大会组委会向取得优异成绩的代表队和运动员表示诚挚的祝贺！向为大会的顺利召开付出辛勤劳动的全体裁判员和工作人员表示衷心的感谢！本届运动会，共有 23 个代表队参赛，运动员人数 381 名，共有 10 人次破校运会记录 21 项，评出了 3 个精神文明先进集体，有力地证明了我校的田径竞技水平又跃上了新的台阶。本届运动会秩序良好，氛围热烈，成果丰硕。这是广大运动员服从指挥、团结向上、努力拼搏的结果，是裁判员严守规程、公正裁决、以身作则的结果，也是大会全体工作人员团结协作、尽职尽责、无私奉献的结果。本届运动会是一次团结的大会,胜利的大会。通过这次运动会,不但涌现出了一批优秀的体育运动员,而且使我们每个班集体的凝聚力得到了进一步增强;使同学们的才能和风采得到了充分展现。老师们、同学们,希望大家把在运动会上表现出的团结一致、顽强拼搏、奋勇争先、奋发求实的精神用在我们的学习中,用在我们的工作中,为我校的建设和发展作出新的、更大的贡献。大家要再接再厉!

最后,祝愿老师们、同学们工作顺利、学习进步、身体健康。

3. 为你所在大学的建校50周年纪念大会写一篇开幕词。

第二节 欢迎词与欢送词

一、欢迎词、欢送词的概念和特点

欢迎词、欢送词是社交礼仪演讲词的一种,言辞热情,使用广泛,旨在对来宾表示尊重,表达友好交往、增加交流与合作的愿望,营造和强化友好、和谐的社交气氛。

1. 欢迎词的概念和特点

欢迎词是宾客初到,主人出面欢迎宾客时使用的讲话文稿,常用在设宴洗尘、隆重典礼、喜庆仪式、公众集会上。

欢迎词具有应对性,一般来说,主人致欢迎词后,宾客即致答谢词。

欢迎词和祝酒词有时可以互用,在欢迎会上发表的欢迎词往往又称为祝酒词。当然,两者也有不同:祝酒词只用于宴会上,它可以表示欢迎,也可以表示欢送;祝酒词的结尾一般有"为×××干杯!"的祝酒语句,而欢迎词的结尾常常是表示祝愿成功、愉快的语句。

2. 欢送词的概念和特点

欢送词是宾客工作或访问结束即将离开时,主人出面表示欢送时使用的讲话文稿。

欢送词要对宾客工作或访问的成功表示祝贺,并祝旅途愉快,表达欢迎再来之意。

二、欢迎词、欢送词的格式写法

欢迎词、欢送词一般由标题、称谓和正文三个部分构成。

1. 标题

文稿第一行居中位置写"欢迎词"或"欢送词",也可以写全称。全称由致词场合、致词人(或单位)和文种三个要素组成,如"王经理在年终招待会上的欢迎词"或"外交部欢送××大使晚宴致词",三个要素排列顺序可以有所变动。

2. 称谓

第二行顶格书写出席者的称谓。称谓要做到两点：一是要准确，注意把出席人全部包括进去，并冠以准确的称谓，不可张冠李戴；二是要热情友好，可以加上头衔或表示亲切、尊重的词语，如"黄大使阁下、黄夫人、诸位嘉宾"，既重点突出，包含了所有出席者，又用词礼貌。

3. 正文

这是欢迎词、欢送词的主要部分，可以分为开头、主体和结尾三层表述。

（1）开头

欢迎词的开头要表明致词者在什么情况下、代表谁、向谁表示欢迎。欢送词的开头同样要写明在什么情况下、代表谁、向谁表示欢送。

（2）主体

欢迎词可以表达良好的预期，并祝宾客访问或工作顺利，也可以简略地表述主人的想法、观点、立场和意见，追述已经获得的成绩，畅叙友情发展的历史，并展望未来。欢送词一般要回顾宾客工作或访问期间所取得的成就，然后对宾客的帮助表示感谢之意，并欢迎再来。

（3）结尾

正文后另起一段或者紧接正文内容书写结尾，写一些表示祝愿的话。

欢迎词可写"对××先生的到来表示热烈欢迎"或"祝愿××先生和夫人健康愉快！"欢送词可写"祝二位一路平安！身体健康！谢谢！"等。

三、欢迎词、欢送词写作的注意事项

1. 感情真挚，语言精练

欢迎词、欢送词的语言要简洁、精练，语气要亲切诚恳，感情要真挚。言辞应力求格调高雅，不要讲空话、套话，要针对不同的场合、目的，把迎送之意表达得恰到好处。

2. 赞颂热情，评价中肯

对宾客的赞颂和评价不要过分，要有礼有节。可以有适当的联想和发挥，但不要涉及政治、国家领导人的问题，评价要热情而中肯。

3. 了解情况，求同存异

写欢送词一定要了解来宾来访期间的活动情况和访问所取得的进展，如签署了什么联合声明，或科技、贸易、文化方面的合作等。如遇来宾观点与主人不一致时，应当要坚持求同存异的原则，多谈一致性，不谈或少谈分歧，可恰当采用一些模糊语句，尽力营造友好和谐的气氛。

【例文 6-3】

欢 送 词

同志们、朋友们：

　　两个星期以前，我们在这里欢聚一堂，热烈欢迎×××博士。今天，×××博士访问了我国的许多地方之后，我们再次欢聚一起，感到特别亲切、高兴。×××博士将于明天回国。

　　×××博士的访问虽然短暂，然而却是极其成功的。在北京期间，他会晤了有关方面的领导同志，参观了工厂、农村、学校，与各界人士进行了谈话，并认真研究了我国的政治、经济、文化和教育。

　　在向×××博士告别之际，我们真诚地希望×××博士给我们提出宝贵的指导意见，以便我们改进工作。同时，我们想借此机会请他转达我们对××国人民的深厚友谊，请他转达我们对他们的亲切问候和敬意。

　　祝×××博士回国途中一路平安，身体健康！

试一试

1. 简答题。

(1) 欢迎词和祝酒词有什么区别？

(2) 欢迎词、欢送词的写作有哪些要求？

2. 以学生会的名义，对外省市来我校参观的学生团体写一篇欢迎词。

第三节　祝　　词

一、祝词的概念

　　祝词也称为"祝贺词"，是指在各种喜庆场合中，对人、对事表示祝贺的言辞和文章。祝贺词又可细分为祝词和贺词两种。事情未果之前的祝愿、希冀、祝福之类的言辞为祝词；事情已果之后的祝贺、庆喜、赞美之类的言辞为贺词。

　　祝贺词的适用范围很广，事业、会议、人都可以成为祝贺的对象。在各种庆典仪式、节日、集会、婚礼、酒会等活动的场合中，为了沟通人们之间的思想感情，加强相互之间的了解，密切关系，增进友谊，或者增强喜庆欢乐的气氛，都可发表祝词。

二、祝词的格式写法

　　祝词一般由标题、称呼、正文、结尾和落款五个部分组成。

1. 标题

祝词的标题写在正文的上方,常见的有三种类型。

① 用文种做标题。如"祝词"、"祝贺词"等。

② "致辞者、事由和文种"或"事由和文种"的形式。如"×××在新年茶话会上的祝词",在"××学校校庆典礼上的致辞"等。

③ 正副标题式。一般用于大型会议。正题标明致辞的内容,副题则由会议名称和文种组成。如"开创进取,走向更大的胜利——50年校庆典礼致辞"。

2. 称呼

在标题的下一行顶格写被祝贺者的称呼,也可以写与会者的称呼。

祝贺个人,按一般书信称谓写;祝贺集体,常用泛称,如"各位来宾"、"各位朋友"等。祝词称呼要用全称,语气要亲切。

3. 正文

在称呼下一行空两格写正文,一般分三个段落层次写。

向受祝贺对象致意,表示热烈祝贺、欢迎、感谢或敬意、问候。

祝贺对方作出的成绩和贡献,并对此作出相应的评价,表示出祝词者的关心、支持、赞扬、鼓励、学习等态度。

对未来事业表示良好的祝愿,提出希望、要求,或表示决心。如果是上级对下级,可以提出希望和要求;如果是下级对上级,要表明态度和决心;如果是平级之间,要表示虚心向对方学习。

4. 结尾

正文结束后,用一句话结尾。如"预祝会议圆满成功","祝愿事业兴旺发达","预祝工程早日竣工","祝节日愉快"等。

5. 落款

在正文右下方署上祝贺机关名称或祝贺者的姓名,姓名下写明祝词的时间。

三、祝词写作的注意事项

1. 自然得体,恰如其分

在颂扬和祝贺时,要做到真诚而实在。要礼貌、热情,又不使对方感到庸俗、虚浮。还要注意不宜使用过分的溢美之词,过分的赞美之词不仅会使对方感到不安,也会使人认为祝贺者在谄媚。

2. 用语得当,典雅大方

祝词用词要求热情洋溢,充满激情,富有哲理和情趣,表达温文尔雅,恰到好处,切忌使用商榷、洽谈、辩论或指责等语气语句。

3. 方式得当,有的放矢

生辰诞寿类和纪念类祝贺词,以喜庆为主,贺喜色彩浓烈;婚事嫁娶类祝贺词以祝愿为主,祝贺性强,可以通过提前的方式加以表达;事业祝词、祝酒词等社交类祝贺词,以友情为重,礼貌待人,应注重公关意识。即使双方存有不同意见或分歧,也应留待以后表达。如果必须要表达,也要语言委婉,朝着求同、和解方向努力,要既坚持己方原则,又不伤害双方的友情。

4. 短小精悍,言简意赅

祝词一般都是在正式场合中发表,事业庆典、婚庆典礼等各项活动都十分紧凑,客人不可能听长篇大论。祝词应力求简短、充实,控制在 2~5 分钟之内为好,切忌拖沓冗长。

【例文 6-4】

祝　　词

尊敬的老师:

在您 80 诞辰的日子里,请接受学生真诚的祝愿。在此我向您三鞠躬,一鞠躬祝您健康长寿,二鞠躬祝您全家幸福,三鞠躬祝您事业常青!

在人生旅途中,我受到过不少的赞扬、嘉奖,但这些我都忘了,唯独对于您的两次批评,我总是"耿耿于怀"。一次是您在课堂上要我背课文。小时候,我特腼腆,外号"假妹子",特别不敢当众说话。您大概抓住了我的弱点,要我背一首刚学会的唐诗。我站起来,先是出不了声,后来像蚊子叫,您一遍又一遍要我重来,最后您说:"我到教室外面去,要是我听不清就不算,什么时候背完了什么时候吃午饭。"您走出教室,全班 50 名同学都盯着我,我鼓足所有的勇气,终于像吵嘴一样"吼"出了唐诗,当时真是"字字泪"。随着话音落地,您满面笑容走进教室。还有一次全校作文竞赛,我获得全校第一名。可五天后,您怒气冲冲地把我叫到办公室,指着一篇报纸上的文章说:"你自己看!"我马上明白了,老师发现了我"参考"的那篇文章,我的脸刷地红了。老师那天把我训了三个多小时,从作文讲到做人。老师,旧事重提,我不是记仇,我是记恩啊!屠格涅夫说,一件极微小的事情,有时候可能完全改变一个人。我今天向您汇报的是,我大大小小发表达 1 000 多篇文章,没有一篇是"参考"别人的;我大大小小作过 100 多场报告,多多大的场面也不发怵。老师,您知道吗,这些都是从您的批评中起步的!

鲜花失去了,果实是对它最好的回报。老师,我不敢说我是您的一个好学生。但是,老师,我一直在努力做,一直在努力做一个您的好学生。我想在您多皱的面孔上,增添一份属于为我而欣慰的笑容。

为了筹备您的80诞辰聚会,竟有十多个同学不约而同地给我打电话、写信,您的学生都十分钦佩您的学识,更十二分地钦佩您的人品。您这一辈子活得跟您的板书一样,堂堂正正、一丝不苟。成为您的学生,是我的骄傲。为了这一份莫大的荣誉,老师,请相信,我一定会好自为之,为自己,也为您!

最后,祝您寿诞愉快,万事如意!

试一试

1. 简答题。
(1) 试述祝词的写作格式。
(2) 祝词写作的注意事项有哪些?
2. 为你中学同学的毕业五周年聚会写一篇祝词。

第四节 请 柬

一、请柬的概念和特点

请柬又称请帖,是人们在节日、会议、庆典等各种喜事活动中发出的一种简便邀请信,请柬是为邀请宾客参加某一活动时所使用的一种书面形式的通知。

请柬的特点如下。

1. 庄重性

请柬的发出表示邀请者对主办的活动的重视及邀请者的郑重的态度;也可以表示对被邀请者的尊重。

2. 礼貌性

请柬的发出表示邀请者对被邀请者的敬重和礼貌。

3. 邀请性

请柬有十分强的邀请作用及要求对方参加的目的。

二、请柬的格式写法

请柬从形式上又分为横式写法和竖式写法两种。竖式写法从右边向左边写。但从内容上看,请柬作为书信的一种,又有其特殊的格式要求。请柬一般由标题、称呼、正文、结尾和落款五个部分构成。

1. 标题

在封面上写"请柬"(请帖)两个字,这两字一般要做一些艺术加工,可用美术体的文字,文字的色彩可以烫金,可以有图案装饰等。需说明的是,通常请柬已按照书信格式印刷好,发文者只需填写正文而已,封面也已印上了"请柬"或"请帖"字样。

2. 称呼

顶格写出被邀请者(单位或个人)的姓名、名称,如"某某先生"、"某某单位"等。称呼后加上冒号。

3. 正文

正文需写清活动内容,如开座谈会、联欢晚会、生日派对、国庆宴会、婚礼、寿诞等。写明时间、地点、方式。如果是请人看戏或其他表演还应将入场券附上。若有其他要求也需注明,如"请准备发言"、"请准备节目"等。

4. 结尾

结尾写上礼节性问候语或恭候语,如"致以——敬礼"、"顺致——崇高的敬意"、"敬请光临"等,在古代这称为"具礼"。

5. 落款

落款署上邀请者(单位或个人)的名称和发柬日期。

【例文 6-5】

请　柬

×女士/先生:
　　谨择于公历 201×年 5 月 1 日(农历三月二十三日)为我们举行婚宴。恭请台驾光临!

×××
×××鞠躬
筵设:××大酒店
时间:下午六时入席

✎ **试一试**

1.简答题。

(1)请柬应具有什么特点?

(2)请柬的基本格式是什么?

2.病文诊断:试指出以下请柬的不足之处并改正。

请　　柬

××公司:

　　我公司十分高兴地通知你们,我们十分乐意接受您与我合资经营丝绸服装厂的建议,我们相信会谈一定会获得成功。今特致柬,正式邀请您来我公司洽谈合资业务。

　　敬请

光临

××进出口公司
××××年×月×日

第五节　聘　　书

一、聘书的概念和作用

聘书是一个单位聘请有关人员担任本单位某一职务或承担某项任务时使用的一种应用文书,通常简称聘书。

二、聘书的格式写法

聘书由标题、称谓、正文、结语和落款五个部分构成。

1. 标题

在封面居中写上"聘书"或"聘请书"。

2. 称谓

被聘请者的姓名、称呼,可以在开头写,也可以在正文中写。

3. 正文

正文是聘书的主体,一般要交代聘请的缘由和请去干什么,也可以不写缘由,只说明聘请去担任什么工作。正文中还要写上对被聘请者的希望和要求。现在,不少聘请书相当于"聘请合同",它规定双方的权利和义务,应聘者承担的具体职责、报酬、权限、聘请的起止日期等。由于内容较多常常分条一一加以叙述。

4. 结语

结语一般要写上表示敬意和祝颂的话语。

5. 落款

结语下行右下方写上聘请单位的名称,加盖公章。如是合同性质,要由三方签字:受聘人、聘请单位和公证单位。日期另起一行,标明具体的年、月、日。

三、聘书的写作要求

1. 陈述要清楚

聘请谁,为什么聘请,聘去干什么,一定要说清楚,否则被聘者无法应聘。即使接受聘书,也只能是盲目应聘,影响工作质量。

2. 文字庄重、简洁

聘书是对应聘者的敬重,行文要庄重礼貌。聘书不同其他专用书信,其他专用书信一般具体详尽,交代周全。聘书只需说明聘请的理由和聘去干什么即可,语言要简洁干练。

3. 加盖公章

聘书是以单位的名言发给受聘者的,加盖公章后才能生效。

【例文 6-6】

聘　书

××先生:

　　我所是西南地区最大的水产研究基地,承担着国家及省、市下达的科研项目一百余项。为了集中西南地区水产专家的力量参与我所的科研,经我所决定,兹聘请你担任我所兼职研究员,负责进口鱼类的繁殖研究工作,聘期三年(自××××年×月×日至××××年×月×日)。

　　特此聘请

××市水产研究所(盖章)
××××年×月×日

试一试

1. 简答题。

(1) 简述聘书的写作格式。

(2) 聘书的写作要求有哪些?

2.病文诊断:试指出以下聘书的不足之处并改正。

兹聘请××同志到我公司任职,聘期自××××年×月×日至××××年×月×日,聘任期间享受集团高级工程师全额工资待遇。

×× 家电集团(章)
××××年×月×日

第六节　讣告与悼词

一、讣告

1.讣告的概念

讣告是机关、单位、个人把某人去世的不幸消息向逝者的亲戚、朋友、家属发出的通告性文书。

2.讣告的格式与写法

讣告一般由标题、正文与落款三部分组成。

（1）标题

在首行居中写"讣告"二字,字体要大,用黑体字。

（2）正文

简要写明逝者的姓名、职务、逝世原因、逝世日期、逝世地点和终年岁数;简要介绍逝者的生平;写清吊唁、开追悼会或举行遗体告别仪式等有关事项的时间、地点等。

（3）落款

写明发讣告的团体或个人的名称及讣告发出日期。需要联系的,应当标注联系电话。

二、悼词

1.悼词的概念

悼词有广义和狭义之分。广义的悼词指向逝者表示哀悼、缅怀与敬意的悼念性文章。狭义的悼词专指在追悼大会上对逝者表示敬意与悼念所宣读的文章。悼词一般都含有评价逝者生平业绩、寄托哀思、化悲痛为力量等内容,对后人有激励、鞭策等积极作用。

2.悼词的写法

悼词应写清出以下内容:沉痛悼念逝者,对逝者作概括评价,有的在姓名前冠以简要的评述型词语,如先进工作者、经济学家等;详细介绍其生卒年月及一生的主要经历;追述其一生的主要功绩及成就;概括其为人品质;抒发对逝者的怀念之情,号召大家学习逝者的优秀品质。

【例文 6-7】

讣 告

　　优秀的教育工作者×××先生，因病医治无效，于×月×日上午×时在沪逝世，享年××岁。现定于×月×日下午×时，在××殡仪馆举行追悼仪式。遵照×××先生的遗嘱，丧事从简，并谢绝礼金馈赠。谨此讣闻。

×××治丧委员会
××××年×月×日

【例文 6-8】

讣 告

　　爱妻×××，因病医治无效，不幸于××××年×月×日×时×分去世，终年××岁。遵照爱妻遗愿，不举行遗体告别仪式。谨此讣告。

愚夫×××携子女泣告
××××年×月×日

【例文 6-9】

悼 词

　　今天，我们怀着十分沉痛的心情，悼念我们的好经理杨德福同志！

　　杨德福同志系××百货公司经理，中国共产党党员，因病多方治疗无效，于1984年2月5日晚8时50分在县人民医院不幸逝世，终年57岁。

　　杨德福同志1951年3月参加工作，1952年6月参加中国共产党，历任百货公司营业员、采购员、会计、财务股副股长、百货公司经理等职。在长期的工作中，他大公无私，热爱集体，工作积极，勤勤恳恳，认真负责，任劳任怨，作风平易近人，谦虚谨慎，是党的好干部。他三十多年如一日地忠于党和人民的事业，为党的财贸事业作了大量的工作，做出一定的贡献！

　　现在，杨德福同志与世长辞了，我们党失去了一个好党员，我们财贸战线失去了一个好干部，我们感到无限悲痛！我们沉痛地悼念杨德福同志，我们要化悲痛为力量，学习杨德福同志勇往直前的革命精神和大公无私的高贵品质，在党的领导下，为建设我们伟大的祖国，为实现四个现代化而努力奋斗！杨德福同志安息吧！

试一试

下面这则讣告格式不完整，措辞也不得体，请你加以修改。

孙××先生因病医治无效，于19××年×月×日下午5时28分在家中溘然长逝，享年七十有三。特定于19××年××月××日上午9时在××火葬场举行隆重的追悼大会，届时请先生的各位好友、学生等光临。

第七章 宣传文书

教学目标

1. 了解常用宣传文书的性质与特点。
2. 学习常用宣传文书的写作格式和要求,能较好地进行消息、通讯、演讲稿等的写作。

第一节 新 闻

一、新闻的概念

新闻是对新近已经发生、正在发生或者早已发生却是新近发现的有价值的事实的及时报道。在形式上新闻有广义和狭义之分:广义的新闻指报刊、广播、电视等媒体常用的各种新闻报道体裁,包括消息、通讯、特写、评论、调查报告等;狭义的新闻专指消息。

二、新闻的特点

1. 新鲜性

新闻必然是新鲜的事件。新近发生包括已经发生和正在发生两种情况,前者是已经结束的事件,后者是正在发展变动而尚未出现结局的事件。由于传输设备的现代化,现在新闻的报道速度越来越快,正在发生的事件尚未出现结局就已经被报道出来。对一个事件连续追踪报道,甚至进行实况转播,让报道和事件的发生发展同时进行,已经是新闻界常常采用的手段。"早已发生却是新近发现的"指的是有些早已发生的事件,由于在当时不为人们所知,虽已时过境迁,但一旦发现它的时候,它仍然有很强的报道价值,给人以新鲜感,这样的事件仍然可以作为新闻报道出来。

2. 真实性

真实是新闻的生命，新闻必须真实。它不同于文学创作，不能有任何的虚构和想象，主要是通过叙述事实，反映客观存在的新人新事、新情况、新经验。除了事实真实外，新闻的背景材料介绍也要做到真实、客观、全面。

3. 典型性

不是所有的事件都值得作为新闻来报道的，新闻报道的必须是典型的人或事。典型性要求新闻必须具有一定的认识作用，可以使读者获得有关社会、人生、自然、科学等方面的知识；或是有一定的教育作用，能给读者的思想、道德、人生观以积极的引导；或带给读者积极、乐观、健康向上的情趣。

4. 报道性

报道是指记者或其他新闻工作者、爱好者对有价值的事件进行采集、处理之后，再通过相应的新闻传播途径公之于世的手段和过程。新闻事件本身并不就是新闻，一件有价值的事件，还必须通过报道才能成为新闻。新闻报道是用事实说话，作者应客观、忠实地叙述所见所闻的事实，不直接说出作者的思想观点，即西方新闻界所谓"藏舌头"。但用事实说话并非不要思想，报道的过程中，也必然经过了作者思想的过滤，往往是通过事实的对比、联系，或援用权威人士的评论，间接地表明自己的观点。

三、新闻写作的基本原则

1. 主题突出，文字精练

一则新闻通常报道一件事实，说明一个问题。

文字简明扼要，用事实说话，必要时可以有适当的精湛的议论。

开头通常有一段导语，简要说明全文的主题思想或主要事实，唤起读者注意，使读者先有一个总的概念。

2. 结构严密，层次分明

一般是按照事物的内在联系，把最重要、最新鲜的事物写在最前面，然后再写次要的，也可以依照事物的发生、发展、变化的顺序来写，但要突出主要部分。

交代必要的背景；事物的历史背景、发生、发展、变化的环境、条件以及与其他事物的联系。目的是通过比较、衬托，更鲜明地阐述事物的内在意义。背景材料应简明扼要，不可喧宾夺主。

第二节 消　　息

一、消息的概念与分类

消息即狭义的新闻,它是对新近发生的有社会意义并引起公众兴趣的事实的简短报道。消息是目前最广泛、最经常应用的一种新闻报道形式。

根据消息报道的内容,通常可分为以下四类。

1. 动态消息

动态消息迅速、及时地报道国内国际的重大事件,反映某个单位、某个部门或某个局部地区的情况,报道重要会议,反映党和国家领导人的活动等。动态消息中有不少是简讯(又称为简明新闻),内容更单一,文字更精简,常常一事一讯,只有几行字、几句话。

2. 综合消息

综合消息综合反映带有全局性情况、动向、成就和问题的消息报道。它要求在掌握大量材料的基础上,做形势分析和基本情况的概括,从不同侧面去表现一个共同的主题,报道面宽,同时结合典型事例来反映情况、成就、经验,做到有点有面,点面结合。

3. 典型消息

典型消息也称为"经验消息",这是对某一部门或某一单位的典型经验或成功做法的集中报道,它既有概括事实的观点,又有具体的做法、典型的事例,用以带动全局,指导一般。

4. 述评消息

述评消息也称为新闻述评,它除具有动态消息的一般特征外,还往往在叙述新闻事实的同时,由作者对新闻事实的性质、特点、发展前景等作出分析、解释、评价,边述边评,夹叙夹议,如记者述评、时事述评等。

二、消息的特点

除了具有新闻的共同特点之外,消息与通讯等其他新闻类型相比,还具有如下特点:
① 时效性更强,采写发稿更为迅速、及时;
② 篇幅更短小,叙事直截了当,语言简洁明快。

三、消息的格式写法

写作消息应满足读者对消息的要求,要设想并回答读者问的问题,这些问题就构成了新闻五要素:When(何时)、Where(何地)、Who(何人)、What(何事)、Why(何故)。这五全要素英文的第一个字母都是 W,所以称为"5W"。有的在新闻学上则补充了一个要素"1H",即 How(如何)。写作时要认真写好这几个方面的内容。

消息写作的结构,多采用"倒金字塔"式,即将最为重要、最为精彩、最吸引人的消息事实放在前面,最次者放在末尾。这种"倒金字塔"式的消息,一般由标题、导语、主体、背景和结尾五个部分组成。

1. 标题

标题是消息的"眼睛",标题拟得好,可以吸引读者;拟得差,一篇好消息也会被埋没。消息的标题必须简明、准确地概括消息内容,帮助读者理解报道的事实。

消息标题常由引题、正题、副题三部分构成。引题排在正题上面,又称肩题、眉题或侧题,用来揭示消息的思想意义或交代背景、说明原因、烘托气氛等;正题又称为主标题,排在中间位置,字号最大,用来概括、说明主要事实和思想内容;副题又称为子题,排在主标题下面位置,提示报道的事实结果,用作补充说明或作内容提要。不是每则消息都非有这三种标题不可,总的来说,消息的标题应力求精当、新颖、生动、醒目,具有强烈的吸引力。

(1) 单行标题

单行标题只有一个正题(即主题)。如:

为经济发展和社会和谐营造良好法治环境(正题)

我国成功破解大批公安技术难题(正题)

教育部划三条"红线"确保"阳光高考"(正题)

领导干部要适应"互联网政治"的发展(正题)

(2) 多行标题

① 由引题、主题、副题构成。如:

新中国最宏大古籍整理工程再续新编(引题)

点校本"国史"6月开始修订(正题)

争取2013年底全部出齐(副题)

财政预算单位公务消费全面刷卡支付(引题)

公务卡登场 小金库出局(正题)

统一监控有望了 虚开多报没门了(副题)

② 由引题、正题构成或由正题、副题构成。如:

农业部回应"××营养米粉"事件(引题)

转基因水稻尚未商品化生产(正题)

河南鼓励大学毕业生下基层(引题)

农村任教免试读研(正题)

我国成功钻获"可燃冰"(正题)

南海北部储量预计达上百亿吨油当量(副题)

2. 导语

导语是消息的开头,常是第一、二句话或首段。它用极为简洁的文字概括介绍消息中最主要、最新鲜的事实或揭示主题。导语的要求,一是要抓住事情的核心,二是要能吸引读者看下去。要做到第一条,必须具备训练有素的分析能力;要做到第二条,则要有写作技巧。常见的导语写法有如下几种。

（1）概述式

概述式是指用摘录或综合的方法,把消息中最新鲜、最主要的事实简明扼要地写出来,让读者首先对所报道的基本事实有一个总体了解。如：

历时9年海上勘查,累计投入5亿元,我国在南海北部成功钻获天然气水合物实物样品"可燃冰",从而成为继美国、日本、印度之后第四个通过国家级研发计划采到水合物实物样品的国家。(《人民日报》2007年6月6日)

"3·15"前夕,浙江省工商局根据消费者投诉情况,对品牌服装质量作了一次专项抽检,结果13个国际品牌37个被检批次中,有10个品牌不合格,合格率仅23%。

（2）描写式

描写式是指对消息的主要事实或某一有意义的侧面先作一番简洁的描摹刻画,使之形象地展现于读者眼前,从而具有身临其境之感。如：

随着计时器的定格,现场欢声如雷,陈中挥舞双臂欢庆自己的胜利。2007年世界跆拳道锦标赛最后一场决赛中,两届奥运会金牌得主、中国选手陈中以5:4击败韩国选手韩珍善,荣膺女子72公斤以上级冠军,为中国队赢得了本届世锦赛的第二枚金牌,也实现了自己奥运会、世锦赛和世界杯金牌"大满贯"的梦想。

（3）提问式

提问式是指开篇即以提问的形式明确提出有关新闻事实的主要矛盾或问题,鲜明地、尖锐地提出问题,然后再用事实加以简要回答,以引起人们的关注和思考。如：

很多人经常喝塑料瓶装的饮料,却很少关注空瓶的去向。回收的塑料瓶卖到哪里去了,又做了什么呢？

（4）结论式

结论式是指在消息的开头即摆出人们最关注的新闻事实的结果或结论。它多用于对重大事件或科研生产等方面的报道。如：

具有自主知识产权的DNA检验试剂的成功研制,改变了我国长期依赖进口的被动局面;工业雷管管理技术的研究,成功实现了雷管的"身份认证",使全国涉爆案件下降了20%……近年来,我国公安科研成果的数量和种类不断丰富,成功破解了许多制约公安工作发展的技术难题。

（5）对比式

对比式导语指将此地与彼地、现在与过去等进行对比,通过对比,突出所要报道的新闻的成果和事实。如：

从2005年开始,都江堰人民渠一处灌区改变过去传统的"以面积为准、按比例分水"的配水办法,根据作物实际需水规律,对灌区实行全时段优化调配,到2006年底,全灌区优化调配水量共节约1.91亿立方米。在去年灌区出现百年不遇特大干旱情况下,粮食产量不降反增,比水资源全时段优化调配前的2004年增产5 900万公斤。

（6）评论式

评论式是指在消息的开头对所报道的事实发表一番评论，以导入主题的阐述。如：

继去年1月20日第三代移动通信(3G)中国标准 TD-SCDMA 成为我国通信行业标准后，今天，信息产业部又将欧洲提出的 WCDMA 和美国提出的 CDMA2000 颁布为我国通信行业标准。这意味着，我国3G市场化进程又有了实质性的突破。

（7）引语式

引语式是指引用新闻人物的原话或某通知、决定中的一句关键性话语作为导语，然后具体叙述所发生的事实。如：

记者王明浩从河南省教育厅获悉：今年该省将全面实施"农村学校教育硕士师资培养计划"，应届大学生赴农村任教可免试读研。

中国科学院今天发布中长期发展规划纲要，明确提出：到2010年，全院整体实力进入世界同类科研机构前5名；到2020年，进入世界同类科研机构前3名。

3. 主体

主体是消息的核心，属于消息的主干部分。它承接在导语之后，对导语作具体、全面的阐述，具体展开事实或进一步突出中心，从而回答或者说明导语提出的问题，以充实印证导语中的内容。

写消息主体，可按时间顺序，即按事实发生发展的顺序安排层次，使读者对事件的来龙去脉有一个鲜明完整的印象；也可按逻辑顺序，如主次、并列、点面、因果等关系，以反映事物之间的内部联系，揭示事物的本质。

写作主体，要注意材料翔实，言之有物，从而有助于人们更充分、更完整地了解所报道的事实；注意紧扣主题；叙述应简洁凝练，平实概括，而不要拖泥带水，尤其应避免与导语文字重复，只有这样，才能维持读者阅读的兴趣和新鲜感。

4. 背景

背景指新闻事件的历史背景、周围环境及与其他方面的联系等。写新闻有时要交代背景，目的在于更好地解释事件发生或人物成长的主客观条件及其实际意义，帮助读者深刻理解新闻的内容和价值，起到衬托、深化主题的作用，也就是回答五个"W"中的 why(何故)。而这种解释又并不是议论，而是提供新闻的背景知识，从而使读者能够对新闻事件作出客观的判断。所以新闻背景又称为"事实背景"。

常见的背景有三种：对比性的、说明性的和注释性的。有的新闻学则将背景分为四种：人物背景、地理背景、历史背景和事物背景。背景材料在具体运用中有以下三个方面的功能。

（1）介绍知识、补充说明

新闻中出现的人和事为读者所不熟悉时，提供相关背景材料，以帮助读者看懂新闻内容，增长知识和见闻，为读者理解新闻事件的起因和重要性起到补充说明的作用，如说明产品性能，解释名词术语，介绍文史知识、风俗人情等。

（2）增加情趣，增强吸引力

新闻在介绍事实的同时，穿插历史典故、奇闻轶事作为知识性背景，提高新闻的可读性，增强读者的阅读兴趣。

（3）透露作者的观点

记者不能在新闻中直接发表议论，但是，背景材料的选取也可以体现出作者对于新闻事件的立场和看法。

5. 结尾

结尾部分常是消息的最后一句话或最后一个自然段。其作用不仅在于使结构更趋完整，还能有助于明确主旨，加深印象。在表现形式上，或阐明结论，或指出趋势，或照应开头，或托物寓意等，应该不拘一格，没有固定的程式。有些消息在主体部分中即已将上述内容表达清楚，就不必再最后画蛇添足，而在主体部分写完时便自然收尾。

四、消息写作的注意事项

1. 内容有新意

要在选择题材中下功夫，作者要有敏锐的眼光，迅速地在比较中发现新事实、新成就、新经验、新问题。消息在写作过程中也力求具有思想性，以便能给人以启迪。有些在时间上已经不是那么新鲜的事件，若能以新角度挖掘出深意而加以报道，也是有价值的新闻。

2. 材料要精当

采写消息，一定要把事实弄清楚，并且核对无误。真实性，是新闻的生命之所在。事实也一定要是有关的事实，消息所用的材料，应是经过分析、筛选出来的事实，是那些最能说明问题的典型材料。

3. 注意时效性

在当今高度信息化时代，同一重要事件，不要说迟发一天半天，就是迟发几小时、几分钟的消息，都会在竞争中失利。讲究消息的时效性，才能在竞争中赢得主动权。

4. 语言要讲究

一方面消息要写得通俗、生动、形象，具有可读性；另一方面，消息以语言简洁为上乘，语言要反复锤炼，力求字字句句蕴含着尽可能多的信息。总之，要用凝练、传神的文字，去点拨新闻事实，让读者品味、领略消息中所包含的丰富内容。

【例文 7-1】

我国成功钻获"可燃冰"——南海北部储量预计达上百亿吨油当量

本报北京 6 月 5 日电 历时 9 年海上勘查，累计投入 5 亿元，我国在南海北部成功钻获天然气水合物实物样品"可燃冰"，从而成为继美国、日本、印度之后第四个通过国家级研发计划采到水合物实物样品的国家。

国土资源部今天新闻发布会宣布，5 月 1 日凌晨，我国在南海北部钻取"可燃冰"首次采样成功，证实了南海北部蕴藏有丰富的天然气水合物资源，标志着中国天然气水合物调查研究水平一举步入世界先进行列。初步预测，我国南海北部陆坡天然气水合物远景资源量可达上百亿吨油当量。

本钻探航次由中国地质调查局统一组织，广州海洋地质调查局具体实施。天然气水合物样品在第一、第四个站位获得。第一个站位获取的样品取自海底以下183至201米，水深1 245米，水合物丰度约20%，含水合物沉积层厚度18米，气体中甲烷含量99.7%。第四个站位取自海底以下191至225米，水深1 230米，水合物丰度20%至43%，含水合物沉积层厚度达34米，气体中甲烷含量99.8%。

"可燃冰"是一种天然气水合物，存在于海底或陆地冻土带内，由天然气与水在高压低温条件下结晶形成的固态化合物。纯净的天然气水合物呈白色，形似冰雪，可以像固体酒精一样直接被点燃。1立方米的天然气水合物可以释放出164立方米的天然气。据估算，世界上天然气水合物所含的有机碳总量相当于全球已知煤、石油和天然气的两倍。

试一试

1. 什么是倒金字塔结构的写法？这种写法有什么好处？
2. 留心校园里新近发生的事，写一则消息。

第三节　通　　讯

一、通讯的概念

通讯是以叙述、描写为主要表达方式，将具有新闻价值的人物或事件及时、具体、生动地予以报道的一种新闻体裁。

二、通讯的特点

1. 新闻性

新闻性是通讯的最基本的特点，它要求通讯必须具备新闻所具有的真实性和时效性，所报道的必须是新近发生的有意义的真人真事。

2. 文学性

通讯的文学性是指在不违背真实的前提下，可以借用文学手段，运用形象化的表达方法来刻画人物形象，描写生动的场景，也可用比喻、象征、拟人等修辞手法增强作品的生动性、形象性。

3. 完整性

消息侧重写事，叙述要求简明扼要，因而一般不展开情节。通讯可写人物也可写事件，其材料比消息丰富、全面，容量比消息厚实、充足，它要求详尽、具体地报告事件的经过，演绎人物的命运，充分展开情节，甚至描写细节和场面。这些既是生动性的表现，同时也是内容完整性、具体化的要求。

4. 评论性

消息是以事实说话，除述评消息外一般不允许作者直接发表议论。而通讯则要求在报道人物或事件的同时，表达记者的感情与倾向，运用夹叙夹议的方法对人或事作出直接的评论。但通讯的评论不同于议论性文体的论证，它须时时紧扣人物或事件，依靠事实作适时、恰到好处的评价点拨，它的特点是以情感人，理在情中。

三、通讯的种类

1. 人物通讯

人物通讯是以人物的思想、言行、事迹和命运为报道内容的通讯。人物通讯报道对象的选择取决于其蕴含的新闻价值，一般来说，人物必须具有先进性或典型性。在取材上可写"全人全貌"，也可截取片断着重写人物的某个侧面或阶段。

2. 事件通讯

事件通讯是以具典型意义的事件为报道对象的通讯。事件通讯时效性较强，它围绕中心事件选材，虽不着力刻画人物，但往往通过典型事件表现一群人或一个集体。它通过较为详尽地展示事件的完整过程，挖掘其意义，揭示其本质，进而反映社会风尚，弘扬时代精神。

3. 工作通讯

工作通讯又称为经验通讯，是以报道先进工作经验或某项工作的成就和存在的问题为主要内容的通讯。写工作通讯要有针对性，要抓住当前带有普遍性的又需要解决的问题。

4. 概貌通讯

概貌通讯也称为风貌通讯、上题通讯、综合通讯，它是以反映社会生活、风土人情、自然风光和现实中的建设成就为主要内容的通讯。

四、通讯写作的注意事项

1. 选材要典型

通讯的任务就是要及时地向人民群众报道近期生活中出现的新人新风尚，集中地反映社会现象的本质，体现时代的精神，因此在选材时应选择具有典型性的材料。

2. 主题要深刻

通讯无论是写人、事还是风情，都是为了反映时代的精神，反映出生活的本质。因此写人物就要写出人物的精神境界，写事件就要写出事件的意义，引出经验和教训。

3. 写好人物

写好人物是通讯写作的重要任务。不论是人物通讯还是事件通讯,都要把人物写好。写人离不开事,因此,写人必写事、写人物自己所做的事实的事,写能揭示人物内心世界的事。写人物还要用人物自己的语言、行为、活动来表现人物,人物要写得有血有肉,有音容笑貌,有内心活动;写事要具体形象,有原委,有情节。

【例文 7-2】

带着信念和激情跋涉——记河南省地质调查院院长王建平

2005 年 09 月 29 日

新华社记者 古文洪

他生在平原、长在平原,却在世界屋脊的高山丛中一拼 13 年,在艰险和生死考验中创造着事业和人生的高峰;他被誉为"新时期的王铁人"——他就是优秀共产党员、现任河南省地质调查院院长的王建平。

1989 年,国家在西藏东部开展区域地质调查大会战,25 岁的王建平受命率领一支 33 人的队伍进藏,是当时所有参战队伍中最年轻的技术负责人。

进藏承担的首个丁青幅、洛隆幅区域地调项目,工作区全部是切割严重的原始山脉,海拔从 2 000 多米至 5 000 多米。工区内河流纵横,人根本摸不清深浅缓急,看似平缓的小河,下去就能把牦牛冲走也绝不新鲜。每次过河,第一个下水的总是王建平,他过去了才让同伴们过。一次野外作业归来,突遇河水暴涨,连带路的藏民也不敢过,也是王建平第一个骑马跃入水中,急流把他和马一起卷走,漂下去 100 多米,幸亏马腿踏着了一块江底的石头才猛地跳上了河岸,把他甩在岸边昏迷了 10 多分钟。

王建平带着分队用 5 年时间,以参战 6 省队伍成果评比第一的成绩圆满完成了任务。王建平告诉记者:"这是我们进藏工作的初创时期,更宝贵的是提高了一个境界,真切地感受到从事地质工作必须具有顽强的意志、艰苦奋斗和乐于奉献的精神。"

初进藏 5 年,给他留下了两个至今也去不掉的"毛病":一是一年四季都得穿着袜子睡觉,那是天天登山靴里结冰碴造成的后果;二是 10 个手指关节沾不得冷水,一沾冷水便针刺一样痛,这是常年在冰河中取样造成指关节过敏的后遗症。

在留与不留的争论中,王建平这支队伍随后又依然选择了继续与雪域高原的艰险为伴。13 年里,他们走遍了西藏的高山深谷,完成调查面积超过 10 万平方公里,范围之大是当地地勘队伍也没有过的。

在冈底斯山采样,王建平和队友曾被困三天三夜下不了山,靠在河里捞小鱼充饥。类似的生死考验在他们的野外生涯中贯穿始终,但没有人因此退缩,过后还要想方设法把项目进度"抢"回来。

在队员们的记忆里,这么多年里,每天早上起床最早的肯定是王建平,每天最晚睡的还是他。为了节省路途中的时间,王建平习惯每天在衣兜里放一把花生米,中午在马背上嚼几颗当午饭,到了晚上才找树枝、牛粪生火做一顿饭。在藏北石油普查项目中,驻地海拔就是 5 600 多米,高寒冻得皮肤开裂,人人大便都带着血,但是他领着队伍竟然创出了冬季 11 月才收队的施工奇迹。

在他们的艰苦奋战中,西藏地质调查中的一个个空白区被填上,出色完成了41项国家级、省部级项目,找到14个矿种70余处矿产地。其间,他在发表4部学术专著、30篇科技论文的同时,还为当地各级政府撰写了一大批有关开发资源、振兴地方经济的建议书和可行方案。

2002年,37岁的王建平被任命为河南省地质调查院院长。角色变了,但他对事业的激情和信念却更加强烈。在他的带领下,河南地调院成为全国领域内专啃"硬骨头项目"的一支劲旅。对3年来完成的70多个地质调查和找矿项目,特别是技术难度大的项目,他从策划、立项论证、设计编写、实施等全过程参与,并一次次深入到野外实地检查指导。

据新华社郑州9月28日电

✎试一试

1. 简答通讯和消息有何异同。
2. 写一篇有关本校优秀教师的人物通讯。

第四节 演 讲 稿

一、演讲稿的概念

演讲稿也称为演说词,它是在较为隆重的仪式上和某些公众场所发表的讲话文稿。演讲稿是进行演讲的依据,是对演讲内容和形式的规范和提示,它体现着演讲的目的和手段。

二、演讲稿的特点

1. 针对性

演讲是一种社会活动,作为一种用于公众场合的宣传形式,必须要有现实的针对性,才能打动读者。所谓针对性,首先是作者提出的问题是听众所关心的问题,评论和论辩要有雄辩的逻辑力量,要能为听众所接受并心悦诚服,这样才能起到应有的社会效果;其次是要针对不同场合和不同对象,设计不同的演讲内容。

2. 可讲性

演讲的本质在于"讲",而不在于"演",它以"讲"为主,以"演"为辅。由于演讲要诉诸口头,拟稿时必须以易说能讲为前提。一篇好的演讲稿对演讲者来说要可讲,对听讲者来说应好听。

3. 鼓动性

演讲是一门艺术。好的演讲自有一种激发听众情绪、赢得好感的鼓动性。这就要求演讲稿思想内容丰富、深刻,见解精辟、独到。

三、演讲稿的格式写法

演讲稿的结构分成标题、称谓、开场白、正文、结尾五个部分,其结构原则与一般文章的结构原则大致一样。但是,由于演讲是具有时间性和空间性的活动,因而演讲稿的结构还具有其自身的特点,尤其是它的开头和结尾有特殊的要求。

1. 标题

标题是演讲稿结构的重要组成部分。好的标题准确鲜明,富有吸引力,使人急于想听演讲的内容。演讲稿的标题有以下几种作用。

（1）*直接揭示主题*

这种情况如孙中山的"中国决不会灭亡"。

（2）*提出问题,发人深省*

这种情况如罗素的"我为什么不是基督教徒"。

（3）*形象地概括主题*

这种情况如郭沫若的"科学的春天"。

（4）*概括演讲的内容*

这种情况如鲁迅的"对左翼作家联盟的意见"。

（5）*交代场合和背景*

这种情况如恩格斯的"在马克思墓前的讲话"。

此外,有些演讲稿除正标题外,还用副标题,对正标题进行补充。

2. 称谓

绝大部分的演讲稿都有称谓,演讲的对象就是听众。演讲稿的称谓有时可以用泛称,有时可以具体化,如"同胞们"、"朋友们"、"同志们"、"各位来宾,尊敬的评委"等,要酌情采用。

3. 开场白

所谓开场白是指演讲者在演讲开头所要讲的话,即引言,在演讲稿中的作用极为重要。瑞士作家温克勒说:"开场白有两项任务:一是建立说者与听者的同感;二是如字义所释,打开场面,引入正题。"换言之,只要既能赢得听众的好感,又能引入正文就是好的开场白。可见好的演讲稿,一开头就应该用最简洁的语言、最经济的时间把听众的注意力和兴奋点吸引过来,这样才能达到出奇制胜的效果。

演讲稿的开头方式主要有以下几种。

（1）*直入式*

直入式是指一开头就直接提示演讲的中心论点,单刀直入,没有半点累赘之言。宋庆龄在《在接受维多利亚大学荣誉法学博士学位仪式上的讲话》里采用的就是这种开头方式:"我为接受加拿大维多利亚大学荣誉法学博士学位感到荣幸。"这种开头方式宜用于一些有时间限制的短时间演讲中。

（2）介绍式

恩格斯在1881年12月5日发表的《在燕妮·马克思墓前的讲话》中开头写到:"我们现在安葬的这位品德崇高的女性,在1814年生于萨尔茨维德尔。她的父亲冯·威斯特华伦男爵在特利尔城时和马克思一家很亲近;两家人的孩子在一块长大。当马克思进大学的时候,他和自己未来的妻子已经知道他们的生命将永远地连接在一起了。"这个开头首先对发生的事情及人物对象作出了必要的介绍和说明,这就为进一步向听众提示论题作了铺垫。这种开头可以迅速缩短与听众的距离,使听众急于了解下文,激发了听众的兴趣。

（3）提问式

这种方式是根据听众的特点和演讲的内容,提出一些激发听众思考的问题,以引起听众的注意。例如,弗雷德里克·道格拉斯于1854年7月4日在美国纽约州罗彻斯特市举行的国庆大会上发表的《谴责奴隶制的演说》中,一开讲就提出了一系列发人深省的问题:"公民们,请恕我问一问,今天为什么邀我在这儿发言？我,或者我所代表的奴隶们,同你们的国庆节有什么相干？《独立宣言》中阐明的政治自由和生来平等的原则难道也普降到我们的头上？因而要我来向国家的祭坛奉献上我们卑微的贡品,承认我们得到并为你们的独立带给我们的恩典而表达虔诚的谢意乎？"这个开头一下子就把人们带到一个愤怒而深沉的情境中去了。

（4）抒情式

这种开头意在渲染气氛,以情感人,使听众迅速受到情绪感染,注意聆听演讲内容。抒情式多采用排比、比喻、比拟等修辞手法,使用诗化的语言,有的干脆直接引用诗歌,给人形象生动的感觉。例如,《我是夜幕里的一颗星》开头采用的就是这种方式:"水兵喜欢把自己比作追波逐浪的海燕,飞行员喜欢把自己比作搏击长空的雄鹰,而我们警卫战士却喜欢把自己比作夜幕上闪亮的星。不是吗？在皓月当空、万籁俱寂的夜晚,疲劳的人们已进入梦想,祖国大地的每个角落里不都闪烁着警卫战士一双双警惕的眼睛吗？它就像天上的星星一样,不知困倦地注视着大地,搜寻着每一个可疑的目标。"需要注意的是抒情式开头一定要有真挚的感情,不可矫揉造作,无病呻吟。

（5）故事式

这种方式以讲述新近发生的奇闻怪事、令人震惊的重大事件或生动感人的故事开始。由于故事具有情节生动、内容新奇等特征,容易赢得听众的关注,能引起听众的兴趣,使演讲的磁性倍增。例如,一位大学生的演讲《我的渴望》是这样开头的:"我听说过这样一个故事:有一位日本小姑娘,身患绝症,濒临死亡,但她毫不悲伤。因为她相信有这样一个传说:从前有一个小孩得了重病,但她每天坚持折纸鹤,就在折到一千只纸鹤的时候,她的病突然好起来了。于是这位小姑娘也坚持折起纸鹤来,她折呀折,不仅折到一千只,还多折了三百只,她坚信着有一天她的病会好起来,她会像仙鹤一样飞翔,然而,这位小姑娘最后还是死了。这虽然是个令人悲伤的故事,但是这位小姑娘对生的渴望,却深深打动了我。"

（6）赞扬式

赞扬式是指用好话来赞扬听众,使听众对演讲者产生好感,从而乐于接受演讲者的观点和意见。例如,沈钧儒在《在"全国文代会"的演讲词》中这样开始:"今天来参加文化大会的开幕典礼,非常荣幸。出席今天大会的代表,包括全国最优秀的诗人、小说家、散文家、文艺批评家、戏剧家、音乐家、画家等。其中绝大部分特别是来自各解放区的文艺工作者,都曾经替中国人民出了力,都曾经在长期的革命斗争中立了功。今天革命得到胜利,中国人民得到解放,拿枪杆的战士们,尽力最多,但是拿笔杆的战士们,也同样流了血、流了汗,值得中国人民的感谢。"

开场方式除了以上介绍的六种之外,还有名言式、委婉式、即兴式、幽默式、实物式等。总之,只要符合"赢得听众"和"引入正文"两个原则,都可以使用。

4. 正文

正文部分是演讲稿的主要部分,它的好坏直接影响到演讲的成功与失败。在行文的过程中,要处理好层次、节奏和衔接等几个问题。

（1）分清层次

演讲稿的层次指演讲稿思想内容的表现次序,它体现着演讲者思路展开的步骤,也反映了演讲者对客观事物的认识过程。由于演讲是直接面对听众的活动,演讲稿的结构层次是听众无法凭借视觉加以把握的,因而在演讲中要树立明显的有声语言标志,以此适时诉诸听众的听觉,从而获得层次清晰的效果。演讲者可以在演讲中进行反复设问,然后根据设问来阐述自己的观点。此外,还可用"首先"、"其次"、"然后"等词语来区别层次。

（2）把握节奏

演讲稿的节奏是指演讲内容在结构安排上表现出的张弛起伏,主要是通过演讲内容的变换来实现的。演讲内容的变换是在一个主题思想所统领的内容中,适当地插入幽默、诗文、轶事等内容,以便听众的注意力既保持高度集中而又不因为高度集中而产生兴奋性抑制。演讲稿结构的节奏既要鲜明,又要适度。平铺直叙、呆板沉滞固然会使听众紧张疲劳,而内容变换过于频繁,也会造成听众注意力涣散。所以插入的内容应该为实现演讲意图服务,而节奏的频率也应该根据听众的心理特征来确定。

（3）注意衔接

衔接是指把演讲中的各个内容层次联结起来,使之具有浑然一体的整体感。由于演讲的节奏需要适时地变换演讲内容,因而也就容易使演讲稿的结构显得零散。衔接是对结构松紧、疏密的一种弥补,它使各个内容层次的变换更为巧妙和自然,使演讲稿富于整体感,有助于演讲主题的深入人心。常用的衔接方法一是过渡,即在前后部分之间插入过渡词、过渡句等;二是照应,即注意前后内容的关照和呼应。

5. 结尾

美国作家约翰·沃尔夫说:"演讲最好在听众兴趣到高潮时果断收束,未尽时戛然而止。"总的说来,演讲稿的结尾应达到言简意赅、余音绕梁的效果。通常演讲稿在结尾处或对演讲全文要点进行简明扼要的小结,或以号召性、鼓动性的话收束,或以诗文名言以及幽默俏皮的话结尾等,只要它能概括演讲主题和加深听众的印象即可。

四、演讲稿写作的注意事项

1. 了解对象,有的放矢

写演讲稿首先要了解听众对象,了解他们的思想状况、文化程度、职业状况以及他们所关心和迫切需要解决的问题。如果不看对象,演讲稿写得再好,说得再天花乱坠,听众也会感到索然无味,无法达到宣传、鼓动、教育和欣赏的目的。

2. 观点鲜明，感情真挚

演讲稿如果观点不鲜明，就缺乏说服力，就会失去了演讲的作用。此外演讲稿还要有真挚的感情，才能打动人、感染人。因此，它要求在表达上注意感情色彩，把说理和抒情结合起来。当然这种深厚动人的感情不应是"挤"出来的，而要发自肺腑。

3. 行文变化，富有波澜

构成演讲稿波澜的要素有内容安排、听众的心理特征和认识事物的规律，因而演讲稿要写得有波澜，要靠内容的起伏、张弛、强调、反复、比较、照应。

4. 语言流畅，深刻风趣

要把演讲者在头脑里构思的一切都写出来或说出来，让人们看得见、听得到，就必须借助语言这个交流思想的工具，因此，语言运用得好还是差，对写作演讲稿影响极大。写作演讲稿在语言运用上应注意以下五个问题。

（1）要口语化

"上口"、"入耳"这是对演讲语言的基本要求，也就是说演讲的语言要口语化。如果演讲稿不"上口"，那么演讲的内容再好，也不能使听众"入耳"，完全听懂。如在一次公安部门的演讲会上，一个公安战士讲到他在执行公务中被歹徒打瞎了一只眼睛，歹徒说这下子他成了"独眼龙"，可是这位战士伤愈之后又重返第一线工作了。讲到这里，他拍了一下讲台，大声说："我'独眼龙'又回来了！"会场里的听众立即报以热烈的掌声。为了做到这一点，写作演讲稿时，应把长句改成短句，把倒装句改成正装句，把单音词换成双音词，把听不明白的文言词语、成语改换或删去。

（2）通俗易懂

演讲要让听众听懂，如果使用的语言讲出来谁也听不懂，那么这篇演讲稿就失去了听众，因而也就失去了演讲的作用、意义和价值。为此，演讲稿的语言要力求做到通俗易懂。

（3）生动感人

如果一篇演讲稿只是思想内容好，而语言干巴巴，那就算不上是一篇好的演讲稿。因而好的演讲稿语言一定要生动。一是用形象化的语言，运用比喻、比拟、夸张等手法增强语言的形象色彩，把抽象化为具体，深奥讲得浅显，枯燥变成有趣。二是运用幽默、风趣的语言，增强演讲稿的表现力。这样，既能深化主题，又能使演讲的气氛轻松和谐；既可调整演讲的节奏，又可使听众消除疲劳。三是要发挥语言音乐性的特点，注意声调的和谐和节奏的变化。

（4）准确朴素

准确，是指演讲稿使用的语言能够确切地表现讲述的对象——事物和道理，揭示它们的本质及其相互关系。作者要做到这一点，首先要对表达的对象熟悉了解，认识必须准确；其次要做到概念明确，判断恰当，用词贴切，句子组织结构合理。朴素，是指用普普通通的语言，明晰、通畅地表达演讲的思想内容，而不刻意在形式上追求华丽的词藻。如果过分地追求文辞的华美，就会弄巧成拙，失去朴素美的感染力。

（5）控制篇幅

演讲稿不宜过长，要适当控制时间。德国著名的演讲学家海茵兹·雷德曼在《演讲内容的要素》一文中指出："在一次演讲中不要期望得到太多。宁可只有一个给人印象深刻的思想，也不要五十个证人前听后忘的思想。宁可牢牢地敲进一根钉子,也不要松松地按上几十个一拔即出的图钉。"所以,演讲稿不在乎长,而在乎精。

【例文 7-3】

我有一个梦想

马丁·路德·金

今天,我高兴地同大家一起,参加这次将成为我国历史上为了争取自由而举行的最伟大的示威集会。

100年前,一位伟大的美国人——今天我们就站在他象征性的身影下——签署了《解放宣言》。这项重要法令的颁布,对于千百万灼烤于非正义残焰中的黑奴,犹如带来希望之光的硕大灯塔,恰似结束漫漫长夜禁锢的欢畅黎明。

然而,100年后,黑人依然没有获得自由;100年后,黑人依然悲惨地蹒跚于种族隔离和种族歧视的枷锁之下;100年后,黑人依然生活在物质繁荣瀚海的贫困孤岛上;100年后,黑人依然在美国社会中间向隅而泣,依然感到自己在国土家园中流离漂泊。所以,我们今天来到这里,要把这骇人听闻的情况公之于众。

从某种意义上说,我们来到国家的首都是为了兑现一张支票。我们共和国的缔造者在拟写宪法和《独立宣言》的辉煌篇章时,就签署了一张每一个美国人都能继承的期票。这张期票向所有人承诺——不论白人还是黑人——都享有不可让渡的生存权、自由权和追求幸福权。

然而,今天美国显然对她的有色公民拖欠着这张期票。美国没有承兑这笔神圣的债务,而是开始给黑人一张空头支票——一张盖着"资金不足"的印戳被退回的支票。但是,我们决不相信正义的银行会破产。我们决不相信这个国家巨大的机会宝库会资金不足。因此,我们来兑现这张支票。这张支票将给我们以宝贵的自由和正义的保障。

我们来到这块圣地还为了提醒美国:现在正是万分紧急的时刻。现在不是从容不迫悠然行事或服用渐进主义镇静剂的时候。现在是实现民主诺言的时候。现在是走出幽暗荒凉的种族隔离深谷,踏上种族平等的阳关大道的时候。现在是使我们国家走出种族不平等的流沙,踏上充满手足之情的磐石的时候。现在是使上帝所有孩子真正享有公正的时候。

忽视这一时刻的紧迫性,对于国家将会是致命的。自由平等的朗朗秋日不到来,黑人顺情合理哀怨的酷暑就不会过去。1963年不是一个结束,而是一个开端。

如果国家依然我行我素,那些希望黑人只需出出气就会心满意足的人将大失所望。在黑人得到公民权之前,美国既不会安宁,也不会平静。反抗的旋风将继续震撼我们国家的基石,直至光辉灿烂的正义之日来临。

但是,对于站在通向正义之宫艰险门槛上的人们,有一些话我必须要说。在我们争取合法地位的过程中,切不要错误行事导致犯罪。我们切不要吞饮仇恨辛酸的苦酒,来解除对于自由的饮渴。

我们应该永远得体地、纪律严明地进行斗争。我们不能允许我们富有创造性的抗议沦为暴力行动。我们应该不断升华到用灵魂力量对付肉体力量的崇高境界。席卷黑人社会的新的奇迹般的战斗精神,不应导致我们对所有白人的不信任——因为许多白人兄弟已经认识到:他们的命运同我们的命运紧密相连,他们的自由同我们的自由休戚相关。他们今天来到这里参加集会就是明证。

我们不能单独行动。当我们行动时,我们必须保证勇往直前。我们不能后退。有人问热心于民权运动的人:"你们什么时候会感到满意?"只要黑人依然是不堪形容的警察暴行恐怖的牺牲品,我们就决不会满意。只要我们在旅途劳顿后,却被公路旁汽车游客旅社和城市旅馆拒之门外,我们就决不会满意。只要黑人的基本活动范围只限于从狭小的黑人居住区到较大的黑人居住区,我们就决不会满意。只要我们的孩子被"仅供白人"的牌子剥夺个性,损毁尊严,我们就决不会满意。只要密西西比州的黑人不能参加选举,纽约州的黑人认为他们与选举毫不相干,我们就决不会满意。不,不,我们不会满意,直至公正似水奔流,正义如泉喷涌。

我并非没有注意到你们有些人历尽艰难困苦来到这里。你们有些人刚刚走出狭小的牢房。有些人来自因追求自由而遭受迫害风暴袭击和警察暴虐狂飙摧残的地区。你们饱经风霜,历尽苦难。继续努力吧,要相信:无辜受苦终得拯救。回到密西西比去吧;回到亚拉巴马去吧;回到南卡罗来纳去吧;回到佐治亚去吧;回到路易斯安那去吧;回到我们北方城市中的贫民窟和黑人居住区去吧。要知道,这种情况能够而且将会改变。我们切不要在绝望的深渊里沉沦。

朋友们,今天我要对你们说,尽管眼下困难重重,但我依然怀有一个梦。这个梦深深植根于美国梦之中。我梦想有一天,这个国家将会奋起,实现其立国信条的真谛:"我们认为这些真理不言而喻:人人生而平等。"

我梦想有一天,在佐治亚州的红色山岗上,昔日奴隶的儿子能够同昔日奴隶主的儿子同席而坐,亲如手足。我梦想有一天,甚至连密西西比州——一个非正义和压迫的热浪逼人的荒漠之州,也会改造成为自由和公正的青青绿洲。

我梦想有一天,我的四个小女儿将生活在一个不是以皮肤的颜色,而是以品格的优劣作为评判标准的国家里。

我今天怀有一个梦。

我梦想有一天,亚拉巴马州会有所改变——尽管该州州长现在仍滔滔不绝地说什么要对联邦法令提出异议和拒绝执行——在那里,黑人儿童能够和白人儿童兄弟姐妹般地携手并行。

我今天怀有一个梦。

我梦想有一天,深谷弥合,高山夷平,歧路化坦途,曲径成通衢,上帝的光华再现,普天下生灵共谒。这是我们的希望。这是我将带回南方去的信念。有了这个信念,我们就能从绝望之山开采出希望之石;有了这个信念,我们就能把这个国家的嘈杂刺耳的争吵声,变为充满手足之情的悦耳交响曲;有了这个信念,我们就能一同工作,一同祈祷,一同斗争,一同入狱,一同维护自由,因为我们知道,我们终有一天会获得自由。

到了这一天,上帝的所有孩子都能以新的含义高唱这首歌:我的祖国,可爱的自由之邦,我为您歌唱。这是我祖先终老的地方,这是早期移民自豪的地方,让自由之声,响彻每一座山岗。如果美国要成为伟大的国家,这一点必须实现。因此,让自由之声响彻新罕布什尔州的巍峨高峰!

让自由之声响彻纽约州的崇山峻岭!

让自由之声响彻宾夕法尼亚州的阿勒格尼高峰!

> 让自由之声响彻科罗拉多州冰雪皑皑的洛基山!
> 让自由之声响彻加利福尼亚州的婀娜群峰!
> 不,不仅如此;让自由之声响彻佐治亚州的石山!
> 让自由之声响彻田纳西州的望山!
> 让自由之声响彻密西西比州的一座座山峰,一个个土丘!
> 让自由之声响彻每一个山岗!
> 当我们让自由之声轰响,当我们让自由之声响彻每一个大村小庄,每一个州府城镇,我们就能加速这一天的到来。那时,上帝的所有孩子,黑人和白人,犹太教徒和非犹太教徒,耶稣教徒和天主教徒,将能携手同唱那首古老的黑人灵歌:"终于自由了!终于自由了!感谢全能的上帝,我们终于自由了!"

试一试

1. 简答。
（1）演讲和辩论的区别是什么?
（2）演讲稿和一般的文章写作有何不同?

2. 写作实训。

以"感恩·诚信"为题写一篇演讲稿。

第八章 法律文书

教学目标

1. 掌握法律文书的概念、特点。
2. 掌握起诉状、上诉状、申诉状、答辩状的概念,文种之间的区别、写作格式和写作要求。

第一节 起诉状

起诉状也称为"诉状",是指公民或法人因自身合法权益遭受侵害而向人民法院提起诉讼请求的文书。起诉状是最常用的"兴讼"文书,具有引起第一审程序发生的作用。根据案件性质不同,起诉状可分为民事起诉状、刑事自诉状和行政起诉状三类。

一、民事起诉状

1. 民事起诉状的概念

民事起诉状是指公民、法人或其他组织为了维护自身的合法权益,根据事实和证据,依据民事法律的规定提起诉讼,请求人民法院予以支持、保护的诉讼文书。民事起诉状是实用性最强、使用率最高的一种诉状。

2. 民事起诉状的特点

民事起诉状有其鲜明的特点:在内容方面,主要表现为纠纷起因的繁杂性、案由的概括性、是非的交错性以及法律的失控性或滞后性;在形式方面,主要表现为诉讼行为的先发性、诉讼根据的主动宣示性。

3. 民事起诉状的格式写法

民事起诉状包括首部、正文和尾部三个部分。

(1) 首部

首部包括标题和当事人的基本情况。标题写明"民事起诉状"或"民事诉讼状"。当事人的基本情况应写明原告、被告的基本情况,即姓名、性别、出生年月、民族、籍贯、职业、住址等项目。法人、非法人团体起诉时,应写明单位的名称、所在地址,法定代表人的姓名、职务。如果一案中有数名原告、被告,应逐个说明其基本情况。

(2) 正文

正文包括:诉讼请求;事实与理由;证据和证据来源、证人的姓名和住所三项内容。

① 诉讼请求是原告要求达到的诉讼根本目的,应写明请求人民法院依法解决的有关民事权益争议的具体问题。请求事项必须写得明确具体,不能笼统含糊。

② 事实与理由应分两部分来写。事实部分主要叙述民事权益纠纷形成的事实,首先要交代清楚原告、被告之间的关系,接着应写清楚当事人之间纠纷的由来和发生、发展的经过。具体来说,应先写清楚当事人之间纠纷的起因、时间、地点,发展的具体经过、情节、后果等;再写清楚当事人之间争执的焦点和双方对民事权益争执的具体内容;最后还要分清责任。事实部分的写作应该做到以事动人、以理服人,寓观点和情理于叙事之中,让事实具有感染力,具有不可辩驳的力量。理由部分应在叙述事实的基础上分析纠纷的性质,说明是非曲直;分析危害后果,说明过错责任;论证权利义务关系,说明所提出诉讼请求是合理合法的。再引用有关法律条文,说明原告所提出诉讼请求的合法性。

③ 在起诉状中,应当列举的证据有三项内容:一是列述和提交有关的书证、物证以及其他能够证明事实真相的材料;二是说明书证、物证以及其他有关材料的来源和可靠程度;三是证人的证言内容以及证人的姓名、职务、地址等。民事案件的诉讼,原则上是谁主张谁举证,原告应在证据部分分项说明,向人民法院提交书证原件、物证原物及证人的情况,证据应确实、充分。

(3) 尾部

尾部应写明致送机关名称、具状人签名盖章和附项等。附项写清起诉状副本份数。

4. 民事起诉状写作的注意事项

(1) 标题

标题为"民事起诉状"或"民事诉讼状",不能简化,而且要居中、醒目。

(2) 正文

民事起诉状的重点内容和关键部分是"事实与理由"。起诉状能否被受理,原告能否胜诉,很大程度取决于这项内容写得如何。"事实与理由"是诉讼请求的依托。案件事实与起诉理由二者密切关联,相互渗透,而又相互独立。

(3) 证据

证据的说明也很重要,必须确凿、合法,绝不可提供虚假证据。

二、刑事自诉状

1. 刑事自诉状的概念

刑事自诉状是刑事自诉案件的当事人及其法定代理人,依据《中华人民共和国刑法》和《中华人民共和国刑事诉讼法》关于自诉案件的规定,直接向人民法院控告被告人的罪行,请求追究其刑事责任的诉讼文书。所谓"自诉状",是与人民检察院提起公诉使用的"起诉书"相对而言的。

2. 刑事自诉状的特点

刑事自诉案件是属于人民内部矛盾性质的犯罪案件。它与民事案件的主要区别是,刑事自诉案件被告人的侵权行为已经构成犯罪,而非一般违法。它与刑事公诉案件的主要区别是,刑事自诉案件被告人的罪行相对较轻。刑事自诉状的主要特点是,需要写明案由,并且案由具有特定性。认定被告人的罪名,必须符合我国《刑法》和《刑事诉讼法》的规定。

3. 刑事自诉状的格式写法

刑事自诉状包括首部、正文和尾部三个部分。

（1）首部

首部包括标题和当事人的基本情况。

① 标题写明"刑事自诉状"。如果刑事自诉同时附带民事诉讼,可以将标题写成"刑事附带自诉状"。此种文书无文件编号。

② 刑事自诉案件当事人分别称为自诉人和被告人,当事人的基本情况,即姓名、性别、出生年月、民族、籍贯、职业、住址等项目。如果自诉人或被告人为两人以上的,自诉人按受害程度轻重列出。

（2）正文

正文包括:诉讼请求;事实与理由;证据和证据来源、证人的姓名和住所三项内容。

① 诉讼请求是自诉人向人民法院提出给予被告人刑事处罚的要求。例如,在自诉伤害案件中,应当写明:"被告人×××犯伤害罪,请求人民法院依法惩处。"

② 事实与理由是刑事自诉的根据。因此,这一部分是刑事自诉状的关键部分。

事实应根据犯罪行为的七个要素,概括被告人的犯罪过程。写作时应做到:揭露犯罪时间要准确,地点和方位具体,犯罪手段要如实,情节叙述要详略得当,揭露犯罪动机要客观,揭露犯罪目的要深刻,犯罪后果要客观具体。

理由部分是一个论证过程。自诉人要从被告人实施犯罪的动机、目的、情节、手段和造成的后果等方面,结合我国刑法中规定的具体犯罪构成要件,论证被告人犯罪成立,应负的刑事责任。

③ 在刑事自诉状中,还应列出自诉状中引用的证据和证据来源、证人的姓名和住所,以备人民法院审查。

（3）尾部

尾部包括致送的人民法院名称、自诉人签名盖章、时间和附项等。附项写清按被告人的人数提出的自诉状副本的份数。

4. 刑事自诉状写作的注意事项

① 具体写明关键性的犯罪情节。注意要交代清楚各个因素,叙述案情应在去粗取精的基础上让事实讲话,不宜夹叙夹议。

② 论证被告人行为的犯罪性质力求中肯严密。

③ 举出确凿有力的证据。

④ 应注意语言准确、朴实。

三、行政起诉状

1. 行政起诉状的概念

行政起诉状是公民或其法定代理人、近亲属和法人或者其他组织,对于具有国家行政职权的机关和组织及其工作人员的具体行政行为不服,依据《中华人民共和国行政诉讼法》的规定,以国家行政机关、组织为被告,请求人民法院维护其合法权益的书状。行政起诉俗称"民告官"的诉状,属于民用"兴讼"文书之一。

2. 行政起诉状的特点

① 被告身份具有特定性。行政诉讼的被告固定为国家行政机关,而且是作出最后决定的行政机关(不以行政工作人员为被告)。
② 案件受理范围的法定性。
③ 提起诉讼程序的前置性和多样性。
④ 举证责任的倒置性。

3. 行政起诉状的格式写法

行政起诉状包括首部、正文和尾部三个部分。

（1）首部

首部包括标题、当事人的基本情况。标题写明"行政起诉状"或"行政诉状"。按原告、被告的顺序列出当事人的基本情况。原告公民的基本情况,即姓名、性别、出生年月、民族、籍贯、职业、住址等项目。法人和第三人的基本情况与民事诉状相同。被告行政机关的基本情况包括被告机关的名称、所在地,法定代表人或者负责人的姓名、职务。如果原告、被告不止一个,应按类依次列出。

（2）正文

正文包括:诉讼请求;事实与理由;证据和证据来源、证人的姓名和住所三项内容。

① 诉讼请求是原告要求达到的诉讼根本目的,应写明请求人民法院依法解决的有关民事权益争议的具体问题。请求事项必须写得明确具体,不能笼统含糊。

② 事实与理由应分两部分来写。事实部分主要叙述民事权益纠纷形成的事实,首先要交代清楚原告、被告之间的关系,接着应写清楚当事人之间纠纷的由来和发生、发展的经过。具体来说,应先写清楚当事人之间纠纷的起因、时间、地点,发展的具体经过、情节、后果等;再写清楚当事人之间争执的焦点和双方对民事权益争执的具体内容;最后还要分清责任。事实部分的写作应该做到以事动人、以理服人,寓观点和情理于叙事之中,让事实具有感染力,具有不可辩驳的力量。理由方面,应在叙述事实的基础上分析纠纷的性质,说明是非曲直;分析危害后果,说明过错责任;论证权利义务关系,说明所提出诉讼请求是合理合法的。再引用有关法律条文,说明原告所提出诉讼请求的合法性。

③ 在起诉状中,应当列举的证据有三项内容:一是列述和提交有关的书证、物证以及其他能够证明事实真相的材料;二是说明书证、物证以及其他有关材料的来源和可靠程度;三是证人的证言内容以及证人的姓名、职务、地址等。民事案件的诉讼,原则上是谁主张谁举证,原

告应在证据部分分项说明向人民法院提交书证原件、物证原物及证人的情况,证据应确实、充分。

（3）尾部

尾部应写明致送机关名称、具状人签名盖章和附项等,附项写清起诉状副本份数。

4. 行政起诉状写作的注意事项

① 当事人及其代诉人事项明确具体。
② 诉讼请求应当明确、具体、合法。
③ 论述事实与理由,应突出叙述关键情节。
④ 不可忽视举证。
⑤ 语言应力求准确、简练。

【例文8-1】

民事诉讼状

原告:兰州医药采购供应站有限责任公司
地址:兰州市城关区酒泉路232号
法定代表人:王铁　　职务:总经理
被告:兰州市妇幼保健院
地址:兰州市五泉西路36号
法定代表人:吴庆华　　职务:院长

诉讼请求:

1. 判令被告偿还原告货款47 835.59元。
2. 承担本案全部诉讼费用。

事实与理由:

2003年12月16日,被告与原告签订了还款协议,双方约定:被告于2004年3月20日前分三批偿清所欠原告的货款184 232.17元及由诉讼所产生的费用1 568元,原告撤回诉讼。原告与被告达成以上协议后,兰州市城关区人民法院于2004年3月16日准予原告撤诉。但时至今日,被告只偿还原告货款137 964.58元,尚欠47 835.59元未还,基于以上事实,根据《中华人民共和国民事诉讼法》的相关规定,依法向贵院提起诉讼,请求贵院判如所请。

此致

兰州市城关区人民法院

原告:兰州医药采购供应站有限责任公司

二〇〇六年二月十八日

附:1. 兰州市城关区人民法院民事裁定书一份;
　　2. 还款协议一份。

【例文 8-2】

刑事自诉状

自诉人：苏××，女，32岁，汉族，天津市××县××乡××村农民。

被告人：刘××，男，35岁，汉族，天津市××县××厂工人，住本厂宿舍。

案由：虐待家庭成员。

诉讼请求：被告人犯虐待罪，请依法惩处。

事实和理由：

自诉人和被告人于19××年结婚，感情尚好，生有子女各一名。19××年被告人与女徒工×××通奸。自诉人知道后，曾多次向被告人单位反映，要求领导制止被告人的不道德行为，由于种种原因，问题未能解决，使自诉人精神上受到了极大的刺激，患了精神分裂症（有医院证明）。被告人为了得到与自诉人离婚而与女徒工×××结婚的目的，便对自诉人在精神、肉体上加以虐待。19××年被告人假借为自诉人治病，在夜间使用暴力，强行往自诉人嘴里灌砒霜，妄想置自诉人于死地。由于自诉人紧咬牙关，被告人的阴谋才未得逞，却造成了自诉人舌尖糜烂、嘴唇脓肿等严重后果（李××可证明）。

19××年春节期间的一天夜里，被告人又对自诉人下毒手，用剪刀狠扎自诉人。因自诉人大声喊叫，并用右手将剪刀尖攥住，邻居戴××进屋帮助夺下剪刀，自诉人才幸免于难。但自诉人右手被被告人扎伤四处，缝合六针，至今还留有伤疤（邻居戴××、王××均可证明）。19××年3月被告人开始不负担子女生活费。还于7月×日突然进家把自诉人捆住送××精神病疗养院，期间将家中三口人的口粮拉走，自诉人出院后，无奈地带着孩子回到娘家。被告人刘××为了达到与自诉人离婚的目的，从19××年开始，对自诉人在精神上进行折磨，在肉体上进行摧残，在经济上克扣开支，情节恶劣，触犯了《中华人民共和国刑法》第××条第××款规定，已构成虐待罪，请人民法院依法追究被告人的刑事责任。

　　此致

××市××县人民法院

具状人：苏××

代书人：××市第××律师事务所律师××

19××年×月×日

附：

一、证人戴××，女，本村农民

　　　　李××，男，本村赤脚医生

　　　　王××，女，本村农民

二、天津市××××医院病情证明书一份。

【例文8-3】

行政起诉状

原告:×××,性别:×,民族:×,文化程度:本科(说是国家承认但不知为什么在某些时候就又不承认了),工作单位:×××,住址:××

委托代理人:×××,性别:×,工作单位:××

被告:中华人民共和国人事部

法定代表人:张柏林 职务:部长

诉讼请求:

1. 确认被告在2004年10月15日发布的2005年招录中央国家机关公务员公告中限制高等教育自学考试毕业生(成人高等教育毕业生)不属招录对象的具体行政行为违法,责令被告公开更正并重新确定中央国家机关公务员考试报名时间。

2. 被告承担本案的诉讼费用。

事实与理由:

被告于2004年10月15日在人事部网站(以及其他网站)公开发布2005年中央国家机关招录公务员公告。其中第一项规定招录对象为"全日制高等学校应届毕业生"以及某一项招考职位的具体条件(招考简章中写明大学毕业并无其他条件。原告为2003届、2004届(六月、十二月)高等教育自学考试××专业毕业生,只因原告不属于全日制高等学校毕业生被被告拒之招录对象的范围之外。原告认为,被告招收国家公务员这一具体行政行为,既然是要公开考试,"王侯将相宁有种乎",只要是中华人民共和国的公民,就应该给予公平的机会,况自考生只要通过了考试,就是大学毕业生,为什么又与国家规定冲突,这不还是想要显示自考成考和全日制的区别吗,如果是这样,设自考成考意义又何在呢。因此违反了《宪法》第33条关于"中华人民共和国公民在法律面前人人平等"的规定,侵害了原告与其他具有同等文化程度的公民享有的平等担任国家机关工作人员的平等权,剥夺了原告平等担任国家机关公职的资格,应当承担相应的法律责任。

此致

北京市第二中级人民法院

具状人:×××
2004年×月×日

附:被告发布的招录公告复印件
　　原告的学历证书

试一试

1. 简答题。

(1) 说明民事起诉状和刑事起诉状的特点。

（2）行政起诉状的写作注意事项有哪些？

2.改错题。

指出下述起诉状理由和法律依据部分的错误，说明理由并加以改正。

综上所述，被告人李××的行为触犯刑法的规定，构成盗窃罪。现根据《中华人民共和国刑法》第141条规定，对李××提起公诉，请依法惩处。

第二节 上 诉 状

上诉状是民事、行政或刑事案件的当事人对地方各级人民法院作出的第一审民事、行政或刑事判决或裁定不服，按照法定的程序和期限，向上一级人民法院提起上诉时使用的文书。它是常用的民用诉讼文书之一。我国古代称为"上控状"，西欧有的国家称为"抗辩状"。上诉状属于第二审程序的诉讼文书，根据诉讼性质不同，可分为民事上诉状、刑事上诉状和行政上诉状三种。上诉状的写作特点是具有很强的针对性和驳辩性。

一、民事上诉状

1.民事上诉状的概念

民事上诉状是民事诉讼的当事人、有独立请求权的第三人和判决承担民事责任的无独立请求权的第三人，以及他们的法定代理人、委托代理人等不服人民法院的第一审民事判决、裁定，在法定上诉期限内，向上一级人民法院提起上诉的书面请求。简言之，就是民事一审败诉或部分败诉的当事人为了维护自己的合法利益向上一级法院陈述理由的书状。

2.民事上诉状的特点

民事上诉状主要有两个特点。一是上诉主体具有特定性。根据我国民事诉讼法的规定，有权提起上诉的主体仅限于民事案件的当事人，即一审程序中的原告、被告、第三人、代表人等。上诉状是针对原审判决、裁定认定事实错误、适用法律不当、诉讼程序违法而提起的，并非针对当事人。二是上诉状的内容具有很强的针对性和驳辩性。

3.民事上诉状的格式写法

民事上诉状由首部、正文和尾部三个部分组成。

（1）首部

首部应按顺序写出下列事项。

① 标题写明"民事上诉状"。

② 当事人的基本情况：先写上诉人，后写被上诉人，包括姓名、性别、年龄、籍贯、住址等内容。特别注意应把当事人在一审中的诉讼地位加以备注。例如，"上诉人（一审被告）"，"被上诉人（一审原告）"。

③ 不服原审判决或裁定的事由。如"上诉人因××一案，不服×××人民法院于×年×月×日×字第×号民事判决（或裁定），现提出上诉，上诉的请求理由如下："即转入正文。

（2）正文

这部分应先写提出上诉的诉讼请求,后说明上诉的理由。诉讼请求应明确、概括、简洁,使人一目了然。上诉的理由关系到上诉请求能否成立,是用以论证上诉请求的,因此要充分有力、击中要害。上诉理由应根据具体情况从三个方面来阐述:首先,应针对原判认定的事实是否有错误、有没有遗漏的重要事实、用以认定事实的证据是否可靠进行分析论证;其二,分析原审对案件定性是否正确,运用法律有没有错误;最后,分析一审案件在审理过程中有无违反诉讼程序,可能影响判的正确性。

（3）尾部

尾部写清"此致"、"×××人民法院",并在右下方由上诉人签名盖章,注明年、月、日。附项写明上诉状副本的份数和书证、物证的件数。

4. 民事上诉状写作的注意事项

① 撰写民事上诉状必须遵守上诉期限。

② 民事上诉状应当写明:当事人的姓名、法人的名称及其法定代表人的姓名或其他组织的名称及其主要负责人的姓名;原审法院的名称、案件的编号和案由;上诉的请求和理由。

③ 递交民事上诉状正本的同时,应按对方当事人或者代表人的人数提出副本。

（注:本格式也可适用于经济案件中法人或其他组织提出上诉。）

二、刑事上诉状

1. 刑事上诉状的概念

刑事上诉状是刑事案件的当事人及其法定代理人,或者刑事被告人的辩护人和近亲属经被告人同意,不服地方各级人民法院的第一审判决、裁定,依照法定程序和期限,要求上一级人民法院撤销或更原裁判的书面请求。

刑事上诉状提起诉讼的主体具有多样性,其中近亲属和辩护人上诉的,必须征得被告人同意。刑事上诉状是刑事诉讼当事人常用的法律文书之一,对于维护司法公正、保证当事人合法权益具有重要意义。

2. 刑事上诉状的特点

（1）提交刑事上诉状需要遵守特定的时限

不服判决的上诉期限为10日,不服裁定的上诉期限为5日,都是从接到判决书、裁定书的第二日起算。

（2）上诉理由具有针对性

陈诉上诉理由,须针对导致原审裁判结果错误的"错因"(包括认定事实不准,定性、量刑不当,审判程序违法等)进行分析论证,阐述上诉请求的正确性。

（3）说理具有驳辩性

陈述上诉理由的方法,一般以反驳为主,以正面立论为辅。

（4）语言简明、锋利

其中"针对性"和"驳辩性"虽然都是上诉状的共同特点,但是比较来说,刑事上诉状更为鲜明。

3. 刑事上诉状的格式写法

刑事上诉状由首部、正文和尾部三个部分组成。

（1）首部

① 标题。写明"刑事上诉状"，如附带民事诉讼的，则写明"刑事附带民事上诉状"。

② 当事人和被上诉人的基本情况。写明不服一审判决或裁定的事由。

（2）正文

正文包括上诉请求和上诉理由。

上诉请求的内容包括以下部分。

① 首先用高度概括的语言，综合说明一下案情，紧接着详细叙述原审裁判主文。

② 说明对原审裁判主文是全部不服，还是部分不服；如是部分不服，是对哪一部分不服。

③ 请求第二审人民法院对原审裁判作部分变更，还是撤销原判、全部改判。例如，"请二审人民法院撤销原判，宣告上诉人无罪"。

上诉理由这一部分，主要是针对原审裁定或判决的不当之处，进行有理有据地论述。

（3）尾部

① 写明呈送的机关。应写为"此致"、"×××人民法院×××中级（或高级）人民法院"。

② 右下方写明具上诉人×××，签名或盖章，并注明年月日。

4. 刑事上诉状写作的注意事项

（1）上诉理由应力求全面、深刻、切要

具体应做到两点：一是针对原裁定或判决的错误结论（决定），指出其导致结论错误的主要原因；二是上诉理由应当论点明确、言之有据、条理清晰。

（2）语言应力求准备、简明

反驳原审裁定或判决错误，应做到不夸大、不形容、不用过长的句子；提出上诉理由，应当论点鲜明，一针见血；切忌用模糊语言提出论点，如"关于原审判决认定的事实问题"之类的提出，应当明确地写"原审法院认定事实有误"。为了提高上诉理由的表达效果，必须重视表达技巧，在语言方面下工夫。

三、行政上诉状

1. 行政上诉状的概念

行政上诉状是指行政诉讼当事人不服人民法院的第一审行政判决、裁定，依法要求上一级人民法院撤销、变更一审判决、裁定的书面请求。行政上诉状属于二审案件的"兴讼"文书。

2. 行政上诉状的特点

行政上诉状与民事、刑事上诉状既有共同点，又有不同点。相同点是，上诉状的提起必须遵守法定上诉期限，内容和写法上具有针对性和驳辩性；不同点是上诉期间不停止具体行政行为的执行，上诉主体具有多样性。

3. 行政上诉状的格式写法

行政上诉状由首部、正文和尾部三个部分组成。

（1）首部

① 标题，写明"行政上诉状"字样。

② 原告的身份情况。

③ 被告的情况，即写明被告机关的全称及地址。

（2）正文

应写明原告请求的事项及依据的事实和理由。

① 行政上诉状的请求事项。根据行政案件的特点，上诉请求主要有违法撤销、请求作为、请求变更和损害赔偿等几种，原告可以针对自己不服被告具体行政行为的情况，分别提出不同的上诉请求。

② 行政上诉中的事实与理由，同样是上诉状的核心部分。事实部分要写明行政争议的焦点，着重写明被告及其工作人员侵犯原告合法权益的事实经过、原因及其后果。理由部分应根据不同的案情而有所侧重。例如，对于被告侵犯原告人身权和财产权的案件，要着重论述被告实施的具体行为所依据的事实是不真实的，或者所适用的法律是错误的，或者违反了法定的程序；或者被告纯属超越职权、滥用职权的行为；或者该行政处罚决定过重，显失公平等。又如，对于被告不履行法定职责或拖延履行法定职责的案件，要重点论述依据有关法律规定，原告应当享有的请求权，被告应当履行的职责及期限，从而阐明被告的过错及其应当承担的责任。

（3）尾部

尾部写明受诉人民法院名称，具状人签名或盖章，注明具状年月日。附项部分写明本状副本份数，提交有关证据的名称、份数。

4. 行政上诉状写作的注意事项

① 正确使用格式。行政上诉当事人或者第三人上诉，应根据上诉人的不同身份情况，恰当使用诉状格式。

② 上诉请求必须明确、具体、合法。应当根据一审判决或裁定的错误情况不同，提出发回重审或者变更原审裁判等不同上诉请求。

③ 针对原审判决认定事实或违反法定诉讼程序的错误提出上诉理由。

④ 善于抓住原审裁定或判决中关键性错误进行批驳。

此外，行政上诉状还应当注意论点明确，论述层次清晰，举证与法理分析相结合，语言准确、简练。

【例文 8-4】

民事上诉状

上诉人（原审被告）：××贸易有限公司

住所地：广东省广州番禺区市桥迎宾路

被上诉人（原审原告）：×××，男，1976年12月6日出生，汉族，住址：贵港市港北区大圩镇上诉人因汽车质量纠纷一案,不服港北区人民法院(2006)港北民初字第523号民事判决书,在上诉期限内特提出上诉。原审认定事实不清,请求二审法院改判或发回重审。

事实与理由:

一、消防大队《火灾原因认定书》不具备证据有效要件,而且没有查明什么原因导致(汽车)电瓶电源线路短路(起火),原审却据此认定"电瓶电源线路短路是因该车增加电器(中央锁防盗器)超负荷引起证据不足,认定事实不清。

1. 贵港市港北公安消防大队出具的《火灾原因认定书》不具有鉴定结论的性质,不能作为认定涉案汽车质量的依据。

(略)

2. 原审认定上诉人已放弃进行再次鉴定,与事实不符,上诉人一直坚持本案需由获得国家质检总局认可的汽车检测机构进行鉴定。

(略)

3. 原审认定电源线路短路是上诉人擅自增加中央锁防盗器超负荷引起,认定事实不清,证据不足。

(略)

二、本案中,被上诉人在汽车操作、车辆起火后不作为等方面均存在过错,原审对此却不予认定。

1. 据被上诉人书面陈述,该车燃烧时,行车里程尚不足1 000公里。

(略)

2. 根据被上诉人书面陈述,汽车冒烟直至起火后,被上诉人"因担心车爆炸,未采取任何抢救措施"。对此损失的扩大,被上诉人的过错是明显的,原审对此也不予认定。

(略)

综上所述,原审关于本案重要事实电瓶电线短路原因以及被上诉人在该车冒烟起火后未采取相应措施导致损失扩大等方面认定不清,导致适用法律错误,请求二审法院发回重审或直接改判。

此致
贵港市中级人民法院

具状人:广州汽车贸易有限公司

法人代表:×××(章)

二〇〇六年十月三十一日

【例文8-5】

刑事上诉状

上诉人:赵××,男,1963年12月18日生,汉族,江苏省××市人,大学文化。住址(略)。被捕前系Z公司(国企)总经理。上诉人因受贿一案,不服×市中级人民法院(2007)某刑初字第5号刑事判决,现依法提起上诉。

上诉请求：撤销原判、发回重审或者依法改判

事实和理由：

一、一审判决认定事实有误

1. 一审判决认定：上诉人于2005年春，利用职务上的便利，采用支付转移手段，通过A公司挪用公款210万元，数额巨大，超过三个月未还，已经构成挪用公款罪。并据此判处上诉人有期徒刑九年。上诉人认为，一审判决的认定与事实不符，也缺乏法律依据。

（略）

根据《全国人民代表大会常务委员会关于〈中华人民共和国刑法〉第三百八十四条第一款的解释》的规定，上诉人的行为不属于挪用公款归个人使用的情形。根据罪刑法定的原则，上诉人不构成挪用公款罪。

2. 且不说上诉人是否构成挪用公款罪，单从一审判决认定的事实来说也存在着问题。

（略）

3. 如果法院认为上诉人构成挪用公款罪，则应当认定上诉人属于自首。

（略）

二、上诉人也不构成受贿罪

1. 一审判决对受贿罪事实的认定也存在着错误。

（略）

2. 一审判决无权解释法律，存在着对法律的错误理解。

（略）

《中华人民共和国刑法》第385条明确规定：国家工作人员利用职务上的便利，索取他人财物的，或者非法收受他人财物，为他人谋取利益的，是受贿罪。根据该条的规定，只有在索贿时才不以谋取利益为前提条件，而在受贿时，是需要为他人谋利益为条件的！法律规定的如此明确，怎能随意曲解呢！

综上，上诉人认为上诉人的行为不构成犯罪！为了维护上诉人的合法权益，特根据《中华人民共和国民事诉讼法》第180条之规定向贵院提起上诉，请求发回重审或者依法改判！

此致

××市高级人民法院

上诉人：××

二〇〇×年×月×日

附：1. 上诉状副本××份；

  2. 证物××件；

  3. 书证××件。

【例文 8-6】

行政上诉状

原告：杨××，男，56岁，汉族，××县农民，住××乡××村
被告：××县税务局
法定代表人：肖××，税务局局长
请求事项：要求撤销税务处罚和赔偿经济损失
事实与理由：

××县大河乡有一座16门砖瓦窑场，是乡办集体企业，20××年由农民何××与乡政府签订承包经营合同，合同规定：乡政府为甲方，将砖瓦窑场发包给乙方，提供厂房、场地、制砖机械；何××为乙方，承包期一年，自当年1月至12月底止。何××负责经营管理，承担企业应缴纳的税金，向甲方上缴承包金5 500元。何××承包后，又以发包方的身份与杨××签订制砖技术承包合同，承包期为一年。合同规定：何××为甲方，给乙方提供厂房、机械等设备和投资；杨××为乙方，给甲方生产成品砖200万块，每块出售价按0.05元计算，由甲方每块提取0.015元（含上缴税金、购置架子车和覆盖物），乙方分取0.035元（含购置柴油、煤等燃料，工人工资，工具修理费用）。并规定：如果乙方生产超过200万块砖，甲方就对超产部分每块提取0.012元；如果乙方生产低于200万块砖，甲方就按每块提取0.018元；如果乙方生产低于150万块砖，甲方就按每块提取0.02元。合同生效后，杨××即进行生产，合同履行了8个月，杨××生产成品砖68万块，折合人民币3.4万元，其中杨××领取了3 200元，其余由甲方××收存。

20××年×月，大河乡税务所通知杨××缴纳制砖产品税。杨××当即申明按合同规定由甲方何××负担税金。由于该税务所坚持向杨××收税，为此发生争议。杨××坚持税金应由何××缴纳，税务所便派人来拉砖6万块以抵折税款，只因受工人阻拦，才没有拉走砖。这样，税务所便宣布冻结杨××生产的砖，扬言只有缴纳了税款后才能出售砖。在税务所阻碍生产和销售砖的情况下，杨××不得已到县税务局上访，但并未得到解决。20××年8月7日，××县税务局对杨××作出书面处罚决定：

（一）杨××是机砖生产者，是纳税义务人，应依法缴纳产品税3 400元；

（二）杨××没有按规定办理税务登记，处以罚款500元。杨××不服这个处罚决定，依法向××地区税务局申请复议。地区税务局复议决定维持××县税务局的处罚决定。地、县、乡三级税务机关都坚持认为杨××是纳税义务人，这是不符合承包合同的规定的。

基于上述，特提起诉讼，要求撤销××县税务局处罚决定，并要求赔偿经济损失1 000元。

此致
××县人民法院

上诉人：杨××（章）
二○××年×月×日

附：1. 本状副本两份；
    2. ××县税务局处罚决定一件（复印件）；
    3. ××地区税务局复议决定一件（复印件）；
    4. 杨××与何××签订的合同一件（复印件）。

试一试

简答题。
(1) 简述民事上诉状和刑事上诉状的概念。
(2) 行政上诉状的写作要求有哪些？

第三节　申　诉　状

申诉状是指刑事案件中的当事人、被害人及其家属或者其他公民，和民事案件中的当事人或其法定代理人，对已经发生法律效力的判决、裁定认为有错误而不服，向人民法院或者人民检察院（刑事案件）提出申诉，请求重新审查案件的书状。申诉状与上诉状的不同，简单地说，上诉是对一审判决、裁定不服向上级人民法院上诉，申诉是对二审已经生效的判决、裁定不服向人民法院或人民检察院（刑事案件）提出申诉。按诉讼性质可以将申诉状分为民事申诉状、刑事申诉状和行政申诉状。

文种指要

一、民事申诉状

1. 民事申诉状的概念

民事申诉状是民事案件的当事人或其法定代理人、近亲属等对于人民法院已经发生法律效力的裁定或调解不服，在两年以后提请人民法院予以重新审查纠正的书状。

2. 民事申诉状的特点

① 写作对象多。不仅是人民法院（原审法院或上级法院），还可以是人民检察院、人大常委会。
② 提起申诉的次数不止一次，但要合理限量。
③ 理由要求更有针对性和突出关键。
④ 语言更须简明扼要，富有论辩色彩。

3. 民事申诉状的格式写法

民事申诉状的结构与民事再审申请书的结构相同。民事再审申请书主要由三个部分构成：即首部、正文和尾部。

（1）首部

首部主要写明申请人的基本情况，案由、案件编号、终审法院名称。一般可以这样表述："申请人因××××一案，对××××人民法院的于××××年×月×日的(20××)第××号一审(或二审)民事判决书(或裁定书、调解书)不服，提出再审申请。"

（2）正文

正文是再审申请的关键，主要由申请事项及事实和理由两部分构成。申请事项一般是要求重新审理；事实和理由是再审申请是否能得以支持的关键，根据上述提起再审的法律规定，申请人一定要把一审、二审的审理情况介绍清楚，如新证据的发现、新证据的提供、终审法院适用法律不当、违反法律程序、审判人员有徇私舞弊行为等。

（3）尾部

依次写明致送人民法院全称、申请人名称、申请日期并在附项中列清一审、二审判决(裁定、调解书)和有关证据的份数。

4. 民事申诉状写作的注意事项

① 恰当安排论述层次。
② 论点要有鲜明的针对性。
③ 运用事实、证据和法律进行辩驳。
④ 语言要力求精要、鲜明。

二、刑事申诉状

1. 刑事申诉状的概念

刑事申诉状是申诉人因对已经发生法律效力的刑事判决或裁定不服，依法向人民法院或人民检察院提交的、请求按审判监督程序对刑事案件重新审理的法律文书，也是人民法院依法决定按审判监督程序对案件重新审理的依据。

2. 刑事申诉状的特点

① 申诉在裁定或判决执行过程中或执行完毕提出。
② 提出申诉后，裁定或判决不停止执行。
③ 申诉未必能引起再审。
④ 被告人申诉引起再审后，有可能加重对被告人的刑罚。
⑤ 提交申诉书没有严格的对象、部门、审级、次数和时间限制。
⑥ 申诉内容更需要针对性，申诉理由更需要具有新颖性，表达方法更应具有驳辩性。

3. 刑事申诉状的格式写法

刑事申诉状的结构与民事申诉状的结构相同。但应注意，刑事案件的申诉往往是被告人委托其近亲属进行的，但这不改变申诉人的主体资格。

4. 刑事申诉状写作的注意事项

① 申诉理由应当符合法定条件。
② 针对原审裁定或判决的关键事实错误进行驳辩，不纠缠枝节。
③ 针对原审裁定或判决定性不准、适用法律不当进行驳辩。
④ 针对原审裁定或判决证据不足、强行结案的错误进行驳辩。

三、行政申诉状

1. 行政申诉状的概念

行政申诉状是行政案件的当事人、法定代理人等，认为人民法院已经发生法律效力的裁定或判决确有错误，依法提请人民法院予以审查纠正的书状。行政申诉状属于行政诉讼审判监督程序的诉状，是人民法院行政再审案件的重要来源之一。

2. 行政申诉状的特点

① 提交行政申诉状需要在裁定或判决生效之后，但没有严格的时间限制。
② 申诉理由更具有新颖性和驳辩性。
③ 申诉次数可以不止一次。
④ 申诉书递交的部门，并不限于人民法院或某一审级的人民法院，也可以是人民检察院和人大常委会。

3. 行政申诉状的格式写法

行政申诉状由首部、正文和尾部三个部分组成。
① 申诉人的基本情况。
② 案由。写明申诉人对哪个法院的什么裁判提出申诉。
③ 请求事项。提出请求法院撤销，变更原审裁判再审，以纠正原审裁判不当。
④ 申诉事实和理由。写明客观事实、列示证据、针对原判认定事实的错误。提出申辩以利于再审法院查明案件的真实情况和准确认定案件性质。紧扣原审判决、裁定在适用法律方面的错误，依据正确的法学原理和条款进行辩驳论证和纠正。
⑤ 呈递法院名称，申诉人签字盖章，注明年、月、日。
⑥ 附项。即有关证据的种类和件数。

4. 行政申诉状写作的注意事项

行政申诉状的请求事项能否实现，事实与理由是关键。因此，申诉应当针对原审裁定或判决的主要错因进行反驳，切忌面面俱到，主次不分；提出的根据要新，不要老调重弹；说理要新且深，不可泛论是非，轻描淡写地一笔带过。

【例文 8-7】

民事申诉状

申诉人（原终审上诉人）：×××，女，1968年11月28日出生，广东省湛江市人，住×××大街2号402房。电话（略）

被申诉人（原终审上诉人）：×××，男，1964年7月27日出生，河南省临颍县人，住×××街18号第三幢504房。电话（略）

申诉人诉被申诉人离婚纠纷一案，由广东省中山市中级人民法院审理并作出终审判决，现申诉人不服该院作出的（2002）中中民终字××号判决，特提出申诉，申诉请求和事实及理由如下。

申诉请求：

1. 撤销原终审判决，发回原审法院重新审理；
2. 本案诉讼费用由被申诉人承担。

事实与理由：

原终审法院判决认为原审法院认定事实基本清楚，适用法律正确，除对婚生儿子的抚养权处理和共同财产部分计算有误，本院依据查证的事实予以变更外，其余可予维持。

（略）

一、原终审法院在认定事实上有错误。

（一）夫妻感情破裂，并导致离婚是由于被申诉人的过错造成。

（略）

（二）原终审法院将申诉人已经用于买房和消费的款项重复计入夫妻共同财产，如此重复计算是错误的。

（略）

（三）申诉人并没有转移、隐匿夫妻共同财产。

（略）

（四）原终审法院在证据的采纳上严重偏袒被申诉人一方，对申诉人提交的事实和证据一概不予采纳，终审判决也呈一边倒，实在让人怀疑该判决的公正性。

（略）

（五）原终审法院将申诉人错误地认定为本案的过错方，将婚生儿子宋沛衡的抚养权错误地判给了被申诉人。

（略）

（六）本案是离婚诉讼，申诉人并不是本案的过错方，因此原终审法院判决申诉人承担比被申诉人更多的诉讼费没有法律依据。

（略）

二、原终审法院在适用法律上也有错误。

由于原审及终审法院在认定事实上存在错误，所以原审判决适用《中华人民共和国婚姻法》第三十二条第三款第五项、第三十六条第三款、第三十七条、第三十九条的规定是错误的。而终审判决适用《民事诉讼法》第一百五十三条第三款第（一）、（三）项之规定，维持、变更原审判决亦为错误。

综上所述，由于原终审法院在认定事实及适用法律上均有错误，所以申诉人提出申诉，恳请贵院依法受理，并撤销原终审判决，发回原审法院，责令原审法院重新审理。

此致

中山市人民法院

申诉人：×××
二○○八年十月二十三日

附：原终审(2008)中中民终字第87号民事判决书一份

【例文 8-8】

刑事申诉状

申诉人：刘××（被害人死者刘×平之兄），男，31岁，汉族，××市人。

案由：××市高级人民法院（××）高刑终字第××号判决书对于杀人犯彭×× 在定罪和量刑上均有失公正，认定的事实也有出入。

申诉请求：请求终审法院按照审判监督程序，重新审理此案。

事实和理由：

1. 判决书定彭××为伤害致死人命罪是不恰当的。我认为彭应定为故意杀人罪。因为刘×平并未对彭或其他人造成任何人身威胁，彭××没有必要用三棱刮刀来主持"正义"。他如果真是出于"正义"，不是出于故意杀人的动机和目的，在刘×平赤手空拳的情况下，完全可以采取劝阻和以理服人的方法。为什么要选择最要害的部位——心脏，并一刀刺死刘×平呢？

2. 判决书认定事实有出入。判决书说修建队书记要去医院看病，刘×平进行拦截和挑衅，这与事实不符。事实是：我母亲多次去找××镇修建队要求解决工作问题，遭修建队队长袁××毒打。为此，我母亲找到××区委和××法院，但都未作处理，仍叫我母亲找修建队书记。6月19日我母亲找到书记杨××后，又遭到书记的打骂。然后书记要坐卡车上医院，我母亲拦车不让去，因他打了我母亲，问题还没有解决。可是他们强行把我母亲拉开，把车开走了。我和我母亲也走路去了医院。在这个过程中，我弟弟刘×平根本不在场，何来的"拦截"和"挑衅"呢？到了中午12点，刘×平找我母亲回家吃饭，彭××从仓库里拿出三棱刮刀，一刀刺中刘×平的心脏然后穿过马路逃跑了。我弟弟怎么会跟他们"挑衅"？彭××刺死我弟弟并逃跑，为什么判决书对此只字不提？

3. 高级法院终审判决书以刑法第一百三十四条第二款的规定，判处彭××有期徒刑七年，实属定性不当，适用法律错误，判刑太轻。本案被告人犯的是故意杀人罪，应按我国刑法第×××条惩处。为此，申诉人请求法院对此案重新复查审理，依法对杀人犯彭××从严惩处，替我弟弟刘×平申冤，以维护法律的尊严，保护公民的合法权益。

此致
×××市高级人民法院

　　　　　　　　　　　　　　　　　　　　　申诉人：×××
　　　　　　　　　　　　　　　　　　　　　××××年×月×日

附：原审判决书一份。

【例文 8-9】

行政申诉书

　　申诉人：×市公安局，住所地×市××大街×号。
　　法定代表人：巫×，局长。
　　申诉人×市公安局对×市中级人民法院××××年×月×日(××)字第××号的判决不服，依法提出申诉，申诉的事实及理由如下。
　　2002年×月×日晚9时许，×县人大常委会委员叶×开会回来，独自一人来到望江路，在大榕树下石凳处遇到了暗娼章×。叶×主动与章×搭讪，问明其身份和嫖宿价格，并商量了嫖宿地点，在准备前往时，被治安联防队员抓获，并扭送到×派出所，在派出所讯问时，叶×化名陈××，谎称自己是×县的个体户，承认自己有嫖宿意图和违法行为，×市公安局×分局认定陈××（即叶×）嫖宿暗娼，根据《中华人民共和国治安管理处罚条例》第三十条的规定，给予行政拘留十天的处罚，并于当日将其送交行政拘留所执行。×县人大常委会因叶×下落不明，四处寻找，发现叶×被押在×市公安局行政拘留所，遂将其保释。叶×提出申诉，×市公安局作出申诉裁决：维持×分局的原处罚决定。叶仍不服，向×区人民法院起诉。×区人民法院认为：以嫖宿暗娼为理由对叶做出治安处罚申诉裁决证据不足。判决撤销×市公安局的治安处罚裁决。×市公安局不服，上诉于×市中级人民法院，×市中级人民法院审理后，维持某区人民法院的原审判决。
　　我局认为，两级法院对本案事实的认定都有错误，基本都是偏信了叶×的陈述，认定叶只是出于好奇，问明章×的身份后即离去。对章×和三名联防队员的证词弃于不顾，任意偏袒，故向你院申诉。请求撤销两市的判决再审后改判。维持我局对叶×的治安处罚裁决。
　　此致
××省高级人民法院

　　　　　　　　　　　　　　　　　　　　　申诉人：×市公安局（盖章）
　　　　　　　　　　　　　　　　　　　　　××××年×月×日

附：原审判决书各一份

思考与练习

简答题。
（1）简述上诉状和申诉状的区别。
（2）行政申诉状的特点和写作要求有哪些？

第四节 答 辩 状

所谓答辩状是指被告和被上诉人针对起诉的事实和理由或上诉的请求和理由进行回答和辩解的文书，它是与起诉状和上诉状相对应的文书。答辩状按诉讼性质可以分为民事答辩状、刑事诉讼状和行政答辩状。

一、民事答辩状

1. 民事答辩状的概念

民事答辩状是指民事案件的被告、上诉状、被申请人以及被申诉人，针对民事起诉状、民事上诉状、再审申请书以及民事申诉书的内容依法进行回答、驳辩的书状。民事答辩状是三大诉讼答辩状中使用率最高的一种。

民事答辩状在两种情况下提出：一是原告向第一审人民法院起诉后，被告就诉状（起诉状）提出答辩状；二是案件经第一审人民法院审理终结后，一方当事人不服，提起上诉，被上诉人就上诉状提出答辩状。

2. 民事答辩状的特点

① 民事答辩状的写作目的主要是削弱对方诉讼请求的根据，减免答辩人的民事责任。
② 民事答辩状不仅可以在第一审诉讼过程中提出，也可以在第二审诉讼过程中提出（含再审程序）。
③ 民事答辩状的说理以驳论方式为主，以立论方式为辅。

3. 民事答辩状的格式写法

民事答辩状由首部、正文和尾部三个部分组成。

（1）首部
① 标题。居中写明"民事答辩状"。
② 答辩人的基本情况。写明答辩人的姓名、性别、出生年月日、民族、职业、工作单位和职务、住址等。如答辩人系无诉讼行为能力人，应在其项后写明其法定代理人的姓名、性别、出生年月日、民族、职业、工作单位和职务、住址以及其与答辩人的关系；答辩人是法人或其他组织的，应写明其名称和所在地址、法定代表人（或主要负责人）的姓名和职务。如答辩人委托律师代理诉讼，应在其项后写明代理律师的姓名及代理律师所在的律师事务所名称。
③ 答辩缘由。写明答辩人因××一案进行答辩。

（2）正文

① 答辩理由。应针对原告或上诉人的诉讼请求及其所依据的事实与理由进行反驳与辩解。被上诉人的答辩主要从实体方面针对上诉人的事实、理由、证据和请求事项进行答辩，全面否定或部分否定其所依据的事实和证据，从而否定其理由和诉讼请求。一审被告的答辩还可以从程序方面进行答辩，例如提出原告不是正当的原告，或原告起诉的案件不属于受诉法院管辖，或原告的起诉不符合法定的起诉条件，说明原告无权起诉或起诉不合法，从而否定案件。答辩理由，要实事求是，要有证据。

② 答辩请求。答辩请求是答辩人在阐明答辩理由的基础上针对原告的诉讼请求向人民法院提出应根据有关法律规定保护答辩人的合法权益的请求。一审民事答辩状中的答辩请求主要有：要求人民法院驳回起诉，不予受理；要求人民法院否定原告请求事项的全部或一部分；提出新的主张和要求，如追加第三人；提出反诉请求。如果民事答辩状中的请求事项为两项以上，在写请求事项时应逐项写明。对上诉状的答辩请求应为支持原判决或原裁定，反驳上诉人的要求。

③ 证据。答辩中有关举证事项，应写明证据的名称、件数、来源或证据线索。有证人的，应写明证人的姓名、住址。

（3）尾部

① 写明致送人民法院的名称。
② 答辩人签名。答辩人是法人或其他组织的，应写明全称，加盖单位公章。
③ 写明答辩时间。
④ 附项主要应当写明答辩状副本份数和有关证据情况。

4. 民事答辩状写作的注意事项

① 要讲究答辩技巧和方法，不可粗心大意。
② 态度须实事求是。答辩理由的提出和论证，并非纯属技巧问题，而首先是以事实和法律为依据；不可捏造不实之词"自圆其说"，而应当既要坚持己之所是，也要承认己之所非，以显示诚恳的诉讼态度。
③ 语言应当鲜明、准确，并力求使锋利尖锐寓于朴实诚恳之中，如此可以增强答辩效果。

二、刑事答辩状

1. 刑事答辩状的概念

刑事答辩状是刑事自诉案件和刑事附带自诉案件以及公诉（刑事）附带民事案件的被告人、被上诉人、被申（诉）请人，针对刑事自诉状、刑事附带民事自诉状、（刑事）附带民事起诉状以及上诉状、申请（诉）书的内容依法进行回答、驳辩的书状。

2. 刑事答辩状的特点

刑事答辩是处于被控告地位的刑事自诉案件被告人的一种权利，刑事答辩状则是被告人行使答辩权的一种手段。写答辩状的目的是全部或局部驳倒对方诉状的诉讼请求，因此，要把答辩理由和诉讼请求写的合法合理。在司法实践中，刑事答辩状并非仅仅适用于刑事一审，也适用于二审和再审。

3. 刑事答辩状的格式写法

刑事答辩状由首部、正文和尾部三个部分组成。

（1）首部

① 标题。居中写明"刑事答辩状"。

② 答辩人的基本情况。写明答辩人的姓名、性别、出生年月日、民族、职业、工作单位和职务、住址等。如答辩人系无诉讼行为能力人，应在其项后写明其法定代理人的姓名、性别、出生年月日、民族、职业、工作单位和职务、住址及其与答辩人的关系；答辩人是法人或其他组织的，应写明其名称和所在地址、法定代表人（或主要负责人）的姓名和职务。如答辩人委托律师代理诉讼，应在其项后写明代理律师的姓名及代理律师所在的律师事务所名称。

③ 答辩缘由。写明答辩人因××一案进行答辩。

（2）正文

正文是刑事答辩状的重点部分，主要应阐明答辩人的答辩意见和理由。这部分内容通常从两个方面入手。一是针对错误事实进行反驳。刑事答辩状应当尊重客观事实，抓住双方当事人争执的关键性问题，针对刑事自诉状或刑事上诉状中违背事实的主要问题，有理有据地进行反驳。二是针对运用法律的错误进行反驳。只有在弄清事实的基础上，依据法律规定进行驳辩，才能使答辩理由立于不败之地。刑事答辩状必须实事求是，举出有力的证据，不能歪曲事实和无理狡辩，答辩的内容要有针对性。

（3）尾部

① 写明致送人民法院的名称。

② 答辩人签名。答辩人是法人或其他组织的，应写明全称，加盖单位公章。

③ 写明答辩时间。

④ 附项主要应当写明答辩状副本份数和有关证据情况。

4. 刑事答辩状写作的注意事项

① 要知己知彼，充分做好材料准备（包括事实根据和证据）。为此，除应熟悉对方诉状的理由和诉讼请求之外，还应针对其中的不实、违法、悖理之处，相应准备充足的驳辩材料。

② 针对对方诉状中的主要问题进行驳辩。刑事答辩状需要针对对方诉状的薄弱环节进行突破，即针对其理由的主要错误，通过说明事实真相、举出确凿的证据、阐明有关法律含义指驳其理由之中存在的矛盾等方法，暴露其事实根据的虚假性和论证逻辑的荒谬性。

③ 针对对方诉状认定案情性质的错误进行驳辩。对同一行为事实，由于当事人依据的法律条文不同，对法律的理解不同，或者主观动机目的不同，往往对其行为性质会有截然不同甚至相反的看法。答辩人进行驳辩，就需要从两方面入手：一是正确阐明有关法律的概念；二是说明客观事实的本来面貌。两者澄清了，结论也就明确了。

三、行政答辩状

1. 行政答辩状的概念

行政答辩状是行政诉讼的被告、被上诉人、被申（诉）请人，针对行政起诉状以及上诉状、申请（诉）书的事实与理由以及诉讼请求，进行回答、驳辩的书状。

2. 行政答辩状的特点

① 内容有鲜明的针对性，即针对对方当事人诉状中的事实、理由及诉讼请求而发。

② 对法律、法规阐明的具体性。行政行为是否合法，是当事人双方争执的焦点，因此，引据行政法律、法规以及地方性法规并加以阐述，就成为行政答辩状的重要内容之一。

③ 一审答辩状注重对证据的提供说明。

④ 具有很强的驳辩性。

3. 行政答辩状的格式写法

行政答辩状由首部、正文和尾部三个部分组成。

（1）首部

① 标题。居中写"行政答辩状"。

② 答辩人基本情况。

③ 答辩缘由。写明受理人民法院名称、送达日期、原告名称、案件性质等。

（2）正文

① 事实与理由。主要是对对方的理由和事实进行辩驳，同时揭示对方诉状中的矛盾，阐明己方对案件的具体理由，说明答辩理由的正确性，请求人民法院依法公正裁判。但必须实事求是，依法据实说理。

② 证据。

（3）尾部

① 写明致送机关。

② 右下方写明答辩机关（单位）名称（加盖公章）、法定代表人姓名、职务（签章）。

③ 年月日。

4. 行政答辩状写作的注意事项

① 针对原告起诉状事实与理由错误进行反驳。事实是判断行为性质的根据，行政答辩状应当首先说明案情，然后说明答辩人行政行为的法律依据，以理服人。《行政诉讼法》第32条规定"被告对作出的具体行政行为负有举证责任，应当提供作出该具体行政行为的证据和所依据的规范性文件。"这一要求是法院审理案件的需要，应当举出所依据的法律、法规的名称和具体条款。

② 答辩的论点和结论应当鲜明、扼要、恰当。针对起诉状的错误理由进行反驳，需要采取"撮要"的方法，提炼出明确的论点；紧接着结合案件事实，运用相关法律，进行分析驳辩；最后得出与论点相一致的结论。

③ 语言应当平易、锋利而又恳切。行政诉讼当事人的诉讼地位是平等的，答辩状应当精于说理，适宜用平等的口气，切忌官腔官调、盛气凌人。如有的行政答辩状这样结尾："原告不应无理纠缠，市人民法院应驳回原告之诉状，不予受理。特此答辩。"这一段话给人以凌驾于原告与法院之上的感觉，直接影响了答辩效果。

【例文8-10】

民事答辩状

答辩人:王××,女,52岁,汉族,××市人,市手表厂工人,现住××市××区××路××号。

因原告刘××诉我继承纠纷一案,提出答辩如下。

1.我对公婆尽了主要的赡养义务,依法有权继承遗产。原告在起诉书中诬告我对公婆未尽赡养义务,长期婆媳不和,事实恰恰相反。我自1970年嫁到刘家,1981年后丈夫、公公相继谢世。家人去世,我的精神受到严重打击,眼见婆婆年老体弱,小姑刘艳尚小,我不忍置老少于不顾,一直未婚。此后3口之家全靠我料理,关系很融洽。1984年底原告出嫁,也是我一手操办。10年来,我与婆婆相依为命,对婆婆照顾周到,我守寡伴在婆婆身边,给了她极大的安慰,从未发生大的争执。家里的主要家务由我料理,房屋也是我请人修缮。由于我有工作要上班,婆婆有时主动干点家务也是正常的。1993年婆婆去世,我一人料理后事,原告在起诉状中诬告我只顾自己快活,要婆婆为我操持家务,以此证明我未尽赡养义务,实属居心叵测。倒是原告未对自己的母亲尽应尽的义务,长大结婚都是我与婆婆一手操办,婚后专顾经营自己的小家庭,对其母亲的生老病死漠不关心,人一死就吵着要房子,是十分不道德的。根据我国《继承法》第十二条的规定,丧偶儿媳对公公、婆婆尽了主要赡养义务的,应作为第一顺序继承人。我有权继承公婆的房产。

2.关于遗产的分割,原告在起诉前曾要求房屋由她继承,我可以继续住在东屋,对此我坚决反对。我与原告同属第一顺序继承人,但在考虑继承份额时,应根据权利义务一致的原则,考虑继承人对死者有生前所尽的义务。我负担全部赡养责任,尽了应尽的义务,理所当然应继承较大的份额,我要求继承堂屋与东屋(86 m²)。

总之,第一,原告父兄死后,我担负了养家的重担;第二,我对婆婆尽了全部赡养义务;第三,我负责对房屋进行了必要的修缮。请人民法院查明事实,并根据《继承法》第十二条规定的精神和权利义务一致的原则,对我的继承权加以确认和保护,并驳回原告的无理请求。

此致
西区人民法院

答辩人:王××
××××年×月×日

【例文8-11】

刑事答辩状

答辩人:张××,男,62岁,汉族,××省××市人,×××学院退休教师,住××市×××大院宿舍区甲楼×门×号。

因殷××起诉我诽谤、侮辱一案,现提出答辩如下。

我与殷××系同事,都在××学院××教研室任教,我于××年退休。××年暑假,我曾为××会计师事务所和我教研室联系,二者合办以其《××××条例》辅导班。××年元月2日,教研室同事赵××、孙××、李××来我家看望。聊天中,他们谈到:教研室在与××会计师事务所合办的《××××条例》辅导班时,殷××拿着她儿子刚刚创办的公司发票(据说免税),对学员们说,交10元钱开100元发票,交100元开1 000元发票,开资料费可以回去报销。于是学员们纷纷交钱买虚假发票,但具体数目不详。我随即打电话给××会计师事务所的周××询问此事,周××亦证实,并表示不满,还说可以提供学员名单备查。我觉得殷××作为一个共产党员这样做是十分错误的,便给学院纪委写了信,希望他们调查。如属实,应加强教育。6月14日,退休党员支部活动,我到学院碰到了纪委书记任××,我问任××,殷××的发票问题你们调查了吗?任××说:"我问她了,她说没这么回事。"支部活动中,退休党员对学院工作提了许多意见和建议,我也提到类似殷××虚开发票这样的问题,应做认真调查,不能只听她本人一句话,就过去了。活动结束后,恰巧殷××从会场门口路过,有人说:"说曹操,曹操到。"殷××就问,说我什么?我说:"关于办班开假发票的事,希望你再跟任××如实谈一下。"殷××甩了一句"少跟我来这一套",就匆匆地走了。活动结束后的这个过程,时间充其量一分钟,根本不容我有在大庭广众之中"侮辱"她的言行。

我认为,我退休前是系总支纪检委员,退休后也应该维护党风党纪。我向纪委写信反映殷××的问题,在党员活动中交流我所了解的情况,与殷××当面交谈中表达我的希望,既是一个共产党员和公民的权利,也是一个共产党员和公民的义务,根本谈不上诽谤、侮辱。没想到,殷××竟向法院起诉,指控我诽谤、侮辱。

根据上述事实和理由,现提出答辩请求如下:
一、驳回自诉人之诉讼请求;
二、责令自诉人向我赔礼道歉。
此致
××人民法院

答辩人:张××
××××年×月×日

【例文8-12】

行政答辩状

答辩人:××省××县城乡建设委员会,住所地××县××街××号。

法定代表人:冉××,主任。

因郑××不服土地管理行政处罚一案,提出答辩如下。

郑××本在云台乡利民村(四)组有砖木结构瓦房,1987年3月又向乡政府申请在自己承包的耕地上兴建住房,乡政府认为该地段不是农房建设规划点,因此没有同意。郑××既未经土地管理部门审核批准,又未领取建房许可证,便擅自在承包耕地上兴建住房,是违反《××省土地管理实施办法》第21条之规定的。在施工期间,乡政府曾多次派人前往现场劝阻施工,并发出《关于郑×违章建筑通知书》,限期将正在兴建的房屋拆除还耕,但郑××不予理睬,乡政府于1987年12月20日给县城乡建设委员会打了《关于对郑××强行占用良田熟地建房的处理报告》。经我们调查核实,郑××违反了《中华人民共和国土地管理法》第三十八条第一款关于农村居民建住宅"使用耕地的,经乡级人民政府审核后,报县级人民政府批准"的规定。为此,我们依据该法第(四)十五条关于"农村居民未经批准或者采取欺骗手段骗取批准,非法占用土地建住宅的,责令退还非法占用的土地,限期拆除或者没收在非法占用的土地上新建的房屋"的规定,于1988年9月2日作出《关于拆除郑××非法占耕地所建住房的处罚决定》。

郑××以"建房是经群众讨论通过的"为由,不服土地管理行政处罚,向人民法院提起诉讼,这个所谓"理由"是站不住脚的,请依法裁判。

此致

××县人民法院

答辩人:××县城乡建设委员会(盖章)
××××年×月×日

附:本答辩状副本一份

证据:

一、××乡政府《关于郑××违章建筑通知书》一份;

二、××乡政府《关于郑××强行占用良田熟地建房的处理报告》一份;

三、本委员会《关于拆除郑××非法占耕地所建住房的处罚决定》一份。

思考与练习

1. 简答题。

答辩状写作应注意哪些问题?

2. 病文诊断。

指出下述答辩状不当之处。

答辩人:××人民医院

因×××要求×××人民医院人身损害赔偿一案,现提出答辩意见如下。

1. 答辩人与×××之间不存在直接的合同关系,答辩人2012年6月10日与××第二建筑安装工程公司订立了一份口头合同,由××第二建筑安装工程公司负责把答辩人的一个高压电表柜拆除,×××是受××第二建筑安装工程公司的委托来拆除高压电表柜的,与答辩人之间不存在直接合同关系。

2. ××的伤害赔偿应由××二建筑安装工程公司负责。其一,根据我国法律和有关司法解释规定,××第二建筑安装工程公司对其职工在履行合同的范围内所受到伤害应负责任,×××的伤害并不是由于合同客体以外的事物造成的。其二,受××第二建筑安装工程公司委托的×××在拆除高压电表柜的过程中,存在着严重违反操作程序的行为,未尽一个电工应尽的注意。

3. 答辩人对×××伤害赔偿不应承担责任。根据我国《民法通则》的规定,从事高度危险作业的人致他人损害的,应负赔偿责任。而本案中答辩人与××第二建筑安装工程公司订有合同,高度危险来源已通过合同合法地转移给××第二建筑安装工程公司。××第二建筑安装工程公司成为该危险作业物的主体,××在操作过程中受到伤害,这是××第二建筑安装工程公司在履行合同过程中,合同客体造成自己员工的伤害行为,与答辩人无关。

  此致
××市中级人民法院

答辩人:×××人民医院
二〇一×年四月二日

第九章 专用文书

教学目标

1. 掌握毕业论文、毕业设计的概念。
2. 熟悉毕业论文、毕业设计的程序,了解其格式写法。
3. 能结合自己所学专业,撰写毕业论文和毕业设计。
4. 了解申论的特点,学会答题的技巧方法。
5. 提高提出问题、分析问题、解决问题的能力。
6. 能适应公务员录用对申论写作的要求。

第一节 毕业实习报告

一、毕业实习报告的概念和特点

1. 毕业实习报告的概念

毕业实习是高等教育的重要组成部分,是教学计划中的重要环节,是学生走向工作岗位前的一次实战演习。毕业学生在学业的最后学期需参加毕业实习并撰写毕业实习报告。实习报告是对实习中看到的、学到的、参与的工作以及自己的心得体会加以综合、分析和概括,并用简练流畅的文字表达出来的书面材料。实习报告既是对实习阶段进行总结与说明,又是反映学生毕业实习完成情况的一个主要内容,也是对毕业生的又一次培养和训练。

毕业实习报告不同于毕业论文。首先,毕业实习报告是为了向主管部门和专业负责人报告自己实习工作的经过、进展、最终成果和收获体会;毕业论文则是讨论和表述对某一课题的研究成果,带有学术文章性质,专业性很强,属于科技论文、经济论文或人文论文等领域。其次,实习报告比毕业论文叙述要详细,也可以复述别人的成果、方法和结论,也可详细地说明本人参与或承担工作的内容、过程、操作程序、数据处理、论证方法、课题来历、意义、经验教训等;毕业论文则要简练概括,直叙主题,毕业论文不同于学术论文,也可综述课题的前人成果和相关知识,但主要是自己的工作成果。

2. 毕业实习报告的特点

(1)针对性

毕业实习报告要求以实习收集的业务素材为依据,结合所学专业特点来写,必须是通过自己的组织加工写出来的。

(2)文章性

毕业实习报告要有鲜明的主题,确切的依据,严密的逻辑性,报告应简明扼要,图文并茂。

(3)应用性

根据本人实习经历撰写的毕业实习报告,既是对自己实习过程的总结回顾,同时也能帮助指导今后的工作,对本专业学生及同行有一定的应用价值。

二、毕业实习报告的写作步骤

1. 毕业实习报告的资料收集

从开始实习的那天起就要注意广泛收集资料,并以各种形式记录下来(如写工作日记等)。丰富的资料是写好实习报告的基础。

① 专业知识在工作中如何灵活运用。例如法律专业,注意法官或法律工作者在执法过程中是如何灵活运用法律条款,深入了解优秀法官,如何运用法律以外的手段解决民事纠纷,提高结案率的;文秘专业的学生可以直接将秘书实务、应用文写作等科目中的问题带到实践中去,在实践中寻求理论与实践的结合点,等等。

② 观察周围同事如何处理问题、解决矛盾。实习是观察体验社会生活,将学习到的理论转化为实践技能的过程,所以既要体验还要观察。从同事、前辈的言行中去学习,观察别人的成绩和缺点,以此作为自己行为的参照。观察别人来启发自己也是实习的一种收获。

③ 实习单位的工作作风如何。实习单位的工作作风对你将来开展工作、发展自己、提高自己有什么启发;某些同事的工作作风、办事效率哪些值得你学习,哪些要引以为戒,对工作对事业会有怎样的影响。

④ 实习单位的部门职能发挥如何。对不同职能部门的工作作风,履行职能的情况有什么看法和认识。

2. 毕业实习报告的写作流程

去单位实习之前一定要先跟指导老师联系,相互留下联系方式。实习一段时间后,首先要提交的是报告的大纲,字数最好能在 800 字左右,主要是交代自己要写的报告的主要构架内容,由指导老师知道后再开始写作,具体交稿时间跟指导老师联系,最好在实习结束前 10 天将草稿交指导老师批改。老师认为合格后,再誊抄在学院统一印制的实习报告本上。

三、毕业实习报告的格式写法

毕业实习报告的内容包括实习背景、实习环境、实习过程、实习内容、实习收获和心得体会等,或者其中的几种需要撰写,具体可由各所院校自行制定。实习报告的格式大体由封面、标题、内容摘要与关键词、引言、正文、结束语、参考资料等部分组成。

齐全、规范的格式是评价实习报告的重要依据标准。

1. 封面

封面需要写明系别、专业、班级、姓名、指导教师、实习报告题目等。

2. 摘要与关键词

中文摘要作为实习报告部分的第一页,为200字以内的一篇完整的短文。

摘要简明扼要地归纳出报告的基本内容,阐明作者的观点,提出解决或应对的建议。使读者不用阅读论文的全文,就能获得必要的信息,是实习报告的中心思想。

关键词是根据报告内容,提炼出贯穿报告始终的、关键性的、出现频率较高的几个词组。

3. 引言

引言是叙述本人的实习的基本情况,如实习岗位、做了哪些工作、对岗位职责的理解等选题的主要背景等。

注意:引言不要与内容提要雷同,也不是内容提要的注释。应是实习报告的提纲,也是实习报告组成部分的小标题。

4. 正文

这是实习报告的主体部分,占据了报告的主要篇幅,直接决定实习报告的质量与水平。写作内容可根据实习内容和性质而不同。

(1)实习目的

这部分介绍实习目的、意义及背景简介,或实习单位的发展情况、实习要求等。

(2)实习内容

这部分应结合自己的实习过程来详细介绍。一方面可以根据个人专业特点,全面地写。例如,法律专业的学生,去法院实习获得的就是作为一个法律工作者应该具有全面素质的材料,包括法律工作者的政治素质要求和业务素质要求;法律条文的运用;法官的个人魅力(言行举止、语言表达等综合因素)在法庭上的效果;法官需要的语言表达能力,等等。文秘专业学生作为一个办公室文员,实习中工作性质内容可能涉及所学大部分骨干课程,如"办会"(会议之前的准备工作、会议过程中的服务工作、会后的总结工作以及整个会议涉及的文书有哪些,领导对这些会议文件的写作要求有哪些,写作者在准备过程中有哪些成功的做法或失败的教训);文秘工作者的仪表礼仪有什么要求,等等。另一方面,也可以根据实习的内容确定某一局部的工作,就一个专题作为重点描述对象。如文秘工作中的档案管理,单位对工作人员的要求有什么,自己学的哪些知识在工作中运用上了,你运用的方式方法是否符合工作需要,效果如何;同事是怎么对待档案管理工作的,他们有什么值得你学习的地方,等等。

(3)实习结果

在前面叙述分析的基础上,最终应该就提出的问题或现象得出结论。结论根据需要自然安排,不要为了形式而特别设置。

（4）实习总结、体会或今后努力的方向

这部分是对实习的体会和最终的、总体的结论,不是正文中各段小结的简单重复。可以以实习体会、经验为条目来结构文章。例如,在实践中发现自己的优势,团队协作意识强,善于根据自己的知识,能力挑战新工作,事后善于总结等;从实践中看到的缺陷,专业知识欠扎实,动手能力差等,用这些把自己实践的过程内容串起来。不过,这样的报告相对来说需要较高的写作能力。

5. 参考资料

参考资料主要是实习过程中查阅过的,对实习过程和实习报告有直接作用或有影响的书籍与论文。

四、毕业实习报告写作的注意事项

① 实习报告必须在实习中搜集信息、资料,如实、客观地撰写。报告必须写自己的实习经历,可参考别人的资料,但不允许抄袭。

② 选题很重要。宜小不宜大,宜实不宜虚,深浅要适度,与专业实践相联系。

③ 实习报告写作要运用科学的调查方法,这是确保实习报告质量的有效途径。要旁征博引,但不能生吞活剥,东拼西凑。

④ 语言要求简练,符合应用文书的要求。在第一段介绍了自己的实习时间地点和分配到的任务后,下面的文字尽量少出现人称。字数要符合要求。

【例文 9-1】

×××酒店实习报告

摘要:我于2015年10月到2016年4月在×××酒店进行了大约六个月的实习。我主要在酒店做前台的接待,并且协助前台收银。前台的工作是最前线、最基层的工作,也是最辛苦的工作,一站就是十几个小时,还要时刻保持微笑服务。高峰时期,除了要迅速地接打电话还要同时完成手头的工作。我们永远是第一线,不管是好还是坏,不管是不是我们的责任,首先反映情绪的对象就是我们前台。所以我们与别的部门不一样,第一形象是我们,第一个上战场的也是我们。通过这几个月的实习,我的服务意识、服务水平和工作能力等方面都得到了提高,为我今后的工作打下了坚实的基础。

关键词:酒店　微笑　形象　服务　实习报告

引言

毕业实习是每个大学生必须拥有的一段经历,我们在实践中了解社会,我们学到了很多在课堂上根本就学不到的知识,打开了视野,增长了见识。这次毕业实习让我受益匪浅,使我将所学的知识具体应用到工作中去,为以后进一步走向社会打下坚实的基础。只有在实习期间尽快调整好自己的学习方式,适应社会,才能被这个社会所接纳,进而生存发展。刚进入单位的时候我有些担心,经历了一连串的实习之后,我努力调整观念,正确认识了单位和个人的地位以及发展方向,我相信只要我们立足于现实,改变和调整看问题的角度,锐意进取,在成才的道路上不断攀登,有朝一日,那些成才的机遇就会纷至沓来,促使我们成为社会公认的人才。

一、实习目的

1. 实习目的和意义

在×××酒店实习主要是为了接触服务行业,适应新环境,因为现在的任何行业都离不开"服务"二字。

(略)

2. ×××酒店的发展情况

(1)×××酒店的发展史

(略)

(2)×××酒店的地理位置和特色

(略)

3. ×××酒店的实习要求

实习期定为一个月,需要熟悉酒店的基本资料,如酒店的地理位置、周边环境、房间情况、特殊客户(会员、协议客人等)。另外,需要从容地接电话(包括预定的、客房的、维修部的等),同时还要给客人登记入住、呼叫客房部查房,这些事情的同时进行,包括安抚好焦急的客人的情绪,这些都是我们分内的事,所以必须面带微笑、高效率无误地工作。

(略)

二.实习内容

1. 面试

刚刚到×××酒店面试时,第一天去只是在酒店前台椅子上坐着,漫不经心地看着前台服务员工作,在酒店的餐厅里又等了段时间才接受面试。

(略)

2. 试用期

对于工作经验不同,应聘职位的不同,试用期的长短和项目也不同。

(略)

3. 工作积累

开始正式倒班了,两个白班,休两天;两个晚班,休两天。但是前提是每个班都有12个小时,都必须站在前台,只有吃饭的时间,半夜几乎没什么客人住房的时候可以放几个椅子在前台稍微趴两个小时。

(略)

就这样一天过去了,这样循环的过程也是经验积累的过程。

三.实习结果

经过这样很多次的面试,我已经可以从容地与招聘者对视,自信地表达出自己的观点,从而使得招聘者也更加全面、正确地知晓我的想法、能力和要求,这样我成功入职的机会也会更大。

(略)

四.实习总结和体会

1. 实习收获

酒店是一个综合各类各色人才、汇集和传播各种信息的复杂社会的缩影。经过这次实习,我受益匪浅,为我今后的工作打下了坚实的基础。

(1)服务意识的提高

(略)

(2)服务水平的提高

(略)

(3)工作能力的提高

(略)

2.实习体会

(1)自身的不足

有些事即使责任不是你一个人的,当客人训斥你时,也不能反驳,只能安抚客人的情绪,向他们道歉之后,再来解决问题。

(略)

(2)工作中的温暖

在工作中碰到的人形形色色,有刁难的,当然也有很讲道理、能够理解我们工作的人。

(略)

(3)就业展望

实习让我提前接触了社会,体会了工作的辛酸和乐趣,学习书本上学不到的知识,认识当今的就业形势,并为自己不久后的就业有新的思考和新的看法,让自己有机会调整自己的就业心态和就业计划。

(略)

3.实习想法

本次实习给了我一个很好的了解社会的机会,是真正踏入社会前的一个重要的台阶。

(略)

最后,非常感谢教导指导我的专业老师,为我的专业知识打下基础,为我介绍工作经验,为我提供良好的学习气氛和氛围。

感谢给我机会实习的前台经理,总经理,财务经理,对我进行专业性的辅导,对我工作的支持和鼓励,让我学到了很多学校学不到的经验知识,感谢给我人性化关怀的同事,让我得到了以后继续朝着梦想前进的勇气。

感谢养育我的父母和一直在我身边陪伴我的亲戚朋友们,无论遇到什么样的困难都对我不离不弃,永远照顾我,爱护我,心疼我,鼓励我,让我懂得要自立自强,勇敢地面对社会乃至人生的各种挫折,健康成长。

在这里深深的给你们鞠一躬,谢谢你们!

我会用我的实际行动去证明自己,磨炼自己,让你们看到这样一个的积极进取,勇于实现梦想的我而感到骄傲。

参考文献:

(略)

思考与练习

1.什么是毕业实习报告?毕业实习报告有何特点?

2. 简要分析毕业实习报告与实习总结和毕业论文的差别。
3. 写作实训。
根据本专业特点或曾经有过的实习经历,撰写一份格式规范的毕业实习报告。

第二节 毕业论文

一、毕业论文的概念和特点

1. 毕业论文的概念

毕业论文是高等院校的应届毕业生,针对本学科领域内的某一具体问题综合运用自己所学专业的基础理论知识和基本技能,阐述解决这一问题的见解或表述研究结果的文章。撰写毕业论文是大学生大学阶段全部学习成果的总结,是高等院校教学过程的一个重要的环节。

2. 毕业论文的特点

（1）客观性

毕业论文必须真实地反映客观世界,要忠实于研究的成果,客观地评价作者自己和他人的研究成果,材料真实,不弄虚作假。

（2）创新性

创新性要求毕业论文的写作应该在前人探索研究的基础上有所创新、有所发展,能对自己研究的课题提出新的学说、新的构想；对某些错误、疏漏之处进行必要的修正和完善,而绝不是重复、抄袭,模仿前人的劳动。

（3）科学性

科学性要求作者的论题必须正确,应用的材料必须确凿无误,不能前后矛盾,要尊重科学事实而不能主观臆造。论述系统而完整,做到首尾连贯。

二、毕业论文的写作步骤

1. 选题

毕业论文的选题是指在写论文之前,选择确定所要研究论证的问题。选题是撰写毕业论文的第一步,它实际上是确定"写什么"的问题,即确定毕业论文论述的方向。在选题时应该注意以下三点：

① 选题要大小适中；
② 研究角度要有新意；
③ 选题要体现一定的社会价值。

总之,论文的选题既要结合自己的专业所学,又不能脱离社会实际,同时还要考虑自身的学术水平和研究条件。

2. 搜集、整理资料

（1）搜集资料

一般来说，论文资料的搜集应从以下三类资料入手：

① 与论题直接相关的原始材料；

② 他人对该论题或相关论题的研究成果材料；

③ 与论题有关的社会、文化、语言、历史背景等方面的材料。

搜集资料的方法有很多，可以用直接调查的方法获得，也可以通过图书馆或档案馆查阅获得，还可以通过互联网获得。信息社会，获取资料的途径和方法有许多，关键在于怎样合理、有效地利用。

（2）整理资料

有了充分的资料，还要进行整理、分析、比较。首先是"去粗取精"；然后要对资料进行归类，即按照资料的性质不同进行分类；分类之后要对材料进行简单的概括，以便找出资料与观点见解、资料与资料之间的关系，为编写提纲做好准备。

3. 编写提纲

编写提纲的目的一方面在于构思、设计论文的写作框架，疏通思路，全面安排，把材料组织成一个完整的理论体系；另一方面能尽早同指导老师沟通，便于指导老师进行较具体的指导，保证论文写作的顺利进行，以免耽误时间，浪费精力。

论文提纲可以采用标题式、提要式和图表式三种形式。一般标题式较为常用，即用简洁的标题形式把论文各部分的内容要点概括出来，同时这些标题可直接作为论文中各部分的小标题。

4. 撰写初稿

根据指导教师的意见和自己拟订的写作提纲撰写论文的初稿。初稿的撰写有两种方法：一是从绪论（引言）写起，按照提纲的自然顺序写作，即提出问题——明确中心论点——进行论述论证——归纳总结，这种写法自然、顺畅，容易整体把握；二是从本论写起，先写正文、结论，然后再写引言。这种写法比较容易起笔，因为正文写好了，心中已有大局，回过头来写引言，减少了心理压力，可以做到专心致志。论文的修改初稿完成后，作者还要对初稿做进一步的修改，精益求精，力争写出佳作。

5. 准备论文答辩

论文答辩是毕业论文这一实践教学过程的最后一个重要环节，它的目的是审查文章的真伪，审查学生知识掌握的深度。学生通过答辩，使教师、专家进一步了解文章立论的依据，了解自己处理课题的实际能力。毕业生应该认真对待毕业论文的答辩，因为毕业论文的成绩是由文章成绩和答辩成绩两个部分组成的。

答辩时应该注意以下五点。

（1）正确、准确

正面回答问题，不转换论题，更不要答非所问。

（2）重点突出

抓住主题、要领,抓住关键词语,言简意赅。

（3）清晰明白

开门见山,直入主题,不绕圈子。

（4）有辩有答

有坚持真理、修正错误的勇气,既敢于阐明自己独到的新观点和真知灼见,维护自己的正确观点,反驳错误的观点,又敢于承认自己的不足,虚心接受意见,积极修正错误之处。

（5）讲究技巧

要讲普通话,用词要准确,声音要洪亮,吐字要清楚,语调要抑扬顿挫,可辅以手势说明问题;用词力求深刻生动,要有说服力、感染力,力争给教师和听众留下良好的印象。

三、毕业论文的格式写法

毕业论文即学术论文,它与党政公文一样,是结构定型化的典型。

1. 标题

标题是对论文内容的高度概括,是论文的重要组成部分。论文的标题不宜过长,如有必要可采用正副标题形式,同时论文的标题也不能定得太大。论文的标题应该确切、简洁、鲜明、新颖。

2. 署名

署名是在论文标题的下面署上作者的姓名。有统一封面的,作者的姓名按照规定写在封面的指定位置上。

3. 目录

目录即论文的篇章名目。毕业论文的目录,一般是按照论文写作的顺序标清论文构成部分的名称和正文中的小标题,同时在它们的后面标明具体页码。

4. 摘要

摘要是对论文内容的简短陈述,提示论文的主要观点、见解、论据或概括介绍论文的主要内容。摘要的文字要简明、确切,字数一般在300～500之间。

论文摘要一般都是在文章的其他部分完成后提炼出来的。

5. 关键词

关键词又称为主题词,是指用来反映论文观点或主要内容的词语或术语,其目的是为文献检索提供方便。主题词一般为3～8个。

6. 绪论（或者引言）

论文的绪论，总的来说包括以下内容。

① 说明研究这一课题的理由、意义、目的、范围。这一部分就像党政公文的缘由一样，一般不要长。

② 提出问题，即课题或者论点。这是论文的核心，每一篇论文都要有这一部分。

③ 对这一课题的历史研究进行回顾。

④ 说明理论基础和分析、研究设想、研究方法和实验设计、预期结果。比较长的论文往往有这一部分。

⑤ 较长论文有必要对本论部分加以概括介绍，便于阅读理解。

7. 本论

这是毕业论文的主体部分，字数较多。大约5 000字的论文，这一部分要有4 500字左右。本论要展开论题，表达作者研究成果，要下工夫写得充实而又简要。包括：调查对象、实验和观测方法、仪器设备、材料原料、实验和观测结果、计算方法和编程原理、数据资料、经过加工整理的图表和形成的论点等。

由于研究工作涉及的学科、选题、研究方法、工作进程、结果表达方式等有很大的差异，对正文内容不能作统一的规定。但是，必须实事求是，准确完备，合乎逻辑，层次分明。本论结构有以下两种方式。

（1）并列分论

这种方式把从属于总论点的几个小论点平列起来，一个一个加以论证，要给分论点加上序码或者小标题。这种方式是横向的，各部分间没有紧密联系，独立性强，但是共同为说明总论点服务。这种方式的好处是概括面广，条理性强。

（2）直线推论

这种方式又称为递进式。提出总论点后，步步深入，分论点之间按逻辑线索直线移动。这种方式是纵向地分析推断事理，各部分层层递进，每一部分都不可缺少，前后顺序也不能颠倒。这种方式的好处是逻辑严密，能说明问题。

需要注意的是，本论部分没有什么固定的结构方式，应根据具体情况采用适当方法科学地安排层次。

8. 结论

结论是本论部分阐述的必然结果，是本论要点的归纳，是课题研究的答案。结论既要照应绪论，又要写得简明概括。

9. 注释

注释是对论文正文某些问题的解释。

10. 参考文献

参考文献是作者在撰写毕业论文时引用和参考过的有关文献。一般情况下，作者要在正文中所用引文的后面加注码，在正文之后按注码依次注明作者、书名、出版社名称、出版年月、版次、页码;如果引文出自学术论文,应注明作者、论文题目、期刊名称、年份;对毕业论文有参考价值的其他主要参考文献,也应一一注明。

【例文9-2】

企业人力资源储备的战略性思考

  内容摘要 近几年来,中国企业人才流失率高居不下,企业人才问题凸现出来,所以,企业应该进行人力资源储备的战略性思考,应对可能出现的人才危机。企业人力资源储备的战略思考就是针对我国中小企业存在以上问题而提出的,以此指导企业的人力资源工作。

  关键词 人力资源 储备 战略性思考

  绪论 中国企业人才流失率居高不下,特别是中小城市的中小民营企业出现人才断层现象严重,而企业继承人问题也已经凸现出来,企业不能及时招到或找到职位空缺的合适任职者,或是等到企业要发展某一产业、某一技术时才急于向人才市场招聘,这样不仅造成人力资源不稳定性,使得经营环节中各个节点的工作难以顺利开展,而且还会造成相当大的成本支出,包括离职成本、重置成本、招聘以及培训与开发成本,尤其是核心员工和专业技术人员的离职,企业要为此付出沉重的代价。所以,企业应该进行人力资源储备的战略性思考,未雨绸缪,防患于未然,保持企业人力资源的相对稳定,降低人力资源成本支出,并应对可能出现的人才危机。

  企业人力资源储备的战略思考就是针对我国中小企业存在以上问题而提出的,以此指导企业的人力资源工作。人力资源储备战略指的是企业根据未来的发展和可能出现人才缺位,在企业整体战略框架上,事先做好各职位候选人的规划、招聘、培训、晋升和考核,并辅于相关的制度安排和后勤建设的全局思考和预见性的谋划,实现科学的留才、育才、用才观念,使企业人力资源战略与企业的发展战略同步、稳定、协调的运作。世界很多知名的公司如IBM、通用、诺基亚、朗讯、贝尔等都进行公司人才的储备战略。

一、实施人力资源储备战略的原则

1. 自知之明原则

人力资源储备战略实施的主要目的是避免出现人才缺位,并满足企业战略发展需求。

(略)

2. 人本原则

人本原则重在要求企业要建立与新老员工之间的诚实信用关系,以员工的实际利益为中心,将企业的实际情况和员工的未来发展晋升规划等方面内容全部向员工交代清楚,使之有较好的心理准备或重新进行职业选择,这样才能使员工从内心深处树立起自身发展与企业的发展血肉相连的关系,忠诚于企业。

3. 权变原则

权变原则不仅是针对市场变化,而且也可以运用于企业的发展战略和内部人员调整。

(略)

二、人才储备战略实施的流程

有效人力资源的储备战略要做到五个方面:企业自身的准确认知、多渠道合理选才、进行人才的内外部培养、辅助制度和措施的实施、战略实施的绩效反馈。

1. 分析和认知企业的主客观环境

企业的主客观环境的分析和认知是为了使企业对所处的地理区位、拥有的资源条件、未来的发展前景、企业的市场竞争地位、企业所能提供的各种发展空间和福利空间有一个明确的把握,从自身着手分析以往员工流失的原因是否与这些要素相联系,如果偏离这些要素的实际情况,那么,企业就应该进行调整,而不是凌驾于这些资源能力之上,使得企业对员工的期望与企业自身所能提供环境相一致,这样才能留住与企业实际情况要求相一致的员工。

如图1所示,图形中的各个环节的要素最终都指向一个点,即员工对企业的总体评价,也就是员工对企业总体满意度,而这是员工选择留下还是离职的最重要决策点。而前面的各个要素之间是相互关联的,相互协调作用于员工的内心感受,这些要素都是企业在进行人才储备决策中必须要考虑的,缺一不可,只有这样才能更好地发挥企业人力资源工作的效果。

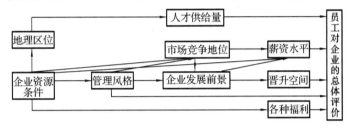

图1

(略)

当然,企业还要综合考量当地的人才供需情况、企业的市场竞争位置、企业的资源情况等,也可以对这些因素进行细分,结合市场竞争的实际,赋予各要素一定的比较权数并划分等级运用于企业的储备战略之中(见表1)。

表1

储备战略要素	要 素 细 分
企业资源条件	资金、技术、现有人力资源配置、固定设备
企业所处地理位置	东、中、西部;大城市、中等城市、小城市;市区、郊区等
人才供需情况	市场总体供求情况;企业所在地人才供需情况
市场竞争地位	行业领先、中等优势、弱优势;成熟型、成长型、起步型;规模小
管理风格	集权式、集中与自主管理相结合、自主管理;民主参与、附属执行等
企业发展前景	空间逐步变大、空间逐步缩小;未来人才素质要求;市场需求变化方向
薪资条件	位于市场上游、与市场持平、低于市场薪资等;提成＋基本工资;股权分配
晋升空间	直线上升、跨部门轮换、稳定的团队组合等
福利待遇	旅游、住房、车补、奖金、津贴等

2. 多渠道合理选才

基于上面的多因素分析,企业基本上对自身的总体情况有了明确的把握,那么企业就可以量体裁衣,将合适的人才充实到具体的岗位上。

(略)

3.培养和塑造储备人才

企业要对储备人才进行战略性的素质能力培养,细分不同岗位不同人才的培养方案,或针对不同的储备人才特点进行专业化的引导和培养,使各种人才能够在实际的工作中脱颖而出,在需要的时刻发挥其作用。储备人才的培养机制包括专向培养和内部培养。

(略)

4.建立辅助制度和措施实施人才储备

辅助制度和措施的实施,不仅是对新进员工的一种承诺,如:薪资制度、福利制度、工作场所的优越性、营造良好的人际关系等,其实更多的是为了使这些人才在心理上认可公司,减少内心的紧张和压力,增强自己对未来的发展信心,避免由于自己在短时间内不能得到重用而产生思想动摇,有利于员工明确自己的发展目标,保持良好心态,全身心投入到公司的各种工作考验中去,在较短的时间内提升自己的能力。

(略)

5.制订关键职位接班人计划

企业的人力资源管理者要为储备人才中的优秀者制订一些关键性职位接班计划,以免在最后一刻才采取行动,造成不必要的损失。

(略)

6.分析储备战略实施效果的反馈信息

衡量储备战略实施的效果反馈目的在于不断优化战略,衡量此战略实施的效果与投入成本之间的比较,取得成功的关键点在哪里,出现问题的点在哪里,哪些方面做得还不够,哪些需要不断改进等,都是这个阶段企业要考虑的。

(略)

结论 "凡事预则立,不预则废",人才的战略性储备,是为企业的持续发展而储备的,如果一个企业可持续发展的人才梯队尚未形成,人力资源出现青黄不接,而企业欲在当代这样一个激烈竞争的环境中胜出,那绝对是南柯一梦。企业只有始终以人才的培养作为企业发展的创业之本,竞争之本,发展之本,以独特的人才招聘战略,开阔的事业发展空间,优良的人才成长环境,有效的激励机制和以人为本的企业文化理念"筑巢引凤",才会使公司成为人才聚集的高地。只有拥有一流的人才,才能打造一流的企业。

参考文献

1.吴国存,李新建.人力资源管理与开发概论[M].天津:南开大学出版社,2001.
2.杨泉.企业进行人才储备的必要性分析[J].人才瞭望,2004:7.
3.长海.注重人才储备的欧美公司[J].首都经济杂志,2004:5.
4.杨泉.建立与企业战略并行的人才储备战略[J].人才瞭望,2005:2.

试一试

1.什么是毕业论文?毕业论文有什么特点?
2.写作实训。
结合所学专业,根据毕业论文的有关写作要求,拟写一份完整的毕业论文格式。

第三节 毕业设计

一、毕业设计的概念

毕业设计是工科院校毕业生针对某一具体课题，综合运用自己所学的专业知识、理论知识、基本技能表述其专业设计情况的一种应用文体。毕业设计本质上属于一般高等院校的毕业论文，是评定学生毕业成绩的重要依据。

二、毕业设计的特点

1. 科学性

科学性是毕业设计的基本特点。毕业设计不能凭主观臆断或个人好恶随意取舍素材或得出结论，而应以足够的、可靠的和精确的实验数据、现象观察或逻辑推理为依据，在能够承受实践检验的基础上搞好设计。

2. 逻辑性

毕业设计不是数据的简单堆砌，而要脉络清晰、结构严谨、推论合理、演算正确、符号规范、文字通顺、前后照应、自成体系。

3. 创新性

创新性即毕业设计论文在所提示的事物现象、属性、特点、规律及其运用上要有所创新，而不是重复、模仿或抄袭别人的工作。

三、毕业设计的分类

1. 工程（工艺）设计

工程设计具有整体性，涉及工程的整体布局，包括主要设备的选型和专用设备的设计及其他辅助设施的设计等。

2. 设备（产品）设计

设备设计又分为单体设备设计和零部件设计，主要是对某一具体设备或零部件的规格、形式、传动结构等进行设计。

3. 活动策划文案设计

活动策划文案设计主要是调研活动、宣传活动和促销活动等的设计，包括活动环境分析、总目标、内容和措施、费用预算、日程安排等。

四、毕业设计的格式写法

一份完整的毕业设计(论文)应包括以下几方面。

1. 标题

标题应简短、明确，有概括性。通过标题能使读者大致了解毕业设计(论文)的内容、专业特点和学科范畴。

2. 目录

目录即目次，主要反映文稿的结构和主要内容，目的是便于读者迅速找到本文中所需要的内容，是毕业设计不可缺少的组成部分。目录按三级标题编写(即 1、1.1、1.1.1、……)，要求标题层次清晰。目录中标题应与正文中标题一致。

3. 摘要

摘要即内容提要，概括研究课题的内容、方法和观点，以及取得的成果和结论，应能反映整个内容的精华。摘要应力求简洁、精练，一般以 300～500 字为宜。

4. 绪论

绪论(或前言、引言)应简要说明本课题的意义、目的、研究范围及要求达到的技术参数，并简述本课题应该解决的主要问题。

5. 正文

正文是作者对研究工作的详细表述，假设和条件；基本概念和理论基础；模型的建立；实验方案的拟订；设计计算的方法和内容；实验方法、内容及其分析；理论论证，理论在课题中的应用，课题得出的结果，以及结果的讨论等。

在毕业设计中，虽然这部分内容是核心，但由于专业不同而有很大的差异。不同专业的学生要根据毕业设计(论文)课题的性质，确定正文内容。

撰写毕业设计的正文时，应注意以下几点。

（1）表述简练，篇幅适当

毕业设计中理论分析部分应以简练的文字概略地表达，主要写明所作的假设及其合理性，所用的分析方法、计算方法、实验方法等哪些是他人用过的，哪些是自己改进的，哪些是自己创造的即可，篇幅不宜过多。

（2）简明扼要，详略得当

毕业设计中对实验的过程及操作方法，力求叙述简明扼要，对人所共知的内容或细节内容不必详述。对于经理论推导达到研究目的的课题，内容要精心组织，做到概念准确，判断推理符合客观事物的发展规律，符合人们对客观事物的认识习惯。总之，要做到言之有序、言之有理，以论点为中心，组成完整而严谨的内容整体。

6. 结论

结论包括对整个研究工作进行归纳、综合而得出的总结,还应包括所得结果与已有结果的比较和本课题尚存在的问题,以及进一步开展研究的见解与建议。结论集中反映作者的研究成果,表达作者对所研究课题的见解,是全文的思想精髓,是文章价值的体现,结论要写得概括、简短。

7. 谢辞

谢辞应以简短的文字对课题研究和论文撰写过程中曾直接给予帮助的人员表示自己的谢意,语气要诚恳、恰当。

8. 参考文献与附录

参考文献是毕业设计(论文)不可缺少的组成部分,它反映毕业设计(论文)的取材来源、材料的广博程度和材料的可靠程度。一般做毕业设计(论文)的参考文献不宜过多,但应列入主要的中外文献。

对于一些不宜放入正文中,但作为毕业设计(论文)又不可或缺的组成部分或具有重要参考价值的内容,可编入毕业设计(论文)的附录中。附录的篇幅不宜太多。

9. 注释

毕业设计(论文)中有个别名词或情况需要解释时,可加注说明,按各自在文章中出现的先后顺序编列注号。

在撰写毕业设计(论文)时,要根据专业特点、根据自己的实际情况,科学、如实、准确地表述毕业设计的整体内容。

【例文 9-3】

MCS-51 单片微机的应用设计
目　　录
1　引言 ……………………………………………………………………………………… 1
2　MCS-51 单片微机 ……………………………………………………………………… 2
2.1　概述 ………………………………………………………………………………… 2
2.2　MCS-51 系列单片微机 …………………………………………………………… 3
3　8279 键盘、显示器接口芯片 …………………………………………………………… 5
3.1　芯片引脚功能说明 ………………………………………………………………… 5
3.2　内部结构 …………………………………………………………………………… 7
3.3　芯片功能 …………………………………………………………………………… 9
3.4　接口说明 …………………………………………………………………………… 14
4　MCS-51 系列单片微机和 8279 接口 …………………………………………………… 22
4.1　硬件连接图及说明 ………………………………………………………………… 22
4.2　程序流程图 ………………………………………………………………………… 23
4.3　具体分析 …………………………………………………………………………… 24
4.4　程序 ………………………………………………………………………………… 26

结论	29
致谢	30
参考文献	31
附图1	32
附图2	33

　　毕业设计摘要　单片机在当今各个领域都有广泛应用，由于实际工作的需要和用户的不同要求，单片机应用系统常常配接键盘、显示器、打印机等外设。Intel 8279是一种通用可编程键盘、显示器接口，它能完成键盘输入和显示器控制两种功能，8279接32个按键的键盘和8位LED显示器，SL0—SL3的扫描按编码方式输出作为键盘的行扫描线，SL0—SL2经74S1138译码输出作为显示器位扫描信号。OUTA与OUTB经驱动器与显示器的段码线相连，直接控制显示字形，键盘的列扫描线送到回扫端RL0—RL7上；编程使单片机控制8279键盘、显示器工作，在键盘上按键可以使显示器得以显示。

　　关键词　MCS-51单片微机　8279芯片　键盘　显示器

1. 引言

　　随着微电子、超大规模集成技术的发展，微型计算机也随之沿着两个主攻方向前进：一是以高性能的32位微型计算机系列向中、大型计算机挑战；二是在一块芯片上集成多种功能部件，构成一台完整的具有一定功能的单片微型计算机。单片微机以其体积小、价格廉、小而全、面向控制等独特优点，广泛应用于各种工业控制、仪器仪表、设备、产品的自动化、智能化，构成工业技术改造的最理想机种。MCS-51单片微机是Intel公司推出的功能较强、速度较快的8位单片微型计算机系列，更适合于各种复杂的控制系统、智能化系统。它的出现在各个应用范围引起了极大反响。

　　键盘、显示器是实现人机对话的纽带。键盘是计算机不可缺少的输入设备，借助键盘可以向计算机系统输入程序、置数、操作命令、控制程序的执行走向等；显示器是最常用的输出设备。后面将介绍单片机和8279键盘、显示器接口芯片的接口技术和编程。

2. MCS-51单片微机

2.1 概述

　　单片微型计算机，作为微型计算机家族中的一员、发展中的一个分支，以其独特的结构和优点，越来越深受各个应用领域的关注和重视，应用十分广泛，发展极快。单片微型计算机以价格低廉、功能完善、面向实时控制为特征，打破了典型的计算机按逻辑功能划分单晶芯片结构的传统概念，以不求规模大、力争小而全为宗旨，在一块芯片上集成了构成一台计算机的主要部件：中央处理器（CPU）、存储器（RAM/ROM）、I/O接口及其他有关的功能部件。这样，一块芯片就构成了一台计算机，故称单晶片微型计算机，简称单片微机。

　　1980年Intel公司推出了8位高档MCS-51系列单片微机。它与MCS-48系列相比，硅片面积扩大为原来的1.4倍，片内程序存储器组扩大了1倍，（ROM/EPROM）容量为原来的4倍，RAM容量增加了1倍，工作积存器组扩大了1倍，设有两个16位的定时器/计数器，并行I/O接口增至4个口共32线，增设有全双工串行I/O接口；扩充了指令功能，提高了执行速度；存储器寻址空间分别扩大到64 KB等。可见，其功能有了很大的提高。在这一阶段，单片微机的特点是，片内ROM/EPROM容量达4～8 KB，RAM达128 KB、256 KB，存储器寻址空间分别可达 64 KB,增设全双工串行接口,扩充了断源和优化级,部分单片微机还设置有 A/D 转换接口等,指令功能进一步增强,除增设乘、除、比较等运算指令外,有的固化了 BASIC、FORTRAN 高级语言,有的可通过微程序指令,为用户提供设计部分自己所需的指令,使软件更灵活、方便,设有位处理功能,提了运算速度。后继产品还将扩充 DMA、显示接口、网络控制功能等。因此,这类单片机大拓宽了应用领域,属 8 位高档单片微机系列。

2.2　MCS-51 系列单片微机

MCS-51 系列是继 MCS-48 系列之后发展起来的高档的 8 位单片微机,它的出现直接与 HMOS 半导体工艺的发展有关。在总结 MCS-48 系列及扩大应用功能的基础上,推出的 MCS-51 系列单片微机扩大了片内存储器功能,扩大了并行 I/O 口和增设全双工串行 I/O 口,增加了中断源和优化级,新增了乘除法、比较和位操作等强功能指令,克服 MCS-48 系列存储器容量小、运算功能弱的不足,提高了全机的操作速度等。HMOS 是高性能的 NMOS 工艺,一般 MCS-51 系列产品均属之。由 CMOS 和 NMO 工艺相结合,产生了 CHMOS 工艺产品,如 80C51/87C51/80C31 等。这类产品既保持 NMOS 高速和高封装密度的特点,又具有 CMOS 低功耗的优点,两者结合,特别适合某些应用场合。

CHMOS 工艺单片微机具有掉电保护和冻结运行两种独特的节电处理方式。在掉电保护方式下,单片微机可由备用电源供电,这时仅保证数据存储器 RAM 的内容不丢失,其他部分均停止工作,这时整个单片微机仅消耗电流的 10 pA 左右,功耗降低到小值。在冻结运行方式下,可用软件使单片微机进入冻结运行方式,这时 CPU 停止工作,只留定时/计数器和中断部分工作,从而降低单片微机的功耗。结束冻结状态来自定时中断或外部中断信号。

MCS-51 系列是功能极强的 8 位高档单片微机,它可用于简单的测控系统,特别适用逻辑控制。由于它功能强,价格不高,组成应用系统灵活、方便,所以是当前国内普遍选的机种。

3. 8279 键盘、显示器接口芯片

Intel 8279 是一种通用可编程键盘、显示器接口,它能完成键盘输入和显示控制两种功能。键盘部分提供一种扫描工作方式,可与 64 个按键的矩阵键盘连接,可对键盘不断地扫描,自动消抖、自动识别出按下的键并给出编码,能对双键或 n 键同时按下实行保护。

显示部分为发光二极管、荧光管及其他提供了按扫描方式工作的显示接口,它为显示器提供多路复用信号,可用来显示多达 16 位的字符或数据。

3.1　芯片引脚功能说明(略)

3.2　内部结构(略)

8279 的内部结构主要由以下几部分组成。

(1)数据缓冲器(略)

(2) I/O 控制(略)

(3)控制逻辑(控制与时序寄存器)(略)

(4)扫描计数器(略)

(5)回送缓冲器(略)

(6)FIFO/传感器 RAM(略)

(7) 显示地址寄存器和显示 RAM(略)

3.3　芯片功能(略)

(1) 键盘/显示方式设置命令(略)

(2) 时钟设置命令(略)

(3) 读 FIFO/传感器 RAM 命令(略)

(4) 读显示 RAM 命令(略)

(5) 写显示 RAM 命令(略)

(6) 写显示禁止/空格命令(略)

(7) 清除命令(略)

(8) 中断结束/设置出错方式命令(略)

3.4　接口说明(略)

4. MCS-51 系列单片微机和 8279 接口

4.1　硬件连接图及说明(略)

4.2　程序流程图(略)

4.3　具体分析(略)

4.4　程序(略)

结论　单片机能广泛应用于工作测控和智能化仪表中,由于实际工作的需要和用户的要求,单片机应用系统常常需要配接显示器、打印机、键盘、模/数、数/模变换器等外设。以上介绍的是单片机和 8279 的接口技术及编程,8051 控制 8279 键盘,显示器在实际应用中可以根据所需键盘的大小和显示器的位数来具体分析,采用译码器译码。

由于单片机适应我国的国情和需要,所以单片机在我国开发、应用虽仅有十几年的历史,应用却已十分广泛,成绩显著,并且形成了一支相当规模的单片机开发、应用的高科技队伍,正进行的以普及单片机开发、应用为特征的传统工业技术改造,以及新产品的更新换代,进一步促进了我国工业自动化进程局面的形成,并将促进其飞速发展。

致谢　在近两个月的毕业设计过程中,我得到了来自各方面的帮助,在此我要向给予我帮助的人和团体致以衷心的感谢！

感谢指导导师×××,感谢0506班××,是他们给予了我技术上的指导和部分资料的提供！感谢所有在毕业设计过程中帮助我的老师和同学！

参考文献:(略)

附图:(略)

> ✏️ 试一试
>
> 1. 毕业设计有何特点？毕业设计常见有哪几类？
> 2. 写作实训。
>
> 运用所学知识,根据学年设计或毕业设计内容,起草一份毕业设计,要求格式规范。

第四节 申 论

国家考试录取公务员,是长治久安的大事,也是相当多高校学生的人生大事。公务员考试内容之一就是申论。

一、申论的概念

申论,词义源自孔子的"申而论之",取申述、申辩、论述、论证之意,是对应试人员综合分析能力和写作能力的一种考核。《中央、国家机关录用考试公共科目考试大纲》里写到:申论主要是对应考者的阅读和理解能力、分析和概括能力、提出和解决问题的能力及文字表达能力等方面进行综合测查。

申论类似于给材料作文,但是形式比较灵活,而且内容难度比较大。写作申论,要在反复阅读试卷给出的文字资料和提出的有关问题后,用心分析,提出自己的论点并进行阐述和论证。

二、申论的特点

1. 内容涉及的广泛性

申论测试的内容一般都侧重于考查应试者解决问题的能力,所以给定资料的范围极其广泛,内容涵盖了政治、经济、法律、教育等社会问题的诸多方面,资料的形式或是事件或是案例或是社会现象。因此,应试者就必须具备一定的阅读、分析、理解能力,能够在有限的时间内准确把握、理解资料,分析问题,解决问题。

2. 形式的灵活多样性

与传统作文相比,申论考试的形式比较灵活。就文体而言,概括内容部分既可能是记叙文、说明文、议论文中的某一种形式,也可能综合了多种文体形式,还可能是公文写作中的应用文形式;提出对策部分,主要是应用文写作;论述问题部分是议论文写作。因此,从这个意义上来说,申论既考查了普通文体的写作能力,也考查了公文的写作能力。

3. 考查目的的明确性

申论的考查目的是非常明确的,它主要考查应试者阅读理解能力、综合分析能力、提出问题的能力及文字表达的能力。应考时,应试者要仔细阅读所给定的材料,理清材料的逻辑关系,抓住主要问题,考虑特定的条件、环境,并且结合社会实际,进行分析、判断,从而提出切实可行的对策。

三、申论试卷的构成

申论试卷主要由以下三个部分组成。

1. 注意事项部分

① 申论考试与传统作文考试不同,是对应考者阅读理解能力、综合分析能力、提出和解决问题能力、文字表达能力的测试。

② 作答参考时限:阅读材料40分钟,作答110分钟。

③ 仔细阅读给定的材料,按照后面提出的申论要求依次作答。

2. 给定材料部分

给出约1 500字的材料,内容可能涉及政治、经济、法律、教育等社会现象的诸多方面。

3. 申论要求部分

① 用一定的篇幅(大约150字),概括给定资料所反映的主要问题。

② 用一定的篇幅(大约350字),提出给定材料所反映问题的解决对策。要有条理地说明,要体现出针对性和可操作性。

③ 就所给定资料反映的问题,用一定的篇幅(大约1 200字),自拟标题进行论述。要求中心明确,论述深刻,有说服力。

需要注意的是,申论考试的出题思路会越来越灵活,考查的知识面会越来越宽,因此申论部分每年的具体情况也会略有不同。

四、申论写作的步骤和方法

1. 申论的写作步骤

① 阅读资料。这是申论考试最基础的环节,应试者只有在认真读懂、读通全部资料的基础上,才能把握资料所反映的事件的实质,才能做出正确的分析和归纳。

② 概括主题。要求应试者能够用简要的文字(一般要求字数在150个字以内),概括出资料所反映的主要问题。

③ 提出对策。提出对策是申论考试的关键环节,针对主要问题,应试者应该就资料所涉及的范围和条件提出切实可行的解决问题的对策和方案。这一步骤重点考查应试者的思路开阔程度、探索创新的意识、应变和解决问题的能力。

④ 进行论证。就给定资料所反映的主要问题,用1 200字左右的篇幅自拟标题进行论述,即申明、阐述应试者对问题的基本看法和解决问题的方法。论证要求中心明确,内容充实,论述深刻,有说服力。

2. 申论的写作方法

以上四个步骤中,前三个步骤是第四个步骤的铺垫,进行论证才算是申论的真正开始。论证是申论考试的核心,能全面考查和衡量一个人的分析归纳能力、提出和解决问题的能力及逻辑说理能力。这一环节可以说是写作典型的议论文,因此要按照议论文的结构和写作方法来进行写作。

就申论而言,它的论证结构可分为以下三个部分。

① 开头。引用材料,大中取小。这一部分要有所强调,即突出与论点有关的部分,引出论点。

② 主体。围绕现象材料进行分析,点出"为什么"。写作时以分析法为主,其他论证方法为辅,如例证法、引证法;要联系现实和自身实际情况,强调、突出和发挥中心论点,小中见大。

③ 结尾。概括重申论点,发出感慨。

五、申论写作的注意事项

① 注意答题技巧,合理分配时间。考场上不宜盲目求快。

② 限制字数,简洁准确。概括给定资料所反映的主要问题和提出解决问题的对策和可行性方案时,注意限制字数,超过或者不足的字数一般不低于要求字数的10%,否则要扣分。回答问题一定要简洁,答题切中要点。

③ 临考前做适量的模拟题。一是为了掌握各类题型的答题技巧和答题角度;二是为了找一点实战的感觉,如考试试题的总体设计、考试的时间安排、做题速度的掌握控制等,以免上考场后手忙脚乱,这对于首次参加公务员录用考试的考生来说,尤为重要。

【例文9-4】

一、注意事项

1. 本试卷由给定资料与作答要求两部分构成。考试时限为150分钟。其中,阅读给定资料参考时限为40分钟,作答参考时限为110分钟。满分为100分。

2. 请按要求作答。未按要求作答的,不得分。

3. 请在答题卡上指定位置填写自己的姓名、报考部门,填涂准考证号。考生应在答题卡指定的位置作答。未在指定位置作答的,不得分。

4. 监考人员宣布考试结束时,考生应该立即停止作答,将试卷、答题卡和草稿纸都留在桌上,待监考人员允许离开后,方可离开。严禁折叠答题卡!

二、给定材料

1. 2006年8月,在襄阳市总工会与该市企业家协会联合开展的"金秋助学"活动中,19位企业家与22名贫困大学生结成帮扶对子,承诺4年内每人每年资助1 000元至3 000元不等,帮助这些贫困大学生完成学业。入学前,总工会给每名受助大学生及其家长发了一封信,希望他们抽空给资助者写封信,汇报一下学习和生活情况。但到2007年夏天,一年多来,三分之二的受助学生未给资助者写信,也没有采用其他的联系方式进行联系。当襄阳市总工会再次组织企业家们资助时,部分企业家表示不愿再资助"无情"贫困生。无奈之下,襄阳市总工会宣布5名贫困大学生被取消继续受助的资格。此事一经报道,各种评论纷至沓来,社会舆论的热情关注颇有点出人意料。2007年8月28日《光明日报》报道,截至8月27日,新浪网就"贫困生受助资格被取消"展开的讨论,已有210 729人参与。其中,83%(174 898票)的网友认为"应该取消,感恩是做人的道德底线,不知感恩的人很难期望他们将来回馈社会",认为"不应该取消"的占8.9%(18 790票),认为"不好说"的占8.1%(17 041票)。

2. 有的人认为,不能因为大学生没写信联系就简单地认定他们不感恩,企业家不应就此撤销资助。"虽然我不是贫困生,但我能够理解他们为何不给捐助者写信。"北京师范大学的一位学生说,"我认为多数贫困生并不是心中不知感恩,只是他们不愿意用这种方式表达。他们认为上学期间好好学习,做好本分的事情将来回报社会,才是更好的感恩方式。"对于资助者来说,来自被资助者的感谢无疑是一种鼓励。温州资助者李先生说,每次收到被资助的贫困学生发来的慰问短信,都会让他眼中噙着泪水。北京的宋女士是一位机关工作人员,她和她的朋友们每年都会通过中国青少年发展基金会向边远地区的贫困学生提供助学金捐助。她向记者坦言,自己从未要求孩子们定期联系、汇报情况。"去年,我们捐助的10个孩子中有几个孩子刚好是在同一个学校的,年底他们一起寄了封信过来,告诉我们拿到了多少钱,还介绍自己的学习和生活。"宋女士说,"付出的爱心有了回应,这让我们都觉得很开心。但我们也不强求捐助的所有孩子都给我们写信。毕竟他们还都是孩子,好好学习,对我们来说,就是最好的汇报了,我想,这也是对他们自己最好的'汇报'。"在这场讨论中还有人认为怜悯、善良和同情尽管是人类的自然本性,但平等、自由和尊严,也是与生俱来的人格。只要你有那么一点强势,给弱者半分"恩惠",人家就要感恩戴德。感恩中的"恩"是报不完的,就算报完了,你也是一辈子都欠他的,一辈子都不会与他是平等的地位、平等的人格。四川有位老板,资助了几个贫困学生,由于受助的学生年底没有向"恩人"汇报,老板就取消了他们的受助资格,对不知去向的学生还动用律师将其告上法庭。一位从事公益事业多年的人士认为,家境贫困的孩子们本身已经面临生活上的很多困难,以居高临下的心态要求受助学生以低姿态的"感恩、亏欠"来面对捐助者和社会,对于年轻的他们有可能造成另一种心理上的压力。很多捐助者本人也承认,自己爱心的付出,并不是为了这些受捐助的孩子对捐助者有多大的回报,而是希望他们能够在温暖、充满关爱的社会环境中茁壮成长,将来能够以同样的社会责任感去回馈社会。

3. 2008年2月27日《人民日报》刊登了哈尔滨铁路国旅集团职工资助黑龙江兰西县30多名贫困学生的事迹。两年来,受到哈铁国旅集团叔叔阿姨们"一对一"的资助,孩子们得以继续学业。尽管孩子们盼望,但和自己的资助人在两年间却未曾见过面,只是书信往来。孩子们或许不理解,但叔叔阿姨们确有良苦用心。越来越多的单位和个人加入"爱心助学"的队伍,是他们点燃起一盏盏希望的烛火,照亮一个个苦难少年的前程。在很多人看来,受助者心怀感恩,是对爱心人士最大的安慰。在这种心理期许之下,受助者与献爱心者见面表达谢意,是合情合理的。然而,哈铁国旅人却想得更深一些。帮一个寒门子弟继续学业,可能从此改变一个人乃至一个家庭的命运,这份情义往大了说,是一种恩德,一生一世都会被铭记。但就受助者当前境况而言,除了感激,没有更多表达谢意的能力和方式。面对资助者,过分强调"感恩",只会增加他们的自卑感。为了避免给孩子们造成不必要的"刺激",哈铁国旅人选择了"见面不如鸿雁"。他们在信中鼓励孩子们安心读书,把对某个人的感激化为对全社会的关爱。受助者是不是就不要感恩了呢？当然不是。有一个故事让人不能释怀。一位在山中修路的农民工，为阻止一辆即将坠崖的大巴车受了重伤，等他在医院醒来时发现少了一条腿。面对"后不后悔"的疑问，他陷入了苦闷：他救了一车人的性命，可在住院的日子里，那一车人没有一个来探望过他。其实，哪怕只是说一声"谢谢"，他也就无怨无悔了。俗话说，"滴水之恩，当涌泉相报"。没有感恩，爱心之树就失去了成长的沃土，爱心之舟也必将搁浅在心灵的荒漠。不论时代发生怎样的变化，美好的情操和品德永远鲜亮。一个让崇高坠地、爱心落空的社会是多么让人失望啊！在构建社会主义核心价值体系的今天，我们需要倡导形成一种知辱明耻、互相关爱的社会氛围，培育一种尊重奉献、褒扬崇高品德的价值追求。农民工兄弟未能从被他救了性命的人那里得到应有的感恩回馈，那么社会就要把最高的礼赞献给他，竭尽所能地帮助他，不能让他流血、流汗又流泪。每个人对这个社会都有一份责任，当我们更多关注自己对他人的责任，而非他人对自己的；常怀感恩之心，而不是认为别人对自己的付出都是理所当然，那么，爱心和感恩才能在全社会范围形成大的互动，社会和谐也就大有希望。

4. 河南省有关机构在助学活动中规定，受助者需签订一份"道德协议"。协议要求受助方承诺，参加工作后，以实际行动回报社会，在不影响生活和工作的前提下，要自愿回捐一定数额的资金。据报道，广东一家企业每年都拿出100万元，设立"大学生助学金"。但被资助者必须签《道义契约》，在经济条件许可的情况下，返还助学金，加入助困行列。结果，每一批受助学生毕业后，半个月里，即有21人偿还了16 450元。对于接受资助需签订"道德协议"的做法，有截然不同的看法。一些人认为，资助乃高尚之举，不应求取回报，若附加任何感恩条件，就是"道德要挟"、"道德绑架"，就是满足道德虚荣心的假仁假义，对此贫困大学生没必要感恩。对于这种议论，有些人则提出质疑：以"附加感恩条件的有无"为标准，来划分资助善举的真伪，这一简单做法实际可能徒增纷扰，于事无补。在襄樊这一案例中，资助者和受助者事前未曾就"助学"活动约定条件，因而活动组织者取消受助资格的决定显得有些突兀。不过，这并不意味着此次"助学"就是一场虚伪的"道德秀"。把"附加条件的有无"当成是一个道德问题，是道德上的一种"洁癖"。

5. 2007年，华东师范大学首批免费师范生收到一封校长写的亲笔信。信中，校长叮嘱即将入学的免费生"一定不要忘记感谢父母和家人，不要忘记感谢老师。希望你怀着一颗感恩的心走出家门，怀着一颗自信的心走进校门。"感恩这种情愫在社会情商体系中愈来愈珍贵了，以致有论者指出，"感恩意识的匮乏成了一个重要的社会问题"。或许也正是因为如此，上述大学校长致函新生一事竟遭到包括网络舆论在内的诸多质疑甚至指责，认为是"多余"、"多管闲事"，等等。对此，有些学者认为，某些制度上的不公，不该影响学生对父母、家人、老师应有的感恩情怀，也不能遮蔽一位校长督促学生回首感恩的善意。在感恩上，我们常常感叹世风日下今不如昔，也往往由此反思教育的弊端。诚然，在现行的教育体制中，包括感恩在内的情商教育被冲击得七零八落，甚至被严重地忽视着——高考以及就业的压力，使得教育染上了愈来愈功利的色彩，由此而生的培养目标的嬗变，也让教育的功利性渐渐向自利性转变，学校过多地着眼于有利于自身需要的学生能力的培养，而罔顾其他。在这样的背景下看华东师大校长这封"多余"或者"多管闲事"的亲笔信，难道不是一种进步吗？就算它只是庞大的既有教育体制中一个带有个人色彩的节点，出于对公序良俗构架的公共诉求，也应该将其视为学校在学生情商教育上的意识觉醒和责任回归。希望这样的谆谆教诲能够多一些,形成一个逐渐完善系统的学校情商教育体系,来救赎我们心中遗失太多的感恩情怀。更重要的是,这样一种形式表露了感恩教育所必需的宽容和细节原则。很多时候,感恩是一种心灵独语,需要宽容的平台和细节的积累来培植孕育。

6.2007年8月27日《解放日报》载文:某校负责学生工作的老师讲述了一个"沉痛教训":一位学生家庭突遭变故,陷入贫困。学生身边的一群老师坚持每月给他三四百元资助,直到他毕业。逢年过节,老师们还轮流请他来自己家吃饭。这位学生要毕业了,老师们筹划着开个欢送会。谁知,他跟谁都没打招呼,收拾完行李就独自离校了。失望之余,老师们反思:我们给贫困学生的关爱中是否还缺失了哪一块?答案是:缺失了心灵扶助。文章认为,初进校时相当一部分贫困学生感到自卑、心态不平衡,人际交往不顺畅,他们需要"润物无声"的心灵呵护。高校需要不断健全心理健康教育网络,鼓励贫困学生参加社团组织,锻炼能力,获得自信。当他们的心灵充满阳光时,感恩意识与能力也会不断提高。贫困大学生无论接受国家还是民间资助,学校都要为他们搭建一个感恩与回报的平台,除了对资助者表示感谢外,更重要的是在更大范围回报社会,使爱心得以"接力"。华东师范大学每年有6名学生接受一位老先生的捐助。学校除了开年会,让受助学生和老先生见面交流外,还组织学生写学习和生活经历、感言,定期给老先生送去。通过这样的引导,感恩之心在学生心中悄悄扎根。

7.大连医科大学学生慕晓娟来自朝阳市朝阳县一个普通的农民家庭,在校期间,慕晓娟得到了老师、同学及社会人士的很多帮助,感恩的她把每个人的每一份帮助深深记在心底,把自己的爱心投向社会。这个山里孩子挺直了脊梁,开始了自立自强的生活旅程。一项项殊荣记录着慕晓娟的感动与追求:现任年级学生会学习部副部长、班级学习委员,多次荣获辽宁省一等奖学金,获得大连医科大学自强不息大学生、"三好学生"等荣誉称号。在学校举办的"寻找青春的感动"活动中她成为"校园十大感动人物"之一。慕晓娟经常利用假期及课余时间去当地养老院做义工,她对待老人院老人像亲人一样,定期看望,问寒问暖,送去真诚。在她常去的红岩老人院、白云老人院及同泰老人院,老人们都熟悉了她,亲切称她"小慕",她同爷爷奶奶们说笑、娱乐和运动,让他们感受青春的力量;她听他们讲述他们记忆中耐人寻味的故事,讲述历史、长征、英雄,与他们共同分享人生;她与爷爷奶奶们共同研讨时事,评论现状,聆听他们的经验之谈,接受他们难得的关于人生的体会,关于人生价值取向及积极思想的教诲……老人们也把她当做孩子,喜欢她,信任她。在关爱儿童村手工艺品拍卖会中,她的作品获优秀奖,她将拍卖的钱全部捐给儿童村的孩子们。同时,她报名捐献造血干细胞,为医疗事业尽一份微薄之力。

8.2008年2月13日《文汇报》载文:"感恩是增强学生动力的源头,也是增强学生社会责任感的一个重要方式"。这是上海对外贸易学院党委副书记楼巍的话。记者在跟踪采访中获悉,该校已经连续进行四年的感恩教育,使学生的社会责任感有了很大提升。据介绍,上海对外贸易学院组织感恩教育,从最初的给父母写家信,到现在每年过春节时向父母、老师等自己敬重的长辈讨要一句"压岁言",虽然每年活动的形式都在创新,但感恩的内涵却一直没有变化。楼巍称,大学教育从原先的重视智力教育到能力教育,再到现在对学生进行动力教育,感恩是最容易使学生增强自己动力的一种方式。事实上,在经历感恩教育后,不少学生的责任意识得到增强,尤其是增强了社会责任感。

9.在"襄樊停捐事件"引起的热烈讨论和激烈争论中,有些人认为:"我们期盼感恩不需要书面的契约来保障,感动也不因一纸契约而'消解',每个人心中都有一张无形的契约。"感恩是一种道德良性互动的润滑剂。要让感恩之情延续传递,受助者当然更需善待社会善意。心怀感恩,才能知道珍惜,珍惜来之不易的机会,珍惜别人患难相助的爱心。感恩是一种生活态度,是做一个社会人最朴素的道德准则。人与人之间缺乏感恩之心,必然导致人际关系的冷漠。在现实世界,感恩是必要的,因为感恩对社会发展的意义是深远的。对于贫困大学生在社会交往方面的问题,我们应该更深入地了解他们的想法,这本身也是大学生德育教育的重要内容。我们的德育教育既要立足高远、坚持正确的导向,同时也要落实到点滴之中,通过解决实际问题来体现德育教育的作用。对贫困大学生,我们应以更加细致、耐心的方式来研究和解决存在于他们中间的问题。作为资助方的企业家们想收到这些受助大学生的反馈信息,可以理解;但不能简单地说贫困大学生不知感恩。企业家应该以更加平和的心态来进行这项公益事业。当前,社会各界对贫困大学生资助,是帮助困难学子顺利完成学业的有效途径;应该积极鼓励和提倡更多的有识之士都参与到这项公益事业中来。捐资助学活动的主办机构,应该主动在捐助者和受助者之间搭建起帮助他们相互联系和相互沟通的平台。

10.复旦大学设立了"爱心基金",不仅吸纳社会资助,也是教育学生的载体。每年学生毕业时,受该基金资助的贫困学生都要向学校师生作出奉献爱心的承诺并签名:"在我留学期间,我将把每年奖学金的5%捐献给复旦,以资助家贫的学弟学妹们","工作以后,每年我会将工资的5%捐给复旦"……许多学生遵守承诺,不断为"爱心基金"添砖加瓦。广西大学学工处处长唐兴说,部分贫困生感恩意识缺失,不是"一日之寒"。这些负面思想正需要学校来正确引导。学校的宗旨是教书育人,不仅是在学术上,在思想道德的教育上,同样需要投入。同样本着这种"资助与教育并举,助困与育人并重"的宗旨,广西大学近年来一直坚持感恩教育,培养贫困生的爱心与感恩之情:召开"感恩大会",邀请先进人物演说亲身经历;组织到孤儿院参观,帮助院里的孤儿;积极与校外企业建立友好关系,撮合"一对一"帮扶,提供贫困生社会实践机会等。在形式多样的感恩教育中,学生获益良多。

11.2008年2月18日,李丽在中央电视台"'感动中国'2007年度人物颁奖典礼"上说:"我从事家庭教育以来,认识了很多家庭,认识了很多孩子;我觉得有些孩子缺少一种感恩,缺少一种意志力,缺少一种抗击挫折的能力;怎样树立自己正确的人生观,有些孩子甚至还很模糊。我希望通过我们的努力,和我们的孩子一起共同成长,让自己成为一个对社会真正有用的人。"一些社会人士说,现在有一些受助的贫困大学生没有主动向资助者表示感激,反映出了他们心中的一些顾虑。由于经济条件差,他们可能会觉得抬不起头,进而不愿意公开直面资助者。其实,这是一种不正确的心态。贫困大学生首先应该树立一个正确的人生观和价值观,对自己目前的贫困状况要有一个正确的认识,贫困是可以改变的,但归根结底要靠自己。今天有人资助自己,就应该用好这个条件,将资助转化成自己积极进取的动力。不能总是感觉低人一等,或者怨天尤人,埋怨社会的不公。如果不改变这种消极的心态,就会使自己不愿与别人沟通,难以树立积极的人生观和价值观,即使奋斗也会觉得前途渺茫,甚至导致更加消极的后果。

三、作答要求

1.给定资料1~2反映:湖北襄阳5名贫困大学生,因为在受助的一年多时间内没有任何"感恩"表示,被取消继续受助资格。此事一经报道,评论纷至沓来,形成了两种对立的观点：一是认为这些贫困大学生懂得知恩图报是最基本的道德要求,应该感恩;二是认为资助者资助的目的不应是为了得到回报,不必要求受助者以一种方式感恩。观察各方观点,请你说明：

(1)争论双方一个基本的共识是什么？

(2)争论的焦点何在？

要求：概括准确,观点鲜明,条理清晰,字数不超过200字。(满分10分)

2.给定资料4提到"一些人认为,资助乃高尚之善举,不应求取回报,若附加任何感恩条件,就是'道德要挟'、'道德绑架',就是满足道德虚荣心的假仁假义"。你是如何看待"附加条件的资助是'道德绑架'"这个问题的？

要求：观点明确,条理清晰,重点突出,字数控制在300字以内。(满分15分)

3.给定资料5~8表明：感恩意识的匮乏成了一个引人注目的社会问题。从大学校长的"特别提醒",到大学生是否"不知感恩"的激烈争辩,在一定程度上反映了社会文化及道德教育的某种缺失,暴露出这种结对资助的形式,确有值得反思的地方。请你就此做一个评点。

要求：评析集中,详略得当,字数不多于350字。(满分20分)

4.给定资料9显示："我们期盼感恩不需要书面的契约来保障,感动也不因一纸契约而'消解',每个人心中都有一张无形的契约。"请根据给定资料9~11,联系实际,谈谈"感恩之情如何更绵长"的话题。

要求：有针对性、可行性,字数控制在400字以内。(满分20分)

5.请根据你对以上给定资料的理解和体会,在下列题目中任选一题写一篇文章。

(1)让世界少一份冷漠,多一份阳光

(2)守候·期待·感恩

要求：自定立意,自定文体,观点鲜明,语言流畅,字数掌握在900字左右。(满分35分)

试一试

1.什么是申论？有何特点？

2.申论写作的步骤是怎样的？申论应注意哪些问题？

3.写作实训。

注意事项

1.申论考试,是对分析驾驭材料能力、解决问题能力、言语表达能力的测试。

2.作答参考时限：阅读资料40分钟,作答110分钟。

3.仔细阅读给定的材料,然后按申论要求依次作答,答案书写在指定的位置。

资料：

1.药价虚高令患者负担沉重已是一个"老话题",因与百姓生活密切相关,近年来关注度一直不减。"药价中的水分还有继续挤的空间",2009年"两会"期间已成为部分全国人大代表关注的热点话题。

记者在采访中了解到,为争夺市场,药品零售企业与医院展开了一系列"暗战"。虽然患者能够从中获得一定"益处",但终非长久之计。部分全国人大代表建言,应尽快实行"医药分家",并采取治本措施,根治药价虚高"顽疾"。

"现在我院每天都有'跑方'患者,拿着医生处方自己去药店买药。对于这种做法,出于对减轻患者经济压力考虑,医院也不追究。"全国人大代表、齐齐哈尔市第一医院院长曹书杰说。

"跑方"最主要的原因是医院药价偏高。目前,我国医药费构成与其他国家大不一样,药费占一半以上,而其他国家一般是20%左右。虽然医院用药都是通过招标采购来的,但药品在医院流通的成本较高。按照规定,医院可在药品进价基础上最高上调15%的价格。而为了与医院竞争,药店可以微利或者见利就走,所以同一种药在药店销售的价格,一般会比医院便宜。

曹书杰代表认为,医院经费不足是产生"靠药养医"的原因之一。在一些医院的经费来源中,政府投入只占10%左右,其余经费都是医院自己筹措。在这90%的自筹经费中,40%以上是靠药品销售实现的。等级越低的医院,药品销售占自筹经费的比例越高,如果不讲经济效益,医院就存活不了。

部分药品生产企业也看中了医院的这一利益点,对部分医院进行"独家销售",实现药品获利最大化。"有些品种的药,厂家专门对医院销售,而不对零售药商销售,尤其是新药,主要是为了在价格上保持一种优势。"一位医药行业的全国人大代表对此深有感触。

2. "有啥别有病,没啥别没钱";"不怕穷,就怕病";"救护车一响,两条猪白养";"做个阑尾炎,白耕一年田"。"住院一次,破产一次";"致富十年功,大病一日穷"。

再来看奇高药价对老百姓的巨大伤害,"小病硬扛,大病等死";"小病拖,大病扛,重病等着见阎王";"小病不用看,大病没钱看";"小病拖,大病挨,到死还不能往医院抬";"癌症患者——一半是被病本身吓死的,一半是被天价的治疗费吓死的"。作家史××在开始接受透析后,就不止一次慨叹:"享受到这项治疗后才知道,有钱,人就还能活着;没钱,人就只有去死。"

3. 胡锦涛总书记在党的十七大报告中指出:要坚持公共医疗卫生的公益性质,坚持预防为主、以农村为重点、中西医并重,实行政事分开、管办分开、医药分开、营利性和非营利性分开,强化政府责任和投入,完善国民健康政策,鼓励社会参与,建设覆盖城乡居民的公共卫生服务体系、医疗服务体系、医疗保障体系、药品供应保障体系,为群众提供安全、有效、方便、价廉的医疗卫生服务。他还强调,社会建设与人民幸福安康息息相关,要努力使全体人民学有所教、劳有所得、病有所医、老有所养、住有所居,推动建设和谐社会。

温家宝总理在2008年的政府工作报告中指出:国务院已组织力量抓紧制定深化医药卫生体制改革方案,努力解决好广大群众关心的看病就医问题。

4. 恐怕没有什么改革,能够像医疗改革这样牵动各方人心。和教育、住房并列,跻身三座大山之列的医疗卫生成为群众不满意、政府不满意、医务人员不满意的"老大难"问题。2008年10月14日,《关于深化医药卫生体制改革的意见(征求意见稿)》公布,向社会公开征求意见。新医改能否解决"看病难、看病贵"等难题,成为人们最关注的焦点。

医改千头万绪,但有一个至关重要的方面则是药价虚高。药厂为谋求高定价,百般游说,"各显神通"。高价药因为其中浮利甚多,就容易成为中标对象。高价药又因为利益空间大,"返点多",容易成为医生处方中的首选,等等。可以说,虚高的药价不仅破坏了正常的医疗市场秩序,而且对医德败坏,也要负相当的责任。问题是,虚高的药价,是怎么核定并批准的?从轰动全国的"齐二药"案中,可窥出药价虚高之一斑。"亮菌甲素注射液"由"齐二药"以5元出厂价卖出,经过几次转手,最后卖给消费者的价格为46.1元。而其中获利最多的一个环节,是药品批发商以5元从"齐二药"拿到货,以33.84元的价格卖出,利润率达577%。

5. 突破规定加价率销售药品。某省规定,乡镇卫生院销售药品实行加价率和最高零售价双控管理。但调查的绝大部分乡镇卫生院仅执行最高零售价,突破了规定加价率。如某卫生院销售左氧氟沙星,进货价格为每瓶1.74元,销售给患者的价格为每瓶17元,大大超过当地政策规定的35%的加价率,每瓶多收了14.651元。另一乡镇卫生院销售阿奇霉素,进货价格为每支1.60元,卖给患者的价格为每支12元,每支多收9.84元。

药品市场价格较为混乱。一是农村定点医疗机构之间药品销售价格差异较大。有些县没有实行统一招标采购或集中配送,各乡镇卫生院和村卫生室自行通过医药公司采购药品,在国家规定的最高零售价范围内自行制定销售价格,造成农村定点医疗机构之间药品价格差异较大,农民感到药品市场价格混乱。二是乡镇、村定点医疗机构药品销售价格普遍高于农村零售药店。农村零售药店进货渠道多、进货环节较少,甚至以较低价格从厂家直接购进药品,并针对不同销售对象采取不同折扣等方式灵活制定销售价格。而农村定点医疗机构药品采购中间环节较多,层层顺加作价后,导致销售价格普遍高于零售药店。如维C银翘片,生产厂家同样为贵州百灵制药公司,某乡镇卫生院的销售价格为每袋1.0至1.2元,而零售药店价格为每袋0.5~0.6元。虽然参加新农合的农民在乡镇卫生院看病报销20%,药费仍比从药店买药贵,弱化了新农合的吸引力,影响了农民的参合积极性。

卖高价药现象普遍。部分乡镇卫生院作为新农合定点医疗机构,为获取自身经济利益,普遍存在片面追求药品差价,给农民开高价药的情况。如同样是抗生素类药品,青霉素系列普通青霉素钠零售价格为每支1元,而氨苄西林钠为每支9元。如头孢系列药品,头孢唑啉钠零售价格为每支1.8元,而头孢曲松钠为每支8元。这种"不选对的,只选贵的"的行为,增加了农民就医负担,降低了参合农民的受益水平。同时,也导致新农合次均住院费用大幅增长。如某省2008年次均住院费用为1857.03元,比2007年1678.84元增长了10.61%,客观上增加了新农合基金的支出压力,使基金运行难度加大。

6. 部分药品最高零售价与实际执行价格之间差别较大。为鼓励廉价药物的生产、使用以及保证药品质量,促进医药工业健康发展,价格主管部门在制定部分廉价药品最高零售价时保留了一定空间。而一些医药生产经营企业以占有市场为目的,往往大幅降低此类药品的销售价格,导致部分廉价药品政府制定的最高零售价与实际执行价格差别较大。这种现象在农村医药市场还较为普遍。如某卫生院销售的左氧氟胶囊,每盒进价为14.2元,按照药品统一配送政策顺加30%加价率后执行的实际零售价为18.46元,而规定最高零售价为每盒24元,比实际零售价高5.54元。复方丹参片每瓶进价为3.9元,顺加30%加价率后执行的实际零售价为每瓶5.07元,而最高零售价为每瓶7.6元,比实际零售价高2.53元。某乡镇医院实行招标采购药品,葡萄糖注射液的中标价格仅为每瓶2.4元,按照差别差率政策规定的35%的加价率销售价格为每瓶3.24元,而政府制定的最高零售价为7.8元,两者相差4.56元。

医疗服务乱收费时有发生。由于缺乏有效监管,乡镇卫生院重复收费、提高标准收费、自立项目收费时有发生。如某医院在收取患者静脉输液费的同时,重复收取输液器材费用。一些医院在节假日进行X线透视检查时,收取检查费用的同时加收急诊费。

7. 广东省政协副主席、省卫生厅姚厅长表示,广东将率先从医院门诊部的医药分开做起;将来医院不再靠药生存,医院可以没有自己的药房;病人开了处方,不再到医院拿药,而是到外面药店买药。

所谓"药房托管",实质上是药房产权和采购权的分家,是采购权、使用权、审批权的分离,虽然达不到真正意义上的医药分家,但在目前环境下,"医药分家"医院过不了,不分家又管不好,药房托管是在"医药分家"的道路上进行的探索性的尝试。

据了解，南京市雨花区铁心桥卫生院实行药房托管前后，药品收入由2004年的119万元降到2005年的84.7万元，药品收入占总收入的比重从55%左右降到42%左右，但药品的纯利润却由2004年的24万元左右增加到30多万元。患者的处方平均值也由原来的每单55元左右降到47元左右，仅药费开支一项，就减少支出20%以上。

铁心桥社区卫生服务中心朱主任表示，"药房托管"减少了流通环节，使交易成本降低，有专门的医药公司管理，医院也不再承担药品霉变等损耗所带来的损失。"药房托管"后，患者的医疗费用明显下降，前来就诊的人数增加了20%，医院的总体收入明显增加。

南京市药监局有关负责人介绍说，医院药房被医药企业托管是国内许多地区进行"医药分家"改革的一种过渡模式，有利于实现托管双方的"双赢"。托管可以认为是医药分家的过渡模式，医院会在这一过程中摸索、寻找新的赢利点，一旦医院不再对药房存在依赖，"医药分家"的时机就成熟了。对此，医疗专家表示，几年来，医疗体制改革很重要的一项就是"医药分家"。目前有关资料显示，药品流通领域中80%的药品都是"捆绑"在医生处方上，通过医院销售给患者，而中小医院60%以上的收入来自药品。"以药养医"成了"看病难、看病贵"的罪魁祸首。

8. 为了追求暴利，很多药厂停产廉价药品，转而生产具有同样疗效的高价药。其中不乏"四改"（改包装、改剂型、改规格、改给药途径）新药，老酒换新瓶重新粉墨登场，价格却成几何增长打着滚地往上翻，有的干脆只换个包装就上市，上演一出"超人归来"。

所谓的"新药"一经推出，大量的广告宣传就铺天盖地接踵而来，巨额广告费用加上采购、招标环节的各种开支以及多级医药代表的层层剥扣，药品"出厂价"想不高都难。

如今的市场经济，一切都在向经济利益看齐，本来以救死扶伤为宗旨的医院也不能避免。别的方面暂且放下不说，单就药品的进货和销售就存在很大利润。按照有关规定，医院可以在购进药价上加价一定的幅度之后再卖给患者，这个加价幅度足以保证医院在销售药品方面有可观的利润。但是大多数医院并不满足于合法规定的加价空间，私下里还要收取药厂至少三成以上的所谓回扣。这就是所谓的行业潜规则。当然额度越大、药品出厂价越高，医院得到的利润也就会越多。有了这样的潜规则，医院当然愿意进高价药，同样疗效的药品，只选择贵的，不选择对的。根据有关的调查数据，全国医院关于医药的进销差率平均为42%，大大超过了国家规定的标准。实际上，医院的进销差率比这个数据高，而且不止高一点点。还有医药代表与黑心医生相互勾结，按照比例给医生提成，这也会大大提高看病买药的价格。

还有一个怪现象：大部分医保药店的药品价格，居然比医院还高！问及此事，人家会解释说进货渠道不同，等等。其实果真如此吗？更有甚者，在同一个柜台买同样的药，用现金和用医保卡是两个价格，报销和不报销也是两个价格，难道这也是所谓的进货渠道不同？

曾经见到过这样的报道：一些药店的部分药品在同一时间下架，一夜之间消失得无影无踪。消失的药品大都是价格比较低的，取而代之的是价格比原来成倍翻番的高价药，当然其利润要比原来的高很多。商家追求利润原本无可厚非，只是老百姓的利益被损害，该去找谁呢？

9. 国家发展改革委正式发出通知，调整心脑血管等10类354种药品的最高零售价格。其中70%的品种价格下调，最大降幅达85%。如此大的降价幅度，按说是令人高兴的事。但是，某药房做的一次"百姓缺药调查"发现，百姓想用却买不到的大多是政府降过价的药品或者价钱便宜、疗效明显的药品，其中登记表上70%的药品早已不生产了。在此之前的19次药品降价中，百姓到医院里看病照样贵，在药店里买药价格照样高。

有关专家认为，这份登记表折射了当前我国药品反常的"降价死"现象。"但降了这么多年的价，老百姓并不买账，因为他们没有得到真正的实惠！"全国政协委员、中国疑难病症专家委员会委员赵先生说,不论哪种药,只要一宣布降价,不久就会在市场上消失。

记者来到北京朝阳区的一家药店买此次降价的华法林片剂,规格为2.5 mg×60,营业员告诉一盒药23.5元。记者质疑:"这药不是已经降到18元了吗?"营业员说:"国家规定的降价药是另外一个规格、别的厂家生产的,我们这种药是另一个厂的,所以没降价。"

随后记者又走访了附近的多家药店,发现在此次降价行列里的一些常用的药品很多都没有销售。在其中的一家药店,记者询问是否有此次降价的维生素B4,营业员随口就说"卖完了"。当记者拿着降价药品单询问时,许多大药房的营业员都称"没有"或者"我们这里只有不降价的"。

据一项调查显示,在某省立医院,头孢他啶前6个月平均每月用量为4 537支,自降价后的第二个月开始,用量就仅为2 400支,下降了47%,可见降价与临床处方使用量之间的关联性之强。降价药品难上处方,降不降没两样,这让本是"惠民工程"的降价大战输了民心。

看病贵,主要贵在药价长期虚高。政府对药品降价的次数已经多达20次,其降价范围之广、频率之高、力度之大都是史无前例的。但医药界人士认为,如果没有完善的配套措施做保障,药品降价这项"民心工程"在错综复杂的医药购销"潜规则"面前难有作为。

一位药企工作人员告诉记者:"抗生素是我们企业的主要产品,是一种基本药物。尤其是我们生产的这种,质量、效果非常好。但降价之后,我们基本上不再走货了,库存中还有很多没有销售完的,所以估计企业这个月不再生产了。"

随后他向记者介绍了其中的原因:医院和医生赚得少了,怎么还会用我们的货。现在抗生素类的替代药物太多,仅仅降了几种抗生素的价格,医院完全可以找出理由进另外价格高的抗生素药物,因为医院和医生具有绝对的用药决定权。

造成降价药和这种既便宜、疗效又好的药失去市场的原因就在于目前的"医药不分"。浙江省杭州市食品药品监督管理局郭局长认为,当前实行的"医药不分"、"以药养医"补偿机制,使药品销售与医疗机构和医生之间发生了直接的经济利益关系,这种利益把药企和医生拉向了"价重于效、价高于效、价先于效"的道路,促使他们向利益倾斜。不改变这个根源,百姓仍要吃高价药。

10."从研究医改方案开始,卫生部就强烈要求在这次公立医院改革中必须取消药品加成,取消以药养医的机制。"卫生部新闻发言人毛群安在例行新闻发布会上表示。

毛群安说,卫生部已经对今年卫生系统深化医药卫生体制改革的几项重点工作进行了全面的部署,其中包括公立医院改革试点,卫生部也正在按照国务院的要求对试点方案进行进一步的论证。在整个方案公布之后,卫生部将选择一些基础条件比较好,有代表性的地区进行公立医院改革的试点。

毛群安指出,卫生部强烈要求在公立医院改革试点中取消药品加成的政策,原因之一就是要解决老百姓反映强烈的看病贵的问题。

"药品加成的政策曾经对保障医疗机构正常的运行发挥了非常重要的作用。但是近几年来,这项政策诱发了医疗机构,特别是个别的医务人员在医疗活动中开大处方、开贵药的情况,给患者增加了经济负担。"毛群安说,我国的药费占到整个医疗费用的一半以上,而其他国家药品费用占的比例一般是在20%上下。"减轻老百姓看病的经济负担,一定要在药品费用问题上下足工夫。"

卫生部部长陈竺在此前的全国卫生工作会议上指出,取消药品加成政策,医院由此减少的收入或形成的亏损,通过增设药事服务费、调整部分技术服务收费标准和增加政府投入解决,药事服务费纳入基本医疗保障报销范围。

对此,毛群安表示,增设药事服务费的目的是考虑在取消药品加成政策之后,在公立医院改革中要充分调动医务人员的积极性,引导医务人员钻研医疗业务,体现医务人员的劳动价值。"因为医务人员在医疗过程中,要对其所开具的处方承担责任,要对药品知识有全面的了解,对医务人员的这一劳动应给予价值的体现。"

毛群安还指出,公立医院的改革是一个比较复杂的任务。过去的经验教训表明,对于公立医院的改革不能是单一的政策,必须系统地、全方位地设计医院的经济运行政策。

申论要求:

1. 请用200字以内的篇幅,对给定的资料加以概括。要求:全面,准确,文字简洁流畅。

2. 结合我国的国情和你自己的认识,谈谈你对"以药养医"的看法,字数350字左右,要求:语言流畅,观点鲜明,言之有理。

3. 根据给定材料,请谈谈药价虚高可能造成的危害。要求:条理清楚,字数控制在200字以内。

4. 针对材料中提到的药价虚高问题,写一篇1 000字左右的文章。要求:题目自拟,全面深刻,观点明确,有针对性和可操作性,逻辑清晰。

参考文献

[1] 沈培玉.财经应用文写作[M].杭州:浙江大学出版社,2003.

[2] 闵庚尧.财经应用写作案例[M].北京:经济科学出版社,1996.

[3] 王松涛,张文田.新编应用文写作技法[M].北京:中国社会出版社,1997.

[4] 张耀辉.应用文写作训练[M].合肥:中国科学技术大学出版社,1992.

[5] 邱宣煌.财经应用文写作训练[M].大连:东北财经大学出版社,1997.

[6] 宁致远.中国律师文书范本[M].北京:中国民主法制出版社,2003.

[7] 杨文丰.实用经济文书写作[M].北京:中国人民大学出版社,2006.

[8] 范兰德,向春.现代商务文书大全[M].广州:广东人民出版社,2000.

[9] 李振辉.应用文写作[M].北京:清华大学出版社,2005.

[10] 刘洪英,李彤.实用应用文写作[M].北京:清华大学出版社,2006.

[11] 曾玉宏,王素娟.新编应用写作教程[M].武汉:武汉理工大学出版社,2006.

[12] 马永乐.应用写作[M].北京:高等教育出版社,1998.

[13] 夏惠敏,张祥平.应用文写作[M].武汉:华中科技大学出版社,2008.